Hans Gerhard Behringer

Geheilt werden

Hans Gerhard Behringer

Geheilt werden

Biblische Wundergeschichten
als Lebenshilfe

Kösel • Claudius

1. Auflage 2002
© 2002 by Kösel-Verlag GmbH & Co., München
Printed in Germany. Alle Rechte vorbehalten
Druck und Bindung: Pustet, Regensburg
Umschlaggestaltung: Elisabeth Petersen, München
Umschlagmotive: Stone / Getty Images; Fotos: Richard Kaylin, Michael Frye
ISBN 3-466-36582-1 (Kösel)
ISBN 3-532-62272-6 (Claudius)

Inhalt

Hinführung.................................. 11

Wieso ein neues Buch zum alten Thema?............ 12
Der Brückenschlag zu heutiger Alltagserfahrung...... 12
Für wen und wozu?............................... 14
Im Dialog 15
Der Aufbau des Buches 16
Die innere Grundhaltung......................... 17
Psychologie und Glaube.......................... 18
Eine Warnung allem voraus...................... 19

Geöffnete Augen
Die Heilung des blinden Bartimäus (Markus 10,46–52) 23

Symbolische Betrachtungsweisen von »Sehen«
und »Blindsein«................................. 24
Symptome als Symbole verstehen.................. 25
Grundfragestellungen bei jeder Geschichte 27
Historisierung als »Verdrängung nach hinten« 28
Wie wird man blind?............................. 29
Sehend werden für Gaben und Grenzen, Fähigkeiten
und Fehler...................................... 31

»Übertragung« macht blind.	34
Blind durch »Projektion«.	35
Sehend werden hat Folgen.	37
Gründe, blind bleiben zu wollen	38
Wie geschieht der Weg der Heilung?	42
Der erste Schritt: der Hilfeschrei	44
Der nächste Schritt: »Was willst du ...?«	46
Entlastung für Helfer.	48
Die Bedeutung der Selbst-Verantwortung	50
Der »innere Meister«.	52
Was heißt eigentlich »glauben«?	53
Vier neue »Sehweisen«	54

Handlungsfreiheit gewinnen: Ein Plädoyer für das Glück
Die Heilung des Mannes mit der verdorrten Hand (Markus 3,1–6) 59

Sensibilisierung für unsere Hände	61
Die Sprache der Hände	64
Von Hand-lungsspielräumen und vom rechten Hand-eln.	65
Neue Werte, eine neue Moral!	67
Entfaltung, Genuss und Lebensglück als »Wille Gottes«	69
»... erlöster aussehen ...«	71
Ein zorniger Jesus	73
Innere Gegensätze gehören zusammen.	74
Das Tun des Unmöglichen.	76
Woher dieser Mut und diese Kraft?	78

Meinen Weg finden
Die Heilung eines Gelähmten (Johannes 5,1–9) 83

Bin ich gelähmt? 85
Willst du gesund werden? 88
Die »Vorder-« und »Rückseite« einer Krankheit 90
Raum für Klagen 92
Niedergehalten-Werden und Aufstehen 95
Bringt Krankheit auch Gewinn? 99
Trotz der Angst das Unmögliche tun 100
Eine echte Zu-mutung! 102
In die Freiheit entlassen 106
Es geht um unser Glück! 107
Wandeln bringt Wandlung 111

Burn-out-Prophylaxe: Hinführung zu heilsamer Selbstfürsorge
Eine Geschichte nicht nur für Frauen: Die klugen Jungfrauen (Matthäus 25,1–13) 115

Eine Ermutigungs-, Vorsorge- und Heilungsgeschichte .. 116
Aufforderung zur Klugheit. 118
Modell Öllampe – Modell Kerze 119
»Burn-out« 119
Der alles entscheidende Unterschied 122
Aufforderung zu heilsamer Selbstfürsorge 123
Selbstbewusst, emanzipatorisch und klar 124
Elemente konstruktiven Nein-Sagens 127
Noch Zweifel? 129
Den Blick weiten über uns hinaus 131

Ein eigener Mensch werden
Die Auferweckung der Tochter des Jairus (Markus 5,21–24.35–43) .. 137

Warum lässt Jesus das Mädchen sterben? 138
Lebensnotwendige Trennungen 140
Eine heilsame Katastrophe 142
Leben sehen, wo der Tod grinst 145
Das Kind in uns 147
... auch in den Träumen 152
Den Aufstand wagen 153
Leben, ich liebe dich! 155
Von der Fremdbestimmung zur Selbstbestimmung 157
Zuerst Stille, Ruhe, Abgeschiedenheit 158
Achtung unserer Bedürfnisse 159
Identitätsfindung, Selbstwerdung, Selbstständigkeit. 162
Ein Schonraum für den Neuanfang! 163

Dem Ruf des Lebens folgen
Die Auferweckung des Lazarus (Johannes 11,1–45) 167

Leblos und tot – mitten im Leben 171
Die Symbolik lebendiger Sinnes- und Körperfunktionen . 173
Verdrängung nach »damals« und »oben«? 176
Das Leben ruft 179
»Löst ihm die Binden!« 180
Befreite Augen 183
Wir brauchen Menschen 185
Geöffnete Ohren, gelöste Zunge 185
Befreite Hände und Füße 186
»Lasst ihn gehen!« – Lass dich gehen 189
Ruheraum für das Neue 191

Der Weg jedes Menschen ist anders 193

Nicht einfach eine Methode. 195
Immer verschieden, immer wieder anders 197
Was ist mit den Krankgebliebenen? 201
Sinn finden: Eine ganz persönliche Aufgabe. 202
... heute erlebt 205
Heilung ein Segen – Krankheit ein Segen? 208

Und wenn das Wunder nicht geschieht ...?! 211

Hat denn jede Krankheit einen Sinn? 211
Krankheit als Ratgeber und Freund 214
Mit Beschwerden leben lernen 217
Heilung und Wunder sind möglich 220
Durch Danken Wunder erleben 227

Anmerkungen 233

Hinführung

»Wie kann man denn biblische Wunder als Lebenshilfe heute erleben?«, werden Sie vielleicht erstaunt fragen. Genau so aber ist das Vorhaben dieses Buches gemeint: In die neutestamentlichen Heilungsgeschichten einzudringen, sie zu beleben und durchzuarbeiten, von innen her mit eigenem Erleben in Verbindung zu bringen und zu füllen, kann heute hier bei uns Wunder bewirken. Wir umkreisen damit ständig die »Kraft aus der Höhe«, wie Lukas in Kapitel 24,49 die Geistkraft Gottes nennt, die unser Leben zu wandeln und zu erneuern vermag.

Denn viele Menschen brauchen Heilung. Viele Menschen suchen Heilung. Das ist heute nicht anders, als es vor zweitausend Jahren war. Wir wenden uns in diesem Buch Geschichten aus dem Neuen Testament zu, die ich als modellhaft empfinde und erfahren habe, auch für Heilungsprozesse heute, hier bei uns.

Gesamtthema der folgenden Kapitel ist somit auch das Verhältnis von Tiefen- und humanistischer Psychologie und Glaube, von Psychologie und Religion. Neutestamentliche Geschichten wurden ja jahrhundertelang ausgelegt: moralisch, pädagogisch, historisch-kritisch, traditionsgeschichtlich, soziologisch, feministisch, (tiefen-)psychologisch u.a. All die verschiedenen Blickwinkel können uns jeweils wertvolle Verstehenshilfen bieten, zum Beispiel in den verschiedenen exegetischen Kommentaren, in Veröffentlichungen von Eugen Drewermann, Helmut Hark, Anselm Grün, Ingrid Riedel, Maria Kassel, Christa Mulack, Elisabeth Moltmann-Wendel u.a., um nur einige zu nennen, die ich hiermit auch gern zur eingehenden Lektüre empfehlen möchte.[1]

Wieso ein neues Buch zum alten Thema?

»Das müssen Sie unbedingt aufschreiben und herausgeben in einem Buch, Ihren Zugang zu den Heilungsgeschichten, wie Sie ihn entwickelt haben«, sagte begeistert ein Seelsorger und Klinikpfarrer zu mir, als er Vorträge von mir hörte, bei denen ich die Gedanken zugrunde legte, die Sie im Folgenden finden werden. Das hat mich ermutigt. »Aber«, wandte ich ein, »da gibt es doch schon die wunderbaren, tiefgründigen, inhaltsreichen Auslegungen von Drewermann, Hark, Moltmann-Wendel und vielen anderen.« »Trotzdem«, entgegnete mein Gesprächspartner, »wie Sie das aufbereiten, ganz praktisch, handgreiflich, umsetzbar, auf das Alltägliche direkt anwendbar, mit so konkreten Impulsen zur Anwendung und wirklich für jede und jeden verständlich, so gibt es das noch nicht ...«

Viele solcher Echos bei meinen Vorträgen, Tagungen und Seminaren haben mich bewogen, mich daranzumachen, etliche Heilungswunder und Geschichten des Neuen Testaments in der Weise aufzubereiten, wie es sich in meinem Buch über die »Heilkraft der Feste«[2] bereits bewährt hat: Immer wieder im Lesefluss innehalten, unterbrechen durch eine Übung, eine Reflexionseinheit, Hinweise zum Denken, Fühlen, Sprechen, Tun – auf allen Ebenen.

Der Brückenschlag zu heutiger Alltagserfahrung

Durch die praktische Verbindung und Integration von Theologie und Psychologie – ich bin von Beruf Theologe, Dipl.-Psychologe und Psychologischer Psychotherapeut – versuche ich eine Brücke zu schlagen zwischen diesen Erfahrungswegen und wissenschaftlichen Disziplinen. Eine Brücke auch zwischen den alten Wahrheiten und dem heutigen Leben. Denn indem ich jahrelang mit diesen Geschichten gelebt, sie in Veranstaltungen bearbeitet und mit Menschen aller Berufszweige, Bildungsschichten und weltanschaulichen Ausrichtungen behandelt habe, sie in der Psychotherapie und Seelsorge, aber auch in der Fortbildung und Supervision als hilfreich erfahren und eingesetzt habe, wurden sie mir immer konkreter, greifbarer und klarer. Ich entwickelte zunehmend die Fähigkeit, die großen alten Wahrheiten der Weisheits- und Heilungsgeschichten umzuwechseln in die »kleine Münze« von Alltagssprache und Alltagserfahrung. Und fand die Heilungswege und den Prozess schrittweiser Gesundung der alten Geschichten wieder in meinem eigenen Weg und dem, den ich mit Klienten und Ratsuchenden ging.

So wurde es ein wechselseitiges Erschließen der theologisch-geistlich/spirituellen Überlieferung und der psychologisch-psychosomatisch-therapeutischen Erfahrungen heutiger Frauen und Männer. Und ich erfuhr einen gegenseitigen Erhellungs- und Befruchtungsprozess zwischen den alten Traditionen damals und den aktuellen Lebensgeschichten hier und heute. Diesen wechselseitigen Entstehungs- und stets wachsenden Erkenntnisweg spiegeln die Kapitel dieses Buches und die vielen kleinen, persönlichen Umsetzungsimpulse wider, die das Gesagte erden wollen, konkretisieren für seelische Durchdringung, Meditation, gedankliche Auseinandersetzung, Körperübung und Kommunikation, auch gesellschaftliche Bezüge und gemeinschaftsbezogene Anwendung.

Es geht mir dabei immer um die Frage: Wo berührt mich eine alte Geschichte? Wo ist hier *mein* Leid, *mein* Leben, *mein* Neuwerden gemeint? Wie oben angedeutet, werden dabei die Forschungen, Ergebnisse und Erkenntnisse der neutestamentlichen Exegese, der biblischen Auslegungswissenschaft und die entsprechenden evangelischen und katholischen Auslegungskommentare durchaus vorausgesetzt. Ich lege bei meiner Betrachtung jedoch jeweils den Text als *gewordenes und wirkendes Ganzes* zugrunde, achte auf seine Wirkung in seiner Gesamtheit und frage immer neu nach seiner Wirkungsgeschichte und seinen Wirkungsmöglichkeiten im heutigen Leben: Was kann die Geschichte mir heute sagen, auch wenn ich – äußerlich betrachtet – nicht blind, taub, stumm, gelähmt oder gar tot scheine. Auch wenn ich diese jeweilige Krankheit scheinbar, nämlich im wörtlichen Sinne, nicht habe, so versuche ich zu fragen: Wo und wie begegnen das Leiden, die Not und die Qual jenes Menschen damals uns heute *innerlich*, übertragen, als Seelenzustand? Oft helfen uns Sprachspiele, Wendungen der Umgangssprache bereits zu einer tieferen Erfahrungssicht körperlicher Zustände: Aus der konkreten und elementaren Weisheit des Alltags geben sie Hinweise auf psychosomatische Bezüge. Und da mittendrin die Botschaft der Heilung vernehmen, einfach, unkompliziert, vielleicht ganz unspektakulär – das ist der Kern meines Ansatzes.

Für wen und wozu?

Ein Buch soll es sein, das alle anspricht, die nach Heilung suchen, ob sie im christlich-kirchlichen Raum beheimatet sind oder waren oder auch – als Multiplikator/innen tätig – Materialien für Veranstaltungen, Meditationen und Andachten, Predigten und Besinnungen, Gruppenabende oder Unterrichtsstunden suchen. Oder ob es Menschen sind, die vielleicht gar nichts mehr erwarten vom Christentum, möglicherweise sogar verletzt wurden durch bestimmte so genannte christliche Erziehungsnormen, kirchliche Moral- und besonders Machtansprüche, die aber bereit sind für neue Erfahrungen: für die Entdeckung, dass – mit anderen Augen betrachtet – manches verstaubt und überholt Erscheinende der altvertrauten Geschichten in ein völlig neues Licht rückt, dass es befreiend, heilend, aufrichtend und Leben schaffend wirken kann. So geschah es bei mir, in meinem eigenen Leben, bei den Menschen, mit denen ich lebe und arbeite, und das wünsche ich mir auch für Sie auf unserem gemeinsamen Weg ...

Es soll also ein Lebens-, Übungs- und Arbeitsbuch sein, für Einzelne und für Gruppen, zur Lebenshilfe und als Vorbereitung und Begleitung einer neuen, eigenen Heilungserfahrung. Kritische Leserinnen und Leser möchte ich bitten dieses Grundanliegen sehr ernst zu nehmen und von daher nicht ein theologisch-exegetisches Werk zu erwarten. (Für diesbezügliche Interessen verweise ich auf die reichhaltigen exegetischen Fachkommentare zu den behandelten Texten.) Denn ich möchte auch solche Menschen ansprechen, die vielleicht normalerweise ganz woanders nach Heilung suchen, etwa in den vielfältigen Angeboten psychologischer, esoterischer oder fernöstlicher Lebenshilfe.

Im Dialog

Dieses Buch lässt sich als seelsorgerlich-therapeutischer Trainer und Begleiter, als Beratungs- und Lebenshilfeangebot verstehen. Daher auch der dialogische Schreibstil, der gewissermaßen zu einem ständigen Gespräch zwischen mir als Verfasser und Ihnen als Leserin und Leser einzuladen versucht. Das erfreuliche Echo auf die Art, wie ich Theologie und Psychologie, Alltag und Spiritualität, Selbsterfahrung und Gotteserfahrung in meinem Buch über die »Heilkraft der Feste« miteinander verbunden habe, hat mich ermutigt, hier in derselben Weise zu verfahren: Sie jeweils beim Lesen aktiv mit einzubeziehen, direkt anzusprechen, zum eigenen Suchen und Entdecken anzuregen. Vielleicht kommt ja sogar ein echter Dialog und eine Korrespondenz zusammen, wenn Sie mir Ihre Erfahrungen und Ihr Echo über die Verlagsadresse schriftlich mitteilen.[3]

Der Aufbau des Buches

Ich habe aus der Fülle neutestamentlicher Heilungserzählungen solche ausgewählt, die sich auf exemplarische Grunddimensionen und elementare Grundfunktionen unseres Daseins beziehen; zwei davon sind Frauengeschichten:

- Wahrnehmungsfähigkeit: der Gesichtssinn (Blindenheilung)
- Elementarbewegungen: Kontakt, Kommunikations- und Handlungsfähigkeit (Heilung der verdorrten Hand)
- Entwicklung: Aufbruch vom Daliegen als Grunddaseinsform ins Stehen und Gehen (Gelähmtenheilung)
- Reifung und Loslösung: Gewinn von Eigenständigkeit eines heranwachsenden Menschen; vom Erwachsenwerden und dem Weg ins eigene Leben (Auferweckung der Tochter des Jairus)
- Prozess der Neuwerdung: »Totenauferstehung« mitten im Leben (Auferweckung des Lazarus)
- Eigen- und Einzigartigkeit: Wie Jesus als Therapeut jede/n ganz anders, jedes Schicksal auf ganz eigene Weise behandelt
- Eigenverantwortlichkeit: vorausschauende und heilsame Selbstfürsorge (Die klugen Jungfrauen)

Besonders für die letztgenannte Geschichte gilt – wie aber wohl auch für alle anderen –, dass Sie sie unter dem von mir herausgearbeiteten therapeutischen Aspekt als Heilung für sich selbst, für die Gesellschaft und im Grunde für die gesamte Schöpfung vielleicht so noch nie gesehen haben – vielleicht werden Sie sich »wundern« ...

Die innere Grundhaltung

Bevor wir uns auf die Entdeckungsreise in diese Geschichten hinein begeben, möchte ich etwas sagen zu der Art und Weise, wie wir das hier im Folgenden tun wollen, und zu der inneren Haltung, in der ich meine Annäherungen unternehme. Es soll zugleich eine Empfehlung sein: Als ich in Amerika studierte, habe ich viel von der Denk- und Lebensweise der Indianer gelernt. Bei der indianischen Medizinfrau Brooke Medicine Eagle erfuhr ich, wie das Wort »denken« in der indianischen Zeichensprache ausgedrückt wird. Am Besten machen Sie das gleich einmal mit:

 Stehen Sie bitte auf und führen Sie Ihre rechte Hand zum Herzen, legen die Handfläche auf das Herz. Daumen, Zeigefinger und Mittelfinger sind gestreckt. Und nun strecken Sie diese Hand vor sich aus und beschreiben damit einen halben Kreis, wie einen Bogen vor Ihrem Körper bis nach rechts außen, und kehren mit der Hand dann wieder zum Herzen zurück. Dies wiederholen Sie etliche Male und bezeichnen damit sozusagen eine »Ebene«: Wir bewegen uns – buchstäblich – auf der Ebene des Herzens und es ist eine Bewegung hinaus und wieder zurück zu uns selbst. Das meint denken »auf indianisch«. Indianer sind überzeugt davon, dass der Mensch mit dem Herzen denkt – wie die Bibel übrigens auch, wenn wir an Stellen denken wie Matthäus 9,4 oder Genesis/1. Mose 45,26 u.a.

Was löst diese Bewegung bei Ihnen aus? Was bewirkt sie im Gespräch, wenn Sie das mit anderen teilen und sich darüber austauschen?

Diese Weise und Haltung nehme ich ein und empfehle sie auch Ihnen als Ausgangspunkt.

Psychologie und Glaube

Auf einen Punkt möchte ich hier zu Anfang noch ausdrücklich eingehen: Für das Verhältnis von Religion und Psychologie gibt es sehr verschiedene Möglichkeiten der Bestimmung und Darstellung. Zum einen gibt es da das Auschließlichkeitsmodell, das beide Bereiche als weithin miteinander unvereinbar begreift. In der Vergangenheit lag manchen kirchlichen Verlautbarungen zur Psychologie und manchen kritischen und argwöhnischen Aussagen von Psychologen bezüglich der Religion dieses Modell zugrunde. In einem anderen Modell werden beide Bereiche als fast deckungsgleich verstanden, so, als ginge es im Grunde in Religion wie Psychologie um ein und dieselbe Sache. Von einem schöpfungstheologischen Ansatz her, der alles als von Gott geschaffen versteht, auch von einem ganzheitlich verstandenen Erlösungsgedanken her, gäbe es im Grunde in der Tat nichts, was außerhalb der göttlichen Sphäre liegt. Somit wäre jedes Nachdenken über Seele, Menschsein, Leben immer zugleich Psychologie und Theologie. Auch manche Strömungen der so genannten New-Age-Bewegung oder esoterischer Kreise würden diese Einheit so sehen.

Ich denke, dass sich die beiden Bereiche Theologie und Psychologie sehr wohl überschneiden, aber auch jeweils ihre Besonderheiten haben. Grafisch dargestellt müsste man also von zwei Kreisen ausgehen, die sich zwar überschneiden, zu denen aber ganz unbedingt noch *ein dritter Kreis* kommen muss, eine Dimension, die über beiden steht und beide durchdringen muss. Und die, wenn sie dem einen oder dem anderen Bereich fehlt, das Ganze lebensfern, lebensfeindlich und gefährlich werden ließe. Diese dritte Dimension möchte ich als »Geistkraft« bezeichnen, als den »Geist der Freiheit«, als »Geist der Liebe«, als den »Raum schaffenden Geist«, von dem auch das Neue Testament spricht, der immer Bewegung bringt. In der Pfingstgeschichte der Bibel ist er bildlich dargestellt als Sturm, als Feuer der Begeisterung – da ist Bewegung drin! Denn dieser »Schöpfergeist« (creator spiritus) ist ja auch »Heilungskraft«! Als »heiliger Geist« ist er auch ein »heilender« Geist. Von dieser Kraft bekennen wir im Nizänischen Glaubensbekenntnis, dem Großen Glaubensbekenntnis der Alten Kirche: »Ich glaube an den Geist, der da lebendig macht« – und heilt, möchte ich sinngemäß hinzufügen. Denn würde dieses Glaubensbekenntnis heute formuliert, so würde sicher das ganzheitliche Heilen mit aufgenommen als heute erlebbare Wirkung dieses Gottesgeistes hier bei uns (1. Korinther 12,9 spricht von der »Gabe des Geistes, gesund zu machen, zu heilen«).

Die Theologie wie die Psychologie brauchen diese dritte Kraft, den bewegenden, Freiheit schaffenden Geist, der Liebe und Hoffnung bringt. Paulus sagt in 2. Korinther 3,17 und 6: »Wo der Geist des Herrn ist, da ist Freiheit ... denn der Buchstabe tötet, aber der Geist macht lebendig.« Und Buchstaben, Ideologien und Theorien, wie wir sie sowohl in der Psychologie als auch in der Theologie oft finden, können sehr wohl etwas Tötendes, Tödliches an sich haben, wenn sie begrenzen, definieren, einengen. Hier liegt stets ihre Grenze und möglicherweise auch ihr Fehler, denn es geht um den unermesslichen Raum, um den unermesslichen Reichtum des Lebens. Deswegen brauchen wir diesen Geist, der Freiheit schafft!

Eine Warnung allem voraus

Darum möchte ich Sie jetzt ausdrücklich bitten, eine Warnung ganz ernst zu nehmen: Vielleicht finden Sie die Gedanken dieses Buches oder überhaupt (tiefen-)psychologische Bibelauslegung, von wem auch immer sie kommt, faszinierend oder anstößig; Leben schaffend, bewegend oder verderblich; den Horizont erweiternd und vertiefend oder aber problematisch. Es kann sein, dass Sie einen Gewinn davon haben – oder diese Vorgehensweise auch als gefährlichen Verlust empfinden. Wie auch immer, mir ist bewusst – und das möchte ich Ihnen auch bewusst machen: Was ich hier darlege, ist nie etwa das Ganze, nie endgültig, nie abgeschlossen, nie allumfassend oder gar absolut. Und immer, wenn wir meinen, wir seien mit dem oder jenem Interpretations- und Verstehensraster dem Verstehen, der Bedeutung einer Geschichte besonders nah – dem Verstehen einer Geschichte oder des Glaubens oder Gottes als dem »Geheimnis des Lebens« überhaupt –, und wenn wir gar meinen, wir hätten es damit jetzt »gepackt«, dann haben wir den Sinn vielleicht gerade verfehlt! Denn Gott – wie auch immer wir ihn verstehen – bleibt als das Geheimnis des Lebens immer unverfügbar.

Und deshalb möchte ich Sie vor dem Weiterlesen warnen vor allen »Bemächtigungsversuchen«. Ich möchte nicht, dass die Tiefenpsychologie zu solch einem Versuch einer vergewaltigenden und verabsolutierenden Deutungsweise wird oder beiträgt. Darum warne ich vor allen Bestrebungen, und seien sie noch so ernst und gut gemeint, alles in ein großes System (jetzt eben das psychologische) fassen zu wollen, das dann wieder geschlossen ist. In der Hoffnung, alles verstehbar, fassbar, erlebbar, greifbar zu machen – diesmal in der Tiefe unserer Seele ... Nein, wenn Tiefenpsychologie tief genug vordringt, wenn Theologie auch zu einer »Tiefentheologie« wird, wie Helmut Hark das oft ausdrückt[4], dann gelangt sie letztlich zu der Erkenntnis, dass alles immer noch mehr, noch höher oder tiefer, noch weiter und noch größer ist. Und dass sich uns zwar immer neue Räume eröffnen und erschließen können zum Verstehen der Texte und Traditionen, aber dass jeder dieser Zugangswege – sei es, die Dinge wörtlich zu nehmen, historisch oder historisch-kritisch, literarisch, existenzial oder psychologisch –, dass jeder dieser erschlossenen Räume auch zugleich leicht die Gefahr in sich birgt, uns glauben oder meinen zu lassen, das sei es nun, das sei nun alles, das Ganze. Und mit der Grenze dieses Raumes, den ich jetzt erkennen kann, zum Beispiel mit der Tiefenpsychologie, sei die Grenze schlechthin erreicht, mit dem

Ende dieses neuen, vielleicht begeisternden Verstehenshorizontes seien wir am »Bretterzaun der Welterfahrung« angekommen. Dann würden die so erschlossenen neuen Räume eventuell den Aufbruch, Ausbruch in andere, neue Horizonte verschließen oder den Einbruch anderer Dimensionen womöglich sogar verhindern. Das soll und darf nicht geschehen!

Daher die Bitte, Warnung, Mahnung vor allem Weiterlesen an uns alle: Was wir jetzt sehen, ist nicht das Letzte, ist nie das Eigentliche, denn das Wesentliche ist – wie schon der »Kleine Prinz« zu sagen wusste – unsichtbar, unsagbar und eben letztlich unverfügbar, aber wahr. In dieser Behutsamkeit, Vorsicht und Sorgfalt wünsche ich Ihnen nun ein fruchtbares Weiterlesen in den folgenden Kapiteln, ein Umgehen mit all den angebotenen Gedanken, frohes tieferes Erkennen und heilendes eigenes Erleben.

Geöffnete Augen

Die Heilung des blinden Bartimäus
(Markus 10,46–52)

Mit »Blindheit« geschlagen ...

- Jemand kauft ein Haus und merkt erst nach dem Kauf, dass es äußerst ungünstig an einer D-Zug-Strecke und unter einer Starkstromleitung liegt. Blind gewesen?
- Jemand fährt voll Ärger und Aggression im Auto, setzt beim Einparken ohne in den Rückspiegel zu schauen heftig zurück und beschädigt das eigene und das fremde Auto schwer: »Ich habe einfach nicht zurückgeschaut.«
- Jemand liest beim Handy-Vertrag nicht im Kleingedruckten, dass der Vertrag bei nicht erfolgter rechtzeitiger Kündigung automatisch ein Jahr weiter läuft. Blind?
- »Ich sehe nichts mehr. Ich sehe alles verschwommen, kann nichts mehr erkennen, alles verschwimmt mir vor den Augen. Ich muss mich so anstrengen, um klar zu sehen.« Wer sagt das? Eine Frau, kurz nach ihrer zweiten Scheidung, vor dem nächsten Desaster ... Ist sie am Erblinden?

 Haben Sie schon Ähnliches erlebt? Können Sie weitere Beispiele für »Blindheit« im Lebensalltag finden?

Symbolische Betrachtungsweisen von »Sehen« und »Blindsein«

Es ist viel, was Menschen zum Thema »Sehen – Augen – Blindheit« an Sprachwendungen und Wortspielen einfällt. Bei Befragungen kam ich auf folgende Ideen und Struktur:

1. *Sehen, wahrnehmen, einordnen (der Weg geht von außen nach innen):* mit offenen Augen durch die Welt gehen; Augen wie ein Luchs; Argusaugen; mir sticht etwas ins Auge; etwas mit anderen Augen sehen; jemandem fallen vor ... fast die Augen heraus; mit den Augen stehlen; etwas durchschauen; vier Augen sehen mehr als zwei; jemandem die Augen öffnen; wie Schuppen von den Augen fallen; ein Auge riskieren.
2. *Augen sind Ausdrucksmittel meiner Gefühle – werden vom Nächsten gesehen (der Weg geht von innen nach außen):* die Augen strahlen wie Sterne; jemandem schöne Augen machen; mit offenen Augen träumen; wenn Blicke töten könnten; sich die Augen ausweinen; Augen sind die »Fenster der Seele«; da bleibt kein Auge trocken; Liebe macht blind; Liebe macht auch sehend für die Dinge dahinter; mit den »Augen des Herzens« sehen.
3. *Nicht sehen können oder wollen:* jemandem werden die Augen schwer; die Augen fallen einem zu; die Augen verschließen; mit verbundenen Augen durchs Leben gehen; blauäugig handeln; dem anderen die Augen auskratzen; die Augen für immer schließen.
4. *Gesehen werden, aber selber nicht sehen können:* vom Auge des Gesetzes; Gottes Auge ist überall.

Sie können das ja einmal selbst erforschen, was wir in unserer Sprache an Beispielen zur Verfügung haben. Welche Sprachbilder und Wortspiele, in denen Sehen bzw. Nichtsehen eine Rolle spielt, können Sie finden? Es macht auch Freude, das mit anderen in einer Gruppe zu tun. Auch Kindergarten- oder Schulkinder haben großen Spaß daran und gute Ideen. Dies bereitet uns vor auf ein tieferes, symbolisches Verständnis des Symptoms »Blindheit« in der folgenden Geschichte.

Symptome als Symbole verstehen

Wie im Einleitungskapitel dargelegt, soll im Folgenden versucht werden, Bibeltexte psychologisch *und* theologisch zu betrachten *und* gleichzeitig den »Geist der Freiheit« walten zu lassen. Wir wollen neu hinhören und neu hinschauen lernen. Es geht dabei nicht in erster Linie um die historische Frage, und zwar aus folgendem Grund: In diesem ersten Kapitel beispielsweise geht es zwar um eine Blindenheilung, und es ist durchaus gut möglich – es wird ja so berichtet –, dass Jesus damals und dort einen blinden Menschen sehend gemacht hat. Wer könnte das begründet bestreiten oder gar das Gegenteil beweisen? Aber dabei bleibt immer noch die Frage offen: Was hat das denn mit uns hier und heute zu tun, mit uns, die wir zwar vielleicht Brillen tragen, aber doch im Großen und Ganzen gut sehen? Das scheint dann doch nicht unser Problem zu sein!

Wäre damit die Geschichte für uns Heutige also inhaltslos oder unbedeutend? Oder brauchen wir für eine *Existenzialisierung* und *Aktualisierung* einen anderen Zugangsweg? Bereits im Neuen Testament hat Jesus uns diesen anderen Zugang gewiesen: Wir finden im Johannes-Evangelium z.B. den Hinweis, dass man auch sehend blind sein kann. Eine *symbolische* Betrachtungsweise des Sehvorgangs, die nahe legt, dass es um etwas Seelisches, Inneres geht, ist darin enthalten (Johannes 9,39–41): In einer Auseinandersetzung Jesu mit den Pharisäern nach einer Blindenheilung kommen die »Herren« und fragen ihn: »Sind etwa auch wir blind?« Denn Jesus hatte zuvor in einem verwirrend klingenden Wort konstatiert, er sei in die Welt gekommen, »damit die Blinden sehend und die, die sehen, blind« würden. Und er antwortet den Pharisäern auf ihre Frage: »Wärt ihr blind, so hättet ihr keine Sünde; weil ihr aber sagt, ihr seid sehend, bleibt eure Sünde.« Damit drückt er aus: Ihr seid eigentlich blind, obwohl ihr euch für sehend haltet.

An einer anderen Stelle nennt Jesus die Pharisäer »blinde Blindenführer« (Matthäus 15,14). Das sind Hinweise darauf, dass all diese Aussagen auch übertragen verstanden werden können oder sogar sollen! Hier finden wir also exemplarische Stücke einer symbolischen, tiefenpsychologischen Sichtweise im Neuen Testament. Oder: Der Vater des »verlorenen Sohns» erklärt am Ende in Lukas 15,24: »Dieser mein Sohn war tot, aber er ist wieder lebendig geworden.« Als der Sohn in der Fremde im Elend litt und es ihm schlecht erging, war er zwar körperlich völlig lebendig – und doch war er, symbolisch betrachtet, »tot«. In dieser Dimension sind viele biblische Aussagen anzusiedeln und zu deuten, und darum kann Paulus mit einem urchristlichen Gemeindelied auffordern (Epheser 5,14): »Wache auf, der du schläfst, stehe auf von den Toten, so wird dich Christus erleuchten.« Somit kann Totenauferstehung auch ein Bild sein für etwas, das sich in unserem Leben heute, in unserem Inneren, unserer Seele zuträgt, aber nicht nur da, sondern auch mit ganz sichtbaren Folgen, wenn ich dann aufstehe, wenn ich zu mir stehe und mein Leben sich ändert. Damit werden wir uns in einem der letzten Kapitel dieses Buches eingehender befassen.

In dieser – vom Neuen Testament bereits angebahnten – Weise also soll unser Nachdenken hier erfolgen. Dabei bin ich mir vollkommen bewusst, dass tiefenpsychologische Betrachtungsweise nur *ein* Ast ist an dem großen Baum mit seinen »Zweigen« und Möglichkeiten, wie wir biblische Texte betrachten können: Jahrzehntelang stand die historisch-kritische Betrachtungsweise im Vordergrund; es gibt z.B. eine text- und literarkritische, traditions- und redaktionsgeschichtliche, eine soziologische und feministische Betrachtungsweise biblischer Inhalte, und jeder Zugangsweg hat seine Berechtigung und seine Begrenzung. Es geht mir hier darum, herauszufinden und erfahrbar zu machen, welchen Gewinn der (tiefen-)psychologische Betrachtungsweg bringen kann.

Grundfragestellungen bei jeder Geschichte

Fragestellungen, die anhand des Textes aufgeworfen werden sollen und die Sie sich bei jedem der Texte dieses Buches anfangs stellen können, sind etwa:

- Welche Entwicklung ist hier erkennbar? Was geschieht auf einer inneren Ebene? Was könnte die symbolische Bedeutung des Symptoms (hier des Begriffes »Blindheit«) sein? Wie ist das Bestehende geworden, welche Entstehungs- und Lebensgeschichte steht wohl dahinter?
- Eine andere Möglichkeit besteht darin, den Text so zu lesen und abzuhorchen, als sei alles, was darin vorkommt, ein Stück von uns selbst – eine spannende Betrachtungsweise! Welche Gefühle löst der Text in mir aus? Was rührt mich an, was stört mich, was ergreift und ärgert mich darin? Dies wahrzunehmen ist wichtig.
- Weiter ist zu klären, in welchen Schritten sich der Weg, die »Therapie« vollzieht, auf ein Ziel hin, das in der Tiefenpsychologie oft als »Individuation« bezeichnet wird, d.h. dass ich zu mir selbst, zu meinem Weg stehen lerne, den ich ganz unverwechselbar, individuell und einzigartig zu finden und zu gehen habe, jeder den seinen, jede den ihren, nicht überfremdet von Vorstellungen anderer. Wie ist dies alles in dieser konkreten Geschichte dargestellt?

Die Geschichte von der Heilung des blinden Bartimäus steht im Markus-Evangelium, Kapitel 10. An ihr soll diese Betrachtungsweise als Erstes praktiziert werden. Der Text lautet nach der Übersetzung der Jerusalemer Bibel:

46 Und sie kamen nach Jericho, und als er mit seinen Jüngern und vielem Volk aus Jericho herauszog, saß der Sohn des Timäus, Bartimäus, ein blinder Bettler, am Wege. 47 Als er hörte, es sei Jesus, der Nazarener, begann er laut zu schreien: »Sohn Davids, Jesus, erbarme dich meiner.« 48 Viele fuhren ihn an, er solle still sein, er aber schrie noch lauter: »Sohn Davids, erbarme dich meiner.« 49 Da blieb Jesus stehen und sprach: »Ruft ihn her.« Nun riefen sie den Blinden und sagten ihm: »Mut! steh auf. Er ruft dich.« 50 Er aber warf seinen Mantel ab, sprang auf und kam zu Jesus. 51 Und Jesus wandte sich ihm zu und sprach: »Was willst du, was ich dir tun soll?« Der Blinde antwortete ihm: »Rabbuni, dass ich wieder sehen kann.« 52 Da sprach Jesus zu ihm: »Geh, dein Glaube hat dir Heilung gebracht.« Und sogleich sah er wieder und folgte ihm auf dem Wege.

Historisierung als »Verdrängung nach hinten«

Jetzt könnten Sie sich vielleicht denken: »Ja, eine Blindenheilungsgeschichte Jesu, das ist ein großes Wunder. Aber wer weiß, was damals wirklich geschehen ist ... Das ist ja eine alte Geschichte.« Manchen geht es so, dass sie Schwierigkeiten haben zu glauben, dass sich das damals tatsächlich zugetragen hat. Anderen wiederum ergeht es so, dass sie gar keine Schwierigkeiten haben, das zu glauben: »Jawohl! Unser Herr ist groß und er ist über die Maßen herrlich und er hat damals viele, viele Wunder getan.« Aber es wäre schade – und in meinen Augen auch zu wenig –, wenn es dann weit weg wäre, von uns entfernt bliebe, als etwas nur damals Geschehenes.

Manchmal spreche ich in diesem Zusammenhang sogar von einer »Verdrängung nach hinten«, wenn Glaubende gar zu sehr auf die historische Glaubwürdigkeit der Erzählungen pochen und m.E. zu wenig nach ihrer heutigen Erfahrbarkeit fragen und nach der Möglichkeit, dergleichen hier im eigenen Leben aktuell zu erleben. Mir ist es immer wichtig, dass diese Geschichten Fleisch und Blut bekommen, dass sie auch *mit uns selbst* zu tun haben. Sonst könnten Sie sich ja jetzt denken: »Na ja, ich bin zwar ein bisschen kurz- oder weitsichtig (dafür habe ich meine Brille!), aber blind bin ich darum noch lange nicht. Mein Sehen ist etwas eingeschränkt, aber Blindenheilung? Nicht für mich.«

Ich wünsche Ihnen, dass Sie in all den folgenden Kapiteln Dinge vielleicht aus einem völlig neuen Blickwinkel betrachten können – das, was Sie früher vielleicht nicht sehen konnten, weil es »um die Ecke herum« war, weil es für Sie einfach nie »in den Blick geraten« ist. Merken Sie: Unsere Sprache ist so voll davon, dass wir innere Erkenntnisprozesse, Wandlungsprozesse mit Seh-wörtern ausdrücken. Die Geschichte berichtet hier etwas, was vor zweitausend Jahren geschehen ist. Und sie würde mit uns gar nichts zu tun haben, wenn wir nicht uns selbst darin wieder erkennen könnten, wie in einem Spiegel: Ach, das bin ich ja auch manchmal ...

Wie wird man blind?

Ausgangspunkt der Erzählung ist, dass da einer sitzt am Weg, der blind ist. Lassen Sie uns also als Erstes fragen: Wie wird jemand im oben beschriebenen, übertragenen Sinne »blind«? Psychosomatisch betrachtet und unter Einbeziehung symbolischer Ausdrucksweise in unserer Umgangssprache stellt sich die Frage: Welcher Weg, welche Erfahrungen im Leben eines Menschen können dahin führen, dass sogar tatsächlich in der äußeren Sehfähigkeit eine Beeinträchtigung eintritt? Wir kennen ja Ausdrücke wie »den Dingen, der Realität, dem anderen ins Auge sehen«, »sein Augenmerk auf etwas richten«, aber auch »die Augen niederschlagen müssen«. Wir sprechen von spöttischen, tötenden, zudringlichen oder abweisenden Blicken, von Verletzungen durch Blicke – also besser gar nicht hinschauen?! Augen niederschlagen? Das bereits wäre ein kleines Stückchen »Erblindung« ...

Weiter kennen wir Ausdrücke wie »ein Auge zudrücken«, etwas »sticht« mir ins Auge, geblendet sein von etwas oder sich blenden lassen, verblendet gewesen sein (und in allem steckt schon das Wort »blind«). Vor Liebe oder Verehrung kann man blind sein, wenn man die »rosarote Brille« trägt und nicht mehr nüchtern und wach wahrnehmen kann, was ist. Man kann blind sein vor Wut, Zorn und Erregung, blind vor Hass, blind vor Eifersucht und Verzweiflung und keinen Ausweg mehr sehen. Auch Ideologien, politische oder religiöse Glaubensbewegungen können »blind« sein und Menschen folgenschwer »blind« machen im Glauben an die Allgültigkeit ihrer als allein selig machend ausgegebenen Überzeugungen, Dogmen und Grundsätze. Dann werden den Glaubenden Scheuklappen angelegt, sie werden indoktriniert, entmündigt und an eigener Einsicht und kritischem Durch-blick gehindert.

Hinter »Blindheit« im übertragenen Sinn kann auch stecken, dass man etwas nicht mehr »mitansehen« kann. Man verliert bestimmte »Gesichtspunkte« aus dem »Blickfeld«. Jemand kann blind sein, weil er die »Übersicht« verloren hat; es ist ihm »Hören und Sehen vergangen«. So wird man innerlich, im Fühlen und Erleben, seelisch blind.

Und wenn die Augen blind werden vor Trauer und von Tränen, wenn ich, in der Tunnel-Sicht der Depressiven, nur noch schwarz sehen kann (nach dem Motto: »ich sehe mich nicht mehr hinaus«), wenn ich keine rosigen »Aussichten« mehr sehe, sondern nur noch »düstere Zukunftsperspektiven«, wenn ich »die Augen verschließe« vor dem, was ist – dann ist ein Stück Erblindung erfolgt. Man macht sich dadurch gewissermaßen ein bisschen ungeboren, weil man so tut, als hätte man das »Licht der Welt« noch gar nicht erblickt. So kann es gehen, dass ich mich sperre gegen viele »Einsichten«, dass ich es nicht (mehr) wage, eigene »Ansichten« zu entwickeln. Eine eigene Sicht der Dinge und der Welt riskiere ich dann nicht mehr, bei der auch unkonventionelle oder unangenehme Aspekte in den Blick geraten würden. Seh- = Denkverbote beherrschen mich.

Was mag hinter so einer Entwicklung stehen, welche Erfahrungen mögen ihr zugrunde liegen? Dabei ist es sekundär, ob sich diese Reaktion sogar in psychosomatischer Erblindung niederschlägt oder ob sie »nur« in der Seele geschieht: In jedem Falle fehlt die Freiheit zu neuen »Ansichten«, neuen »Blickwinkeln«, die sich mir eröffnen könnten: *Meine* »Perspektive« hat niemand anders, so wie ich die Dinge »sehe«, sieht sie niemand sonst. Jeder sieht die Dinge anders und jeder hat aus seiner eigenen, subjektiven Perspektive Recht.

Sehend werden für Gaben und Grenzen, Fähigkeiten und Fehler

Sehend werden hieße dagegen, Brillen absetzen können, rosarote oder schwarze oder graue oder blaue. Meine Arbeit in Beratung und Psychotherapie, in Seelsorge oder in Supervision und Coaching erlebe ich immer wie »Brille putzen«: klarer sehen, genauer hinschauen lernen und es aushalten zu sehen, was *wirklich* da ist, um mich neu orientieren zu können. Ein sehend gewordener Mensch wird nicht mehr »blinden« Gehorsam leben, nicht mehr »blindes Vertrauen« praktizieren – »sehendes Vertrauen« ist besser, weil es wach ist. Sein Leben wird nicht mehr begrenzt sein, weil er sich »durch-schaut« fühlt, durch stetige »Vor-sicht«, »Rück-sichtnahme«, ständige »Nachsicht« mit allen anderen (nur mit sich selbst vielleicht nicht!) oder durch den Drang, ständig die »Auf-sicht« über alles zu haben. Wichtig wird sein, »wie ich die Dinge sehe« – so lautete vor Jahren ein Buchtitel von Cliff Richard. Ich werde selbst in der Lage sein, Informationen und Eindrücke zu »sichten« (sichten hat ja auch mit Sehen und Entdecken zu tun; so sagt man beispielsweise, dass ein Schiff auf See »gesichtet« wird, aber sichten heißt auch prüfen, sortieren). Dieses selbstständige, mündige Sehen ist das Gegenteil von Blindsein!

Blindsein kann dabei manchmal sogar heißen blind zu sein für meine eigene Größe und Würde, für meine eigenen Gaben und Fähigkeiten, blind zu sein für das Schöne an mir selbst, für das, wo meine Stärken liegen.

 Könnte es nicht schön sein, wenn Sie jetzt beim Lesen innehalten und einmal liebevoll zu sich selber hinschauen und sagen: »Es ist wirklich schön, dass ich auf der Welt bin und dass ich da bin.« Mir selber freundlich zulächeln und bewusst wahrnehmen, wer ich bin, was ich kann, was mir gelungen ist – unter Einbeziehung aber auch der anderen Seite der Wahrheit, meiner Schwächen, Grenzen und Fehler, die auch zu mir gehören. Bei Ignatius von Loyola und Teresa von Avila ist im Grunde dieses gemeint, wenn sie die »Übung der liebenden Aufmerksamkeit« zu praktizieren empfehlen ... Tun Sie es doch regelmäßig – es stärkt!

Blind sein können wir nicht nur für unsere Fähigkeiten, Gaben und Anlagen, wir können uns auch falsch einschätzen, wenn wir blind sind für unsere Grenzen, für das, was wir *nicht* können. Es gibt eben auch Dinge, zu denen ich stehen muss, wo ich sagen muss: Bis hierher kann ich mitgehen, aber weiter und mehr nicht. Da sind meine Grenzen, da sind die Grenzen meiner Tragkraft, die Grenzen meiner Verstehensfähigkeit oder -willigkeit, auch die Grenzen meiner körperlichen oder meiner Schaffenskraft. Potenzial zu sehen ist wichtig, ebenso wichtig ist es aber auch zu sehen, wo die Grenzen sind!

Zu sehen, wer ich wirklich bin, kann helfen, dass ich mich nicht dauernd unterlegen oder klein fühlen muss, angewiesen auf die anderen als »Almosenempfänger«, wie es dem blinden Bartimäus buchstäblich ging: Er erlebte, dass es so weit kam, dass er nur noch als Bettler in der Welt saß.

 Kennen Sie auch dieses »Bettlerdasein«, dieses Gefühl, darauf angewiesen zu sein, was einem die anderen geben? Das kann bis dahin gehen, dass ich um Anerkennung, Bestätigung, positive Rückmeldung buhle, weil ich blind bin für das, was ich *bin*, was ich verkörpere, für meine eigene Größe und unantastbare Würde.

Blind kann ich sein für die Art meines Umgangs mit anderen und merke dabei gar nicht, wie hart, wie wenig einfühlsam ich vielleicht manchmal bin, wie demütigend ich zuweilen andere abkanzle oder wie gängelnd und nörgelnd ich mich verhalte. So manche Mutter behauptet in der Erziehungsberatung: »Ich sage doch nie etwas« und ist sich gar nicht bewusst, wie blind sie für ihr eigenes Verhalten ist. Möglich ist auch, dass ich gar nicht merke, wie wenig ernst ich die Bedürfnisse, Wünsche und Vorstellungen der Menschen meiner Umgebung nehme, in der Partnerschaft, in der Familie, im Freundes- und Kollegenkreis, und wie sehr ich nur auf mich, mein Ergehen, mein Wohlbefinden ausgerichtet bin. Wir Psychologen nennen das den »blinden Fleck«, den jeder Mensch hat. Dazu gehört auch unsere Kehrseite, unsere Rückseite, das, was wir an uns nicht sehen und nicht mögen, unser »Schatten«, wie Carl Gustav Jung das nannte: Der »Schatten« bezeichnet das an uns selbst, was wir nicht gerne wahrnehmen möchten, was wir an uns selbst nicht lieben, annehmen und anerkennen, was aber durchaus zu uns gehört. Jede und jeder hat diese Rückseite, einen solchen Schatten!

»Übertragung« macht blind

Ein weiterer Aspekt der Blindheit ist, wenn man in allem die alten Erfahrungen wieder findet: Wenn man in jedem neuen Partner, jeder neuen Partnerin, in jeder Chefin oder jedem Chef wieder die alten Gegenüber von Vater und Mutter oder früheren Autoritätspersonen sieht, eine Neuauflage alter Unterlegenheit, Bevormundung, Überfremdung, Überbehütung oder Vernachlässigung, Unterdrückung und Freiheitsberaubung – eine Neuauflage also aller alten Wunden und Erfahrungen.

Wenn ich nicht sehen kann, dass hier inzwischen andere sind und dass ich inzwischen auch ein/e andere/r geworden bin, dass sich auch die Situation geändert hat, ich also nicht mehr ausgeliefert bin, nicht mehr angewiesen und hilflos wie damals – dann ist das wie Blindheit für das, was hier jetzt und heute ist, wie eine Behinderung für den Kontakt mit der gegenwärtigen Realität. Erst wenn ich diese »Übertragung« der alten Muster auf Jetziges auflösen kann, bin ich in der Lage, das Jetzt zu erkennen, heute neu zu entscheiden, meine Sicht und die Situation zu verändern. Aber das setzt klares Sehen voraus.

Mit Übertragung bezeichnen wir den Vorgang, dass wir Dinge, die früher geschehen sind (wenn wir von jemandem etwas Angenehmes oder Unangenehmes erlebt oder erlitten haben), vor allem die damit verbundenen Gefühle, ohne dass wir es merken, von damals »über-tragen« auf die jetzige Situation. So habe ich beispielsweise gegenüber einem Menschen, der mir begegnet, Gefühle, die in dieser Situation unbegründet sind. Ein Mann in mittlerem Alter erzählt, wie er so etwas erlebt habe: »Da hat meine Sekretärin mich etwas scharf angesprochen und ich wurde plötzlich ganz kleinlaut. Ich bin aber der Chef, stellen Sie sich das vor. Was ist passiert? Sie hat sich eines Tonfalls befleißigt, der in mir ankam wie ein alter Klang von vor vielen Jahren, als ich noch sehr, sehr klein war – und die damals dazugehörige Reaktion ausgelöst hat: Ich bin ganz erschrocken, ich habe es nicht mehr geschafft, ihr zu sagen, was Sache ist, weil ich sie ›verkannt‹ habe: Sie war plötzlich für mich wie eine bedrohliche Elternfigur in einer Situation, wo ich unterworfen und ausgeliefert war.« Sie erkennen vielleicht, dass uns das womöglich manchmal passiert.

Ich nenne diesen Prozess der Übertragung umgangssprachlich gern »Verwechslung«: Etwas erinnert mich an meiner Partnerin an eine frühere Erfahrung mit der oder jener Person. Und dann geschieht etwas gewissermaßen »schon wieder«, und es ärgert mich genauso wie damals. Der Partner, seine Stimme, sein Auftreten weckt in mir alte Stimmen, Wunden und Reaktionen. Oder die Menschen, mit denen ich lebe, die Mitarbeiterinnen oder Kollegen wecken etwas, wofür diese Personen hier jetzt gar nichts können: Das sind uralte, unbearbeitete Geschichten in unserem Inneren, die plötzlich wach werden, und wir sind sozusagen blind, sodass wir nicht sehen können: Jetzt ist das ganz anders, jetzt brauche ich vor dir keine Angst mehr zu haben, jetzt brauche ich diese oder jene Reaktion eigentlich nicht (mehr).

 Erkennen Sie sich wieder? Erkennen Sie diesen Vorgang der »Verwechslung«, der Übertragung in Ihrem Leben? Er ist ja ganz natürlich und »normal«, macht uns aber oft das Leben schwer und (zer)stört vieles. Wie können Sie »wach werden«, überprüfen, ob hier wieder eine »Neuauflage« alter Geschichten und Leiden vorliegt – wie herauskommen aus der Wiederholung? Es geht darum, das Muster zu erkennen, den Vorgang zu durchschauen, die Heute-Realität zu prüfen und neue Schritte und Verhaltensweisen zu wagen!

Blind durch »Projektion«

Ein anderer Prozess dieser Art heißt Projektion. Und bei der Projektion sind wir auch ein bisschen blind. Das ist so wie bei einem Diaprojektor: Da ist in einem Gerät ein Dia drin und auf der Projektionsfläche, auf der Leinwand, erscheint das Bild, das im Projektor steckt. Genau das kann uns auch passieren. Wissen Sie, wie das dann aussehen kann? Beispielsweise so: Ich bin ärgerlich, schaue den Menschen, mit dem ich es zu tun habe, an und sage: »Ich glaube, jetzt ärgern Sie sich.« Dabei ist der andere gar nicht ärgerlich. Ich sehe das nur »in ihn hinein«. Ich sehe im anderen etwas, was der gar nicht ist oder die gar nicht meint. »Jetzt bist du aber böse auf mich.« Nein, nein, ich selbst bin womöglich böse. Oder: »Da freust du dich!« – und ich habe noch gar nicht hingeschaut, ob da beim anderen auch Freude zu sehen ist oder ob ich nicht vielmehr im anderen meine eigene Freude vermute ... Solche Verwechslungen geschehen sehr leicht, haben aber im Grunde nichts mit meinem Gegenüber zu tun, sondern die anderen Personen sind nur Leinwand für das, was ich projiziere.

In meinen Seminargruppen üben wir manchmal »Vergegenwärtigung«, indem wir uns zum Beispiel einander gegenüber setzen, einander anschauen – eine schwierige Übung – und nur beachten und wahrnehmen, was dann geschieht. Sie glauben gar nicht, was da alles passieren kann: Man meint, der oder die andere schaue einen ärgerlich an, schaue überheblich, zynisch oder traurig. Ja, und dann kann man sich unterhalten: Warst du in dem Moment traurig? Ach ja, du warst traurig, dann habe ich das richtig gesehen und wahrgenommen. Oder aber der andere sagt: »Du, ich war nicht traurig. Aber überlege doch mal, was in dir selbst abgelaufen ist, als du mich so angeschaut hast.« Wenn ich dann nachdenke, werde ich vielleicht feststellen: Ja, jetzt erst merke ich es, ich habe mich da an etwas erinnert. Also *ich* war traurig, und ich meinte, *du* würdest traurig schauen. Schon wieder eine Verwechslung, und wir sind nicht »sehend« für das, was *jetzt* wirklich da ist. Denn sehr oft geschieht es, dass wir eigene Wünsche oder auch Befürchtungen (!) in den anderen hineinsehen: »Du machst das bestimmt jetzt so, weil ...«, »Denkst du jetzt von mir vielleicht, dass ich ...?« – und dabei unterstelle ich dem anderen, was ich mir selbst erhoffe, ersehne, oder aber mir selbst vorwerfe, zuschreibe und anlaste.

Impuls Können Sie diesen Mechanismus der Projektion bei sich wieder finden? Eigene Freude oder Hilflosigkeit, Aggressivität oder Niedergeschlagenheit in den/die andere/n hineinzusehen? Und nicht zu merken, dass ich dabei ein »Gefühlsprojektor« eigener Verfassung oder Überzeugungen bin, der/die andere dagegen nur »Leinwand«. Was hilft Ihnen da heraus? Immer wieder »Feed-back« holen, konkrete Rückmeldung erbitten: »Ist das so? Geht es dir/Ihnen so?« Die konkrete Rückfrage einbauen, wenn ich Vermutungen über die Gefühlslage von jemand anstelle: »Stimmt das?« Selbstkritisch mich (und den anderen) vergewissern, dass ich wirklich mit dem Gegenüber beschäftigt bin und nicht nur mit mir selbst.

Sehend werden hat Folgen

Die Augen zu öffnen, die Blindheit zu verlieren kann aber noch etwas anderes heißen: Sehen ist nicht nur passiv und empfangend, sondern auch etwas eminent Aktives. Sehend geworden schlage ich nicht mehr die Augen nieder, sondern ich schaue dem anderen wirklich ins Gesicht. Aug in Aug – egal wie ich gehandelt habe. Ich muss mich nicht schützen vor kritischen oder missbilligenden Blicken anderer, die mich früher vielleicht gequält oder verunsichert haben, sondern ich schaue sie als Gegenüber an. Ich schaue womöglich sogar selbst kritisch oder skeptisch, wütend oder ärgerlich – auch das steckt im Schauen drin! Wenn Blicke töten könnten ...

Das alles also heißt sehen – nicht nur empfangen, sondern auch mündig, mir meiner selbst und meines »An-sehens« bewusst, handeln und etwas tun. Wenn ich aktiv sehe, dann sehe ich viel. Das kann zur Folge haben, dass ich auf einmal Dinge sehe, die vielleicht schwer zu sehen, zu ertragen sind.

Im »kleinen Prinzen« von Antoine de Saint-Exupéry sagt der Fuchs zum kleinen Prinzen: »Man sieht nur mit dem Herzen gut. Denn das Wesentliche ist für die Augen unsichtbar.« Das ist auch eine Form von Sehenlernen. Wie gut wäre es, wenn Menschen anfangen würden, ihre Mitmenschen, aber auch die uns umgebende Mitwelt der Pflanzen und Tiere mit dem Herzen sehen zu lernen. Von Indianern habe ich – wie im Einleitungskapitel erwähnt – gelernt, dass in ihrer Zeichensprache »denken« mit einer Bewegung ausgedrückt wird, die mit der Hand vom Herzen aus in die Weite geht und wieder zurück: Die Hand bewegt sich auf der »Herzensebene«. Denken heißt für sie also mit dem Herzen zu sehen. Was würde sich nicht alles ändern, wenn Menschen einander mit dem Herzen betrachten würden, wenn Menschen die Wirtschaft, die ganze Erde, die kranken Bäume, Arbeitslose und Asylbewerber/innen ... mit dem Herzen betrachten würden. Auch die vergifteten Flüsse, sterbende Fische und die Kinder, die in manchen Gegenden der Erde nur noch mit Atemschutz zur Schule gehen können, wären dann zu sehen. Oder die Meere, die durch die Verklappung von Giften verseucht werden – auch das ist dann zu sehen! Dann, wenn ich sehend werde. Es gibt sehr viele Gründe, blind bleiben zu wollen ...

Gründe, blind bleiben zu wollen

Impulse 1. Welchen Vorteil kann man davon haben, wenn man bestimmte Dinge nicht sieht, d.h. bewusst übersieht, nicht an sich heran lässt – weil man sonst vielleicht Stellung beziehen, etwas tun, Entscheidungen treffen, Konsequenzen ziehen müsste? Dass der Partner/die Partnerin immer wieder nach Alkohol riecht, besser einfach übersehen? Dass in Australien Kinder wegen des Ozonlochs nur noch mit Hüten und Handschuhen auf den Pausenhof dürfen ... Dass manche heranwachsenden Kinder nur noch im Internet surfen und sich an Videospielen begeistern statt mit Freunden eine Fete zu veranstalten, mit der Clique zusammen zu sein, sich mit anderen zu treffen und zu reden, zu singen oder am Grillfeuer zu sitzen ... Dass jemand unter den Kollegen/innen oder im Freundeskreis immer blasser, immer fahriger wirkt, bedrückt und mit Rändern unter den Augen ... Dass Sie infolge Ihres Zigarettenkonsums fast keine Treppe mehr ersteigen können, ohne wie eine Dampfmaschine zu prusten und schnaufen ... Dass in unserer Gesellschaft die Aktien immer höher steigen und die Arbeitslosenzahlen auch – oft genau parallel ... Dass zwischen Ihrem Partner/Ihrer Partnerin und Ihnen schon lange kein liebevolles, zärtliches Wort mehr gefallen ist, von zärtlichen Gesten und Berührungen ganz zu schweigen ... Ist es manchmal einfacher wegzuschauen? Erscheint es vielleicht sicherer, nicht so genau hinzuschauen, besser nichts wahrgenommen und gesehen zu haben, denn sonst müsste man ja ... ja, was müsste man dann? Scheuen Sie davor zurück? Was wird das zur Folge haben? Was werden Sie dann tun? Überrascht tun, als sei alles wie ein Blitz aus heiterem Himmel gekommen?

2. Prüfen Sie einmal, wie Dinge, die Sie zu sehen bekommen, auf Sie wirken und in Ihnen nachwirken: Achten Sie darauf, wie Sie sich nach einem Fernsehfilm oder einem Fernsehabend fühlen, wie nach einem Abend vor dem Computer, nach einem Computertag. Oder was das Sehen eines Sonnenauf- oder -untergangs in Ihnen auslöst. Oder Elendsbilder aus Kriegsgebieten, wie Tschetschenien, dem Kosovo, Afghanistan oder was gerade aktuell ist. Oder Katastrophenberichte von Überschwemmungen, Erdrutschen und Dürrekatastrophen. Kann es sein, dass Sie es manchmal fast nicht mehr sehen können, dass Sie finden, es sei »nicht mit anzuschauen«, und Sie sich nur noch durch Wegsehen schützen können? Dann wäre es sogar ein Vorteil, »blind« zu sein?! Wie geht es anderen in Ihrer Familie, im Freundeskreis, in einer Gesprächsrunde? Sehen lernen beinhaltet einen hohen Preis!

Sie merken, dass eine Geschichte ganz anders zu uns zu reden beginnt, wenn wir sie in der gezeigten Weise betrachten, wenn wir sie auf uns und in uns wirken lassen, dass sie uns berührt in unserem Gefühl und im Lebensalltag. So wird eine Geschichte, die vor zweitausend Jahren spielt, *unsere eigene*, ist dann nicht mehr irgendeine Blindenheilung von irgendwann einmal, sondern dann sind wir selbst dieser Bettler, der da sitzt. Die Leute hatten diesen armen Kerl vielleicht ganz gern, ihn, der auf seine eigenen Ansichten verzichtet hat. Sie versorgten ihn. Er hat das eigene Sehen aufgegeben und den anderen erlaubt, für ihn zu sehen, ihn zu führen – das haben die womöglich gern gemacht. Als Blinder hat er auch viel von den anderen bekommen, er hatte einen durchaus beachtlichen Gewinn davon. Solange er die Augen geschlossen hält und viele Dinge einfach übersieht oder gar nicht bemerkt, ist er bequem und beliebt.

Impuls Kennen Sie das vielleicht auch: ... wo wir selbst sagen: »Das weiß ich nicht«, »Da kenne ich mich nicht aus«. Und welchen Vorteil das haben kann?!

In Gesprächen, die ich mit der Generation meiner Eltern geführt habe, zeigte sich oft, dass viele das alles gar nicht wussten, was damals, in den Jahren zwischen 1933 und 1945 passierte. Manches konnte man wirklich nicht wissen, aber anderes, sehr vieles hätte man wissen können, wenn man hingeschaut hätte.
Wie man das Sehen verlernt, den Vorgang und die Folgen des Blindwerdens im Entwicklungsweg eines Kindes, beschrieb Eugen Drewermann in einem Vortrag folgendermaßen[5]: Ausgangspunkt kann sein, dass zum Beispiel einem Kind verboten wurde klar zu sehen, etwa zu sehen, dass die eigene Mutter Unrecht hatte, damals, vor 35 Jahren. Mutter musste immer Recht haben, denn wenn Mutter Unrecht hatte, bekam sie schwere Verzweiflungsausbrüche. Dann zog sie sich einfach zurück, redete tagelang nicht mehr. Sie verschwand einfach in der Rolle der »beleidigten Leberwurst« hinter irgendeiner

Tür. Sie schaute einen nicht mehr an. Und dann saß vielleicht das Kind bettelnd vor der Tür: »Sei doch wieder gut!« Ein ewiger Bußgang nach Canossa. Wenn man das Hunderte von Malen so erlebt, dann macht man die Augen zu. Man wird die Welt in Zukunft so betrachten, wie Mutter sie sieht, hat gelernt einzusehen, dass Mutter Recht hat. Mit *ihren* Augen die Dinge zu sehen – das ist zwar Entfremdung von mir selbst, das ist zwar Enteignung meiner eigenen Wahrnehmung – aber der Gewinn ist groß: Mutter ist dann wieder gut. Also verzichtet das Kind darauf, es selbst zu sein und selbst zu sehen. Vielleicht hieß es damals sogar, es sei ein böses Kind, weil es überhaupt habe denken können, Mutti könne Unrecht haben. Am nächsten Samstag musst du dann beichten, dass du ein böses, unartiges, freches Kind gewesen bist. Und unter hundert Pfarrern, Seelsorgern oder Priestern wird sich vielleicht nur selten einer finden, der dem Kind sagt: »Mädchen, Junge, warum geht's dir denn eigentlich so? Wenn du dich so ärgerst, wenn du so aufgebracht bist, das muss doch einen Grund haben! Du kannst gar nicht ›böse‹ sein! Was ist denn los bei euch zu Hause?« Vielleicht hat sich nie jemand die Mühe gemacht nachzuspüren: Was steckt da eigentlich dahinter? Manche Geistliche werden womöglich sogar sagen: »Du musst aber jetzt auch schön lieb sein! Überlege mal, was du tun kannst, um das wieder gutzumachen. Vielleicht Wäsche oder Einkaufstaschen herauftragen, abspülen oder Kartoffeln schälen.« Und später hat man dann Leute, die in allen Punkten, die sie selbst betreffen, mit verschlossenen Augen leben, die sagen: »Nimm mich an der Hand! Sag mir, was ich tun soll, was ich tun muss! Ich finde den Weg allein nicht. Du wirst es schon wissen!« Das funktioniert wunderbar, und sogar im Rahmen der Religion.

Wie geschieht der Weg der Heilung?

Wie kann das vor sich gehen, dass ein Mensch seine eigenen Augen wieder gewinnt, dass er anders, dass er wieder und neu sehen lernt? In der biblischen Geschichte vom blinden Bartimäus ist dieser Vorgang als etwas beschrieben, das ganz schnell ging. Schön für jemanden, der das so rasch erleben kann. Nach meinen Erfahrungen mit mir selbst und auch mit den vielen Menschen, die ich in der Seelsorge und in der Psychotherapie begleiten darf, ist es jedoch oft ein längerer Weg und ein langwieriges Üben, das Sehen geht nicht so von »jetzt auf gleich«. In diesem Zusammenhang spricht Eugen Drewermann von der *Zeitrafferregel* solcher Erzählungen und folgerichtig von der *Zeitzerdehnungsregel der Interpretation*.[6]

Lassen Sie uns die einzelnen Schritte genau erfassen, damit wir etwas davon lernen können. Es ist in der Geschichte die Rede von dem Kreis von Männern und Frauen um Jesus, von Frommen und Zweiflern, Anhängern und Gegnern – und Jesus. Sie sind in Jericho gewesen, haben die Stadt wieder verlassen. Als der blinde Bartimäus, der am Weg sitzt, hört, dass da Jesus von Nazaret ist, fängt er laut zu schreien an: »Sohn Davids, Jesus, hab Erbarmen mit mir!« Und was geschieht? Die Leute, die ihn immer als schweigend dasitzenden Bettler kennen, werden ärgerlich und befehlen ihm zu schweigen.

Sehen Sie – das ist auch etwas, was uns passieren kann. Da haben wir erkannt: Mir fehlt etwas, ich habe eine Not. Und es dauert manchmal lange, bis man in der Lage ist zu schreien. Geht es Ihnen auch manchmal so, dass wir oft lange warten, bis wir äußern können: »Mir tut das weh, ich habe da ein Problem. Ich möchte gern, dass wir das besprechen und dass wir das anders machen. Mir fehlt etwas in unserer Familie, in unserer Beziehung, in meiner Arbeitsstelle, in unserem Team.« Es braucht oft viel, bis man das sagt. Das ist manchmal sehr schwer. Dieser Mann hier hat es nun gewagt: Er hat geschrien. Und was machen die anderen? Sie haben gesagt, er solle aufhören zu schreien, haben versucht ihn mundtot zu machen.

Impulse 1. Jetzt können Sie überlegen, ob Sie so etwas auch schon erlebt haben. Oder – noch schlimmer: Ob Sie das viele Male erlebt und schon längst vergessen haben, dass »die« das immer gemacht haben, sodass Sie es verinnerlicht haben: Und jetzt machen Sie es schon selber – in sich drin erheben Sie Einspruch. Was heißt das? Sie möchten etwas äußern und denken sich gleich: »Ach, das hat ja sowieso keinen Wert, dass ich etwas sage. Ach, das brauche ich nicht zu sagen. Ach, es ist schon gut.« Oder – wie heißen Ihre Sätze, mit denen diese Stimmen sagen: »Hör auf zu schreien!« Ist es diese Stimme: »Das habe ich jetzt schon jahrelang probiert und es hat ja sowieso nie etwas geholfen. Was soll ich denn immer wieder sagen?« Oder: »Mir hilft ja doch keiner.« Oder heißt die Stimme: »Dich nimmt man doch nicht ernst, du bist doch nur ...« Oder heißt die Stimme: »Es ist ja auch nicht so wichtig. Mein ungutes Gefühl, das bisschen Unpässlichkeit ist nicht so schlimm und ich halte es schon noch aus.« Wagen Sie es doch, genau hinzuschauen und hinzuhören, was Sie da hindert. Denn mit dem Ausdrücken, mit dem Aussprechen beginnt die Heilung!

2. Kennen Sie die so genannten »Killerphrasen«, Worte, die Gespräche töten, Meinungsverschiedenheiten abwürgen und Konfrontationen völlig unterbinden können: »Das war schon immer so«; »Das haben wir schon x-mal probiert und es ist nie gut gegangen«; »Das ist veraltet, zu teuer, neues Zeug ...«; »Sie schon wieder mit Ihren neumodischen Ideen, hochfliegenden Plänen, ewigen Bedenken ...«; »Bei uns geht das nicht«; »Unmöglich!« usw. Sind Ihnen weitere solcher Killerphrasen bekannt? Welche haben Sie schon erlitten? Welche verwenden Sie gar mitunter selbst? Es gibt übrigens auch »Killergesten« !

3. Geben Sie allein oder mit anderen zusammen diesen Stimmen einmal Raum: Nehmen Sie sich Zeit, um sie aufzuschreiben, zu spie-

len, um hinzuhorchen: Was sind denn da in meinem Inneren oder in meinem Leben für Stimmen gewesen, die mir ausgeredet haben, wenn ich etwas sagen wollte, wenn ich mich zu Wort melden wollte? Sie kennen das sicher aus manchen Gruppen: »Wenn der oder die schon den Mund aufmacht!« Oft geht es im Kindergarten oder in der Schulklasse ja schon los. Und dann haben wir gelernt: »Was du nur immer hast ...« Oder Männer sagen zu ihren Frauen: »Ihr immer mit euren Gefühlen!« Oder die Stimmen heißen ganz anders, sie können sich durchaus auch biblischer Sätze bedienen: »Wenn es dir schlecht geht: Murre nicht – danke dem Herren allezeit und für alles.« Oder: »Man muss gehorchen, klein und demütig sein«, »gehorsam sein Kreuz auf sich nehmen und still tragen« o. Ä. Welche Worte, welche Sätze, welche Inhalte waren es in Ihrer Erziehung, sind es in Ihrem jetzigen Umfeld, durch die Sie sich manchmal daran hindern lassen, Ihre Not herauszuschreien und um Hilfe zu rufen?

Der erste Schritt: der Hilfeschrei

Der erste Schritt zur Heilung liegt für Bartimäus also darin: Er wagt zu tun, was er bis dahin wahrscheinlich noch nie getan hat: Er meldet sich mit seinem Anliegen lautstark zu Wort. Die Kraft zu diesem Hilferuf ist eigentlich in sich schon ein Wunder! Ich lerne von Bartimäus, dass er, sobald er hörte, dass Jesus da ist, laut rief und dass die Leute ärgerlich wurden und ihn daran hindern wollten. Jetzt kommt es darauf an: Was macht er? Was machen wir? Sagen wir nun – wie sonst oft: »Ja, ja, ihr habt ja Recht. Ihr habt mir ja auch immer etwas gegeben. Dankeschön. Stimmt schon, Jesus hat Wichtigeres zu tun. Es geht ja um die Erlösung der Welt ...« Oder wagen wir es, uns weiter ärgerlichen Blicken oder gar Vorwürfen aus unserer Umgebung auszusetzen? »Sie herrschten ihn an, dass er schweige«, heißt es sogar wörtlich. Ich staune über diese Kraft: »Er aber schrie noch viel lauter.« Hier beginnt die *Heilung*!

Da sitzt der Mut, den Jesus *Glauben* nennt – am Schluss der Geschichte: Dein Vertrauen, dieses mutige immer weiter

Schreien, das hat dich geheilt. Aber so weit sind wir noch nicht. Jetzt geschieht erst wieder etwas Erstaunliches: Jesus bleibt stehen, er hört Bartimäus offenbar und ruft ihn her. Er lässt sich nicht blenden von der Schmeichelei, dem Gerede seiner Umgebung oder auch der Feindseligkeit. Durch die Stimmen seiner Fans und seiner Gegner hindurch hört er die *eine* Stimme, die ruft: »Erbarm dich meiner!« Diesem Menschen geht es nämlich erbärmlich. Und den hört Jesus heraus. Er bleibt stehen, bringt diesen ganzen Prozessionszug zur Ruhe, auch durcheinander.

Schauen Sie sich diese Szene noch einmal ganz genau an: Jesus hat ziemlich viel um die Ohren – wie wir oft auch –, er ist im Gespräch, und hört doch durch das Gewisper, die Streitgespräche, die theologischen Diskussionen plötzlich hindurch: Da ruft einer ganz intensiv und ernsthaft. Aus den vielen Stimmen hört Jesus heraus: Da ist der Aufschrei einer Seele! Und er reagiert sofort und sagt: »Bringt ihn her.« Ein Mensch, der wirklich hört: Mich berührt das, weil es wenige Menschen gibt, die wirklich hören. Haben Sie das auch schon erfahren? Die meisten reden gern von sich. Natürlich. Vielleicht sogar auch deswegen, weil sie nie jemanden gefunden haben, der wirklich zuhört. Es gibt einen alten Spruch: »Gott hat keine anderen Hände als die deinen.« Er macht mich nachdenklich, und ich denke, es geht nicht nur um Hände. Vielleicht hat Gott auch keine anderen Ohren als die deinen. Keine anderen Augen als die deinen, die hindurch sehen durch das Vordergründige. Wir sagen, dass Gott hört, aber es ist sehr wichtig, dass er durch Sie, durch mich hören kann …

Zurück zur Geschichte: Jesus hört, Bartimäus kommt. Da erwähnt der Text noch etwas Wichtiges, was der Blinde vorher tut: »Er wirft seinen Mantel weg, springt auf und läuft auf Jesus zu.« Das ist kurz und knapp so berichtet, aber es steckt viel dahinter. Der Mantel ist eigentlich seine Verdienstquelle, seine Lebensgrundlage, darauf sitzt er – er ist ja Bettler von Beruf. Der Mantel ist gleichsam das Symbol seines ganzen Lebensinhalts. Und dieser Mantel heißt: Hier darf ich sein, und daran, dass ich hier auf meinem Mantel sitze, seht ihr, wie *bedürftig* ich bin. Dieses Zeichen seiner Bedürftigkeit lässt Bartimäus los und geht einfach hoffnungsvoll auf Jesus zu.

Der nächste Schritt: »Was willst du ...?«

Als nächster Schritt kommt wieder etwas Spannendes, Jesus fragt Bartimäus nämlich: »Was soll ich dir tun?« Vielleicht schütteln Sie jetzt ein wenig innerlich den Kopf und denken: Komische Frage. Ist es nicht in der Tat seltsam, einen Blinden, der ruft: »Erbarme dich meiner«, daraufhin zu fragen: »Was soll ich dir tun?« Na, das ist doch klar!, meinen wir zu wissen, oder etwa nicht?

Von Jesus lerne ich wieder: Er nimmt sein Gegenüber ganz ernst, bar jedes missionarischen oder helfen wollenden Eifers ist er *völlig offen*. Er überlässt es dem anderen, *für sich selbst* zu wissen, was er braucht, und das auch auszudrücken und dafür einzustehen. Dieser Helfer tut nicht so, als ob er es schon besser wüsste, was der andere wirklich braucht.

Uralte, tiefe therapeutische Weisheit höre ich aus dem, was Jesus hier mit seiner Frage anspricht: »Was willst du, was ich dir tun soll?« – Als sei es nicht ganz sicher, dass der Blinde wirklich sehend werden will. Sigmund Freund nannte das den »sekundären Krankheitsgewinn« – einen Vorteil, den ich daraus ziehe, dass ich dieses oder jenes Leiden, Gebrechen oder eine Not habe. Dann wenden sich die anderen mir wenigstens zu! Auch wenn ich vieles nicht mehr sehen muss, wenn ich die Augen davor zumachen kann, ist das ja oft von Vorteil, so haben wir weiter oben erkannt. Wenn man das Ausmaß der Umweltzerstörung nicht mehr sehen müsste, wenn man nicht zu spüren bräuchte, was oft los ist in Beziehungen, in Betrieben, in der Politik. Manche Sachen nicht durchschauen zu müssen wäre mitunter eine Erleichterung. Genau hinzuschauen hat

Folgen: Ich bin dann betroffen, es geht mir unter die Haut, ich kann nicht mehr einfach abschalten.

Impuls Die Frage richtet sich auch an Sie: Welchen Gewinn haben Sie von Ihrer Blindheit? Davon, dass sie bestimmte Dinge nicht mit anschauen mögen, nicht mit ansehen können, zum eigenen Selbstschutz lieber wegsehen, darüber hinwegsehen? Anders gefragt: Welchen Preis kostet es, genau hinzuschauen?

In manchen Gesprächen merken wir, dass es den Wunsch gesund zu werden beim Gegenüber gar nicht mehr ernsthaft gibt. In manchem Leben ist das so. Dann ist eben die Frage: Was will ich denn wirklich? Will ich tatsächlich gesund werden? Mir wurde von jemandem erzählt, der wegen einer Erkrankung frühverrentet wurde und der durch Gebete und die Kraft des heilenden Geistes tatsächlich eine Wunderheilung erlebte. Aber die Person wollte eigentlich nicht mehr arbeiten. Denn das mit der Frühverrentung war doch ganz schön und angenehm gewesen. Und was geschah? Die Krankheit kam wieder. Hat diese Person vielleicht nicht wirklich gesunden wollen, weil das dann ja auch hieße: Ich muss jetzt wieder meinen Mann/meine Frau im Beruf stehen. Manchmal ist es uns vielleicht fast lieber, ein bisschen blind zu bleiben vor Wut, vor Liebe oder vor Eifersucht oder vor was auch immer. Sehen-können kann sehr anstrengend sein. Das bedeutet auch, Verantwortung zu übernehmen, Konsequenzen zu ziehen, aktiv zu werden. Deswegen ist die Frage wichtig: Willst du wirklich gesund werden? Damit ich mir überlege: Was ist, wenn ich gesund bin? Dann ist vieles anders. Und manches ist dann schwerer.

In der Geschichte von der Heilung des Gelähmten im übernächsten Kapitel wird gesagt: Der da gelähmt lag, musste jetzt aufrecht durchs Leben gehen. Was es dazu braucht, nennen wir Selbstständigkeit, Durchstehvermögen oder Standfestigkeit.

Das hatte er früher nicht nötig gehabt, als er daliegen konnte. Jetzt muss er seine Schwierigkeiten durchstehen. Er muss für sich eintreten im Leben. Solch einen Preis kann es kosten, wenn man gesund wird.

Entlastung für Helfer

Dass Jesus Bartimäus so fragt, beinhaltet auch eine große Entlastung, insbesondere in Situationen, wo wir anderen helfen wollen, ob als Eltern oder Kinder in der Familie, im Freundeskreis oder in den so genannten helfenden Berufen, als Therapeuten, Seelsorger, Ärzte oder wo und wie auch immer sozial tätige Menschen. Diese Frage beinhaltet nämlich auch: Setze dich nicht selbst unter Druck. *Du* brauchst nicht zu ahnen und zu fühlen und für den anderen zu wissen, was für ihn das Beste ist.

Impuls Inwiefern könnte dieses Modell des Verhaltens Jesu Sie in Situationen entlasten, wo Sie sich für andere verantwortlich fühlen? Was würde es bedeuten, ernsthaft Jesu Frage zu übernehmen und immer neu zu stellen an die, für die Sie zuständig sind: »Was willst du, dass ich dir tun soll?« Das klingt erheblich bescheidener, als wenn Sie tun müssten, als wüssten Sie schon immer, was dem/der anderen fehlt und was er/sie braucht. Vielleicht verschonen Sie gar manchen vor dem Missverständnis, dass Sie schon für die ganze Welt wüssten, was alle Menschen brauchen ... Entlastung ist angesagt.

»Was willst du?« Diese Frage gibt die Verantwortung an den Patienten. Das ist wichtig und stressreduzierend für Therapeuten und Pfarrer, Sozialarbeiter und Ärzte: Ich muss nicht für den anderen alles machen. Muss mich im Gegenteil immer neu vergewissern: Will der oder die andere noch, sind wir auf einer Linie? Damit nicht ich meine, es besser, genauer, eben das Richtige für sie oder ihn zu kennen, zu wollen – und er oder sie will oder kann gar nicht (mehr). So kann ich zugleich als Helfer/in Entlastung finden.

Jesus übernimmt nicht die Rolle: Ich weiß schon, was du brauchst, besser als du selbst, er spielt nicht den »Besserwisser«. Er spielt nicht das Spiel vom Helfer: »Ich mache das für dich«, sondern er gibt die Verantwortung an den Blinden.

Impuls Wo, wann wurde es mit Ihnen gespielt, das »Helferspiel«? Wer war beteiligt? Haben Sie auch »Besserwisser« in Ihrer Herkunftsfamilie erlitten, in der Schule, in der Kirchen- oder politischen Gemeinde? Wo begegnet Ihnen diese Haltung heute noch im Familien-, Freundes-, Kollegenkreis? Sind Sie vielleicht selbst manchmal so? Merken Sie eigentlich, wie schwer Sie es sich selbst dadurch machen? Um wie viel entlasteter Sie sein könnten durch die Entlastungsfragen an die anderen: »Was willst du? Was brauchst du? Was fehlt dir?« Nicht Sie müssen das *vorher* schon wissen!

Das gilt nicht nur für Ärzte, Therapeuten, Seelsorger, sondern auch, wenn Sie als Freundin, Partner, Kollegin oder Nachbar raten und helfen wollen: Immer genau wahrnehmen: Wer und wie ist das genau? Was ist da an Vorerfahrungen, bisherigen Versuchen gelaufen? Kann, was ich für gut und richtig halte oder in diesem Fall täte, von dem/der anderen in dieser spezifischen Lage, mit seiner/ihrer Persönlichkeit überhaupt umgesetzt werden, mit seiner/ihrer Geschichte, mit seiner/ihrer finanziellen und nervlichen Situation? Deshalb hat es so wenig Sinn zu sagen: »Ich an deiner Stelle täte ...«; »Weißt du, was *ich* da immer mache/schon lang gemacht hätte ...« Nein, das ist ja gar nicht gefragt, denn das bin/wäre ja *ich* und nicht der andere!

Impulse

1. Kennen Sie das in Ihrem Umfeld: Menschen die projizieren (von sich auf andere schließen), indoktrinieren und beeinflussen (das Beste wäre, du machst halt ...)? Sind Sie sich dessen bewusst, wenn Sie selbst so sind und reden?

2. Probieren Sie einmal, wie das wirkt, wenn Sie echt und tief zuhören: »Was willst *du*? Was brauchst *du*? Lauschen wir einmal gemeinsam *deiner* Seele, was sie braucht.« Eine schwere Übung, ich weiß, bei der Sie sich immer wieder dabei ertappen werden, wie Sie eigenes Denken, eigene Vorstellungen hineinmischen und an den Mann oder an die Frau bringen möchten. Dann rufen Sie sich innerlich zurück und gehen wieder ins echte, zugewandte Zu-hören.

3. Spüren Sie, wenn es Ihnen gelingt, sich ganz dem anderen zuzuwenden, bitte einmal genau nach, wie es Ihnen dabei geht: im Körper, im Gefühl, im Seelisch-Geistigen. Vergleichen Sie es mit anderen Situationen, wo Sie helfen und beeinflussen wollten, meinten, die Richtung bestimmen zu müssen ... Ist das anders? Und wie ist es anders?

4. Vielleicht hilft Ihnen dieses Rollenspiel, das wir in der Familientherapie-Ausbildung öfter praktizierten: Jemand sitzt am Boden, der andere will ihn hochziehen. Was geht dabei in dem vor, der den anderen hochziehen will? Was in dem, der »sich hängen lässt«?

5. Es wird so viel vom Loslassen gesprochen: Was geschieht, wenn Sie das wirklich tun/täten – als Elternteil in Bezug auf Verhalten und Entwicklung Ihrer Kinder (oder umgekehrt); als Partner/in bezüglich der Entfaltungsmöglichkeiten der oder des anderen? Wenn Sie wirklich Raum haben und Raum geben für das, was der andere will.

Die Bedeutung der Selbst-Verantwortung

Jesus hat offenbar kein »Helfersyndrom«,[7] keinen latenten Anspruch: »Jetzt könne doch mal ...«, sondern er praktiziert klientenzentriertes Verhalten, das entlastet. Auch Ärzte fragen:

»Was fehlt Ihnen denn?« Das setzt voraus, dass wir als Patienten selbst wissen, entdecken und erkennen können, was uns fehlt, wer wir sind. Wer es als Helfer/in schafft, innerlich diese gelassen-gelöste Rolle einzunehmen, der hat keinen Platz für Anstrengung, Enttäuschung, auch nicht für Aggression, entspringend aus der Erwartung: Ich habe mich doch so bemüht und angestrengt, jetzt muss es doch endlich besser werden!

Das ist offenbar der nächste Schritt zur Heilung: Jesus führt diesen Blinden in die Eigenverantwortung. Er gibt ihm Raum und Zeit: »Sag mir, was du willst.« Es klingt ja vielleicht beinahe hart, aber Jesus will von diesem Menschen, dass er es formuliert und in Worte fasst. Ich muss sagen können, ich muss es ausdrücken, was mir fehlt und was ich brauche. Das ist oft ein langer Prozess. Bis wir überhaupt spüren, was wir wirklich brauchen – und bis wir dann Worte dafür finden. Oft sind Tränen Vorboten von Worten. Oft haben wir zunächst noch gar keine Worte. Irgendwann können es dann welche werden ... (Wenn Sie jetzt in der Folge in diesem Buch genauer auf diese alten Geschichten hinschauen lernen, wo jedes Wort, wo jede Formulierung wichtig ist, wo jede Nuance eine besondere Bedeutung hat, so werden Sie merken: Jesus macht das immer verschieden. Diesen hier fragt er, einen anderen fragt er nicht. Er geht mit jedem einen ganz besonderen Weg, gestaltet jede Begegnung ganz anders.)

Impuls Wie ist das bei Ihnen: Können Sie Nöte und Probleme in Worte fassen? Wie können Sie ausdrücken, was Ihnen fehlt, was Sie brauchen, was Sie möchten, was Sie stört? Können Sie es laut werden lassen, Worte und Gesten dafür finden? Wenn Worte nicht Ihre Stärke sind, dann versuchen Sie es vielleicht mit Bildern gestaltend-kreativ auszudrücken, oder mit Bewegung. Oder versuchen Sie es auf irgendeine andere Weise: Manchen hilft beispielsweise das Gestalten mit Ton, um in diesen Figuren etwas zum Ausdruck kommen zu lassen. Oder

Aufschreiben, wenn man sich mit dem Sprechen schwer tut, im Tagebuch oder in Briefen. Wichtig ist immer, es auszudrücken, damit es herauskann.

Hinter der Frage, die Jesus an den Bettler richtet, steht seine Frage nach der Eigenverantwortlichkeit dieses Menschen: Jesus achtet vollkommen dessen Würde, sucht dessen eigenen Willen, weil auch die beste Absicht, jemandem etwas aufzunötigen, von Schaden sein kann. Eugen Drewermann schreibt zu dieser Stelle, Jesus scheine hier »von einer atemberaubenden Langsamkeit des Verstehens zu sein.«[8] Als wüsste er gar nicht, worum es geht. Im Gegenteil: Er weiß ganz genau worum es geht, nämlich darum, jemanden nicht noch einmal mehr zu »überfremden«, nicht noch einmal mehr zu demütigen, indem man so tut, als wisse man schon ganz genau, was ihm fehlt und was er braucht. Mit dieser Haltung wirkt er dem entgegen, was bei uns die Welt der Kirchen, aber auch die des Gesundheitswesens oder der Beratungsdienste so sehr prägt: Beherrscht von dem Glauben an die Autorität der Helfenden kommen die Gläubigen, Klienten und Patienten oft in der Hoffnung dorthin, dass ihnen jemand sagt, was sie tun sollen. Und wie sie es genau machen sollen. Im Unterschied dazu bekommt Bartimäus in unserer Geschichte diese Autorität zurück. Ihm wird deutlich gemacht, dass er selbst der Experte ist in seinen Angelegenheiten. Nicht ein anderer darf das übernehmen und es darf ihm auch keiner ersparen, auch nicht durch vorschnelles Helfen-Wollen. Damit gibt Jesus diesem Menschen sich selber zurück. Er stellt ihn in die Freiheit seines eigenen Seins. So sieht die Befreiung des Evangeliums aus!

Der »innere Meister«

Der Blinde antwortet: »Rabbuni, mein Meister, ich möchte wieder sehen können.« Wenn er hier nicht einfach die höfliche Anrede Rabbi, Meister, wählt, sondern von seiner Beziehung zu ihm spricht, ihn »mein Meister« nennt, so zeigt uns das vielleicht auch: Hier ist der »innere Meister« gemeint. Die Geschichte wurde ja nach der Auferstehung erzählt, wo Jesus äußerlich nicht mehr greifbar, aber innerlich gegenwärtig und weiterhin wirksam war. So wie er auch heute als der »innere Jesus«[9], als der innere Heiler angerufen werden kann: Hilf mir, erbarme dich. Als Antwort gibt Jesus im Grunde die Handlungsautorität für die Heilung wieder ganz deutlich an Bartimäus selbst zurück: »*Dein* Vertrauen hat dich geheilt.«

Was heißt eigentlich »glauben«?

Genau betrachtet erklärt Jesus: *Nicht ich* habe dich geheilt (wie das traditionell kirchlich meist ausgelegt und geglaubt wird), sondern *dein Vertrauen*. Du hast dich durch dein »Vertrauen« geheilt – so heißt das meist mit »Glaube« übersetzte Wort ursprünglich. Dass du nicht aufgegeben hast, dass du dich von der Verzweiflung nicht hast aufsaugen lassen, dich nicht hast zum Schweigen bringen lassen: Das nennt Jesus Glauben.

Was hat die Theologie nicht alles daraus gemacht. Als sei Glaube etwas, wo es nur um bestimmte Inhalte gehe, und diese Inhalte müssten alle abgehakt werden, vom apostolischen zum nizänischen Glaubensbekenntnis über vielerlei Dogmen und verordnete Wahrheiten. Das ist nicht dieser Geist des Lebens, der Liebe, der Hoffnung, der Freiheit, von dem ich in der Einleitung sprach. Im Gegenteil: Weil so oft dieser Geist fehlte, ist vieles erstarrt zu Dogmen und Formeln. Von Jesus lernen wir das anders; ihm geht es um Vertrauen, um die *existenzielle Haltung*.

»Und sogleich wurde er wieder sehend und folgte ihm auf dem Weg«, heißt es in Vers 52. Schön, wenn es so schnell gehen darf. Wie eingangs erwähnt, dauert es bei vielen, die ich kenne, mich eingeschlossen, ein wenig länger. Oft ist es ein längerer Weg, ein andauernder Prozess. Aber vielleicht dürfen wir uns auch dieses Geschehen, das da so punktuell verdichtet dargestellt ist, als einen Prozess vorstellen, der eine ganze Zeit umfasst. Vorgänge, die hier ganz kurz berichtet sind, können im »wirklichen Leben« lang, vielleicht sogar jahrelang dauern. Deswegen spricht ja Eugen Drewermann von der oben erwähnten »Zeitraffer-Regel« solcher Geschichten.

Vier neue »Sehweisen«

Bartimäus hat also sehen gelernt, und wir haben versucht auszuleuchten, was das alles heißen kann. Zum Abschluss dieses Kapitels möchte ich mit Ihnen noch viererlei Weisen betrachten, wie wir selbst heute die Dinge des Lebens anders, unter einem neuen Vorzeichen sehen lernen können, neues Sehen üben können:

Impulse 1. Versuchen Sie einmal zu erleben, wie anders plötzlich alles aussieht, wenn Sie es aus dem *Überblick* sehen, aus der Vogelperspektive. Manches kann sich verwandeln, wenn wir es von einem anderen Blickpunkt aus betrachten. Vor Jahren eignete ich mir einen Satz an, den ich von einer amerikanischen Therapeutin hörte: »*Ich kann das auch anders sehen.*« Dieser Satz gilt nicht nur für die Aussichtslosigkeiten, nicht nur für depressive Tage, sondern auch für alle möglichen Streitpunkte. Versuchen Sie ihn zu üben, wenn Sie – vielleicht verbissen – von etwas überzeugt sind: Ja, man kann das auch anders sehen – und schon lösen sich die Beißmuskeln ein wenig. Ich kann vielleicht auch meine Lebensgeschichte anders sehen, wenn ich mit anderen Augen hinschaue oder wenn ich sie zusammen mit jemandem, der mit mir liebevoll den ganzen Schutt und Kram anschaut, neu sehen lerne. Ich kann auch die eine oder andere Unfreundlichkeit ganz anders sehen, wenn ich erkenne, wie es diesem Menschen geht, wenn ich merke oder in Rechnung stelle, dass dieser Mensch vielleicht schon den ganzen Tag gearbeitet hat, in Hetze ist, einen Job hat, wo er immer lächeln muss, immer freundlich sein –

dass dann auch mal der Kragen platzt, kann man ja verstehen. Mein Therapeut, den ich sehr schätze, sagt oft: »Es ist wichtig, dass wir das Ganze sehen. Auch die Umstände, das Drumherum, die Lebensgeschichte, die Gesamtsituation, die Konstitution. Alles, was zu dieser Situation jetzt geführt hat: Die Absichten, die Ziele, die Verletzungen, alles dieses. Und wenn wir das Ganze sehen, sieht manches plötzlich ganz anders aus.«

2. Eine Hilfe zum neuen Sehen, zum anders Leben kann es sein, wenn wir die *Kleinigkeiten* sehen lernen, die kleinen Dinge zum Freuen, das, was wir sonst so oft übersehen. Der Kirchenvater Augustin formulierte: »Die Seele nährt sich von dem, woran sie sich freut.« Nicht nur im Urlaub, auch sonst gibt es die Möglichkeit zu Spaziergängen, um dabei wieder Schauen und Staunen zu lernen: Wie die Häuser gebaut sind, welche Blumen da wachsen, den Blick in die Landschaft schweifen zu lassen. Gewinnen Sie wieder die Freude an den kleinen Dingen. Man muss sie sehen lernen.

Vor Jahren habe ich, während glücklicher Tage am Bodensee, Folgendes geschrieben:

Sehen

Ich sehe,
meine Augen sind wach.
Ich sehe die Hummel um ein Fenster fliegen,
Eingang suchend.
Ich sehe das offene Tor und Kastanienbäume
und den See hindurchschimmern.
Sehe, wie sich das Wasser kräuselt, glitzert.
Sehe die silberne Straße des Sonnenlichtes
auf dem See sich spiegelnd
auf mich zukommen.

Ich sehe, wie das kleine Kind den Rasen betritt,
ausprobiert, erprobt, erforscht, Grenzen testet,
wie das Kind in mir.
Ich sehe so vieles und spüre beglückt:
Meine Augen sind offen und mein Herz ist wach.
Ich sehe den Himmel
voll Licht und voll Sonne –
und auch meinen Schatten
und nehme ihn wahr,
sehe: auch er gehört zu mir!
Schattenseiten bei so viel Licht!
Ich sehe die Bäume, die Menschen, die Blumen,
die Berge, die Insel, das Meer.
Und freue mich und fühle
mich und dass ich lebendig bin.

Welche Erfahrungen werden Sie wohl machen, wenn Sie in ähnlicher Weise die kleinen Dinge sehen lernen ...?

Nun möchte ich mit Ihnen den Blick noch auf eine dritte, eine ganz andere Dimension richten, die auch vom Sehen handelt, nämlich was es bedeutet, wenn einem »die Augen aufgehen« für die Welt, die sich allnächtlich in uns selber zuträgt, die Welt unserer Träume: Darin gibt es viel zu erfahren und zu entdecken: Aspekte unserer eigenen Person, neue Räume, ganz andere Seiten an mir selbst, derer ich dann »ansichtig« werden kann; vielleicht Züge an mir, die ich sonst gar nicht kenne, Räume, die ich in den »Gefühlsfilmen«, die da jede Nacht in mir entstehen, besichtigen kann. Und Sie wissen ja: Träume sind seit vielen Jahrtausenden und auch in der Bibel als eine Sprache Gottes betrachtet worden – eine heute oft vergessene Sprache Gottes.[10] In dieser Sprache können Psychologie und Theologie sehr gut miteinander verbunden werden und haben einander viel zu sagen!

Impuls Am Ende dieses Kapitels möchte ich Ihnen noch einmal eine kleine Übung vorschlagen, Sie einladen, etwas auszuprobieren – die vierte neue Sehweise. Wir erwähnten bereits den Satz des »Kleinen Prinzen«: »Man sieht nur mit dem Herzen gut.« Wie wäre es, wenn Sie sich darauf einließen, jetzt die nächsten Minuten ganz entspannt sitzen zu bleiben, mit dem Lesen dieses Buches innezuhalten und zu versuchen, das Sehen von der Ebene der Augen hinuntersinken oder hinunterwandern zu lassen auf die Ebene des Herzens? Und jetzt üben Sie, zunächst einmal die Menschen, Gegenstände oder Pflanzen des Raumes, in dem Sie sich befinden, *mit den Augen des Herzens* wahrzunehmen. Das ist nicht dasselbe wie beobachten oder anschauen. Wahr-nehmen mit den Augen des Herzens ist etwas ganz anderes. Versuchen Sie es einfach. Und erlauben Sie es sich ruhig, dass dabei ein Lächeln über Ihr Gesicht huscht.

Von einem Vietnamesen habe ich gelernt, dass bei jedem Lächeln 111 Muskeln in unserem gesamten Körper entspannt werden. Wie schön! Ja, genießen Sie dieses gelöste Sehen und schauen Sie mit dem Herzen. Man sieht wirklich nur mit dem Herzen gut. Und dann kann man auch hindurch schauen durch die Fassaden, durch die oft aalglatten und durch die verhärmten, verschüchterten und verängstigten. Durch alle Beschönigung, alles Theater können Sie mit dem Herzen, mit diesem Laser *hindurch* schauen und so Familienmitglieder, Nachbarn, Kollegen, (Kirchen-)Politiker anschauen, den Kellner, die Natur- und Umweltverhältnisse, die Kassiererin neu sehen lernen, mit den Augen des Herzens.

Handlungsfreiheit gewinnen:

Ein Plädoyer für das Glück

Die Heilung des Mannes mit der verdorrten Hand

(Markus 3,1–6)

In der nun folgenden Geschichte geht es um unsere Hände. Deswegen wollen wir uns zunächst ein wenig auf sie einstellen und einstimmen:

Impuls Was fällt Ihnen zu »Hand« spontan ein? Ohne viel nachzudenken: welche Assoziationen, Redewendungen? Das Wort »Handlungsfreiheit« vielleicht. Weitere Beispiele: Wenn wir etwas aktiv tun, sprechen wir von handeln, von einer Handlung. Oder noch intensiver: eine Behandlung. »Wie der mich behandelt hat! Das fand ich aber eine schlechte Behandlung!« – »Diese Behandlung hat mir gut getan.« – »Ich weiß nicht, wie ich handeln soll. Pack ich's da an, pack ich's dort an? Wie ich es mache, ist es verkehrt.« – »Ich möchte mein Leben selbst in die Hand nehmen.« – Oder: »Mir ist das alles entglitten. Es ist mir einfach aus der Hand geglitten.« – »Es wurde mir alles aus der Hand genommen.« – Hand anlegen; handgreiflich werden ...

Was fällt Ihnen noch ein? Vielleicht auch all die »Handberufe« des Handwerkers, Händlers, das Verhandeln, die Fingerfertigkeit des Pianisten oder Geigers, das »Fingerspitzengefühl« im Seelischen. Oder: Jemand hat mich in der Hand; das ist nicht immer schön. Es ist vielleicht schön, wenn Sie es als bergend und Vertrauen schaffend empfinden, dass wir sagen, Gott hält uns in seiner Hand. Aber wenn Menschen uns »in der Hand haben«, das mögen wir eigentlich nicht, wir möchten uns schon selbst in der Hand haben. Was mache ich automatisch, wenn ich von »Handeln« und »Handlungsfreiheit gewinnen« spreche? Ich mache da etwas mit meinen Händen, weil die Hände auch ein Ausdrucksorgan sind, ein wesentliches Kommunikationsmittel.

Körperlich und geistig-seelisch Handlungsfreiheit gewinnen, davon wird jetzt die Rede sein. Es geht um die »Heilung der verdorrten Hand«, wie es in der Geschichte in Markus 3 heißt, die wir in diesem Kapitel näher betrachten wollen.

Impuls Ich möchte Sie dazu jetzt einladen, dass wir uns noch konkreter, tiefer, ganz leibhaftig einfühlen in das, was es bedeutet, wenn eine Hand *nicht* mehr kann, wenn eine Hand »verdorrt«, nicht mehr gebrauchsfähig ist. Dazu hilft es, wenn Sie einfach mal eine Hand in die andere Hand nehmen und sie liebevoll betrachten, vielleicht auch ein bisschen streicheln. (Es ist überhaupt gut, auch sich selber öfter einmal ein bisschen zu streicheln. Man möchte immer gern, dass es die andern tun, aber man kann es auch selbst tun.) Dabei einfach diese Hand anschauen und ein wenig erforschen: Die Hand hat eine Innenseite, hat eine Außenseite. Es fällt Ihnen sicher so manches ein, wozu Sie diese Hand brauchen. Oder Sie erinnern sich, wie es war, als Sie einmal die Hand in einer Schlinge tragen mussten. Da werden Sie es besonders schmerzhaft empfunden haben, was auf einmal alles nicht mehr geht, wie schwierig jeder Handgriff wird.

Ich lasse Sie noch ein wenig nachsinnen auch über die Geschichte dieser, Ihrer Hand. Sehen Sie die Linien, die Schwielen? Darin liegen die Spuren Ihres Lebens. Die Hände eines Bauern sehen anders aus als die eines Professors. Die haben andere Dinge in der Hand zu halten. Ein Holzschnitzer hat andere Hände als ein Bauarbeiter. Schauen Sie mal, wie zartgliedrig Ihre Hand ist, die verschiedenen Finger. Was ist, wenn ein Finger fehlt? Oder: Was haben Sie allein heute schon alles gemacht mit dieser Ihrer rechten Hand und mit dieser Ihrer linken Hand? Es wären ganze Geschichten, die unsere Hände erzählen könnten. Merken Sie's? Wenn wir ausdrücken könnten, wenn wir die Möglichkeit hätten, das laut werden zu lassen, was Hände bedeuten. Vielleicht versuchen Sie es einmal? Und: Was wären Sie ohne Ihre Hände? Ziemlich arm dran!

Sensibilisierung für unsere Hände

Damit uns die Symptomatik und die Bedeutung der Heilung in der folgenden Geschichte nicht fremd bleiben, sondern wir sie zugleich als unsere eigene erkennen lernen, schlage ich Ihnen noch einige weitere Sensibilisierungsübungen vor:

Impulse

1. Achten Sie einmal einen Tag lang ganz bewusst darauf, was Sie alles mit Ihren Händen tun. Was geht Ihnen dabei »leicht von der Hand«, was können Sie schwer »handhaben«? Schaffen Sie es immer, »alles im Griff« zu haben, Ihre Probleme zu managen (das Wort kommt aus dem lateinischen und bedeutet »mit der Hand tun«)? Welche Gegenstände, Akten und Werkzeuge müssen Sie in die Hand nehmen, welche Geräte und Maschinen betätigen? Welchen Menschen die Hand geben? Und wie tun Sie das – wie fühlen Sie sich dabei? Der Tag unserer Hände beginnt bei der Morgentoilette, den intimsten Verrichtungen und endet mit dem Ausknipsen des Lichtschalters oder einer letzten zärtlichen Geste vor dem Einschlafen. Stellen Sie sich einmal vor, Sie hätten Ihre Hände nicht (mehr) zur Verfügung und wie das Ihr Leben verändern müsste ...

2. Berührung meiner Mitte: Ich lege mich in einer ruhigen, ungestörten Situation auf einer Decke auf den Rücken. Arme und Hände liegen locker links und rechts neben mir am Boden. Ich versuche bewusst Bodenkontakt aufzunehmen, den Boden wahrzunehmen: an den Schultern, am rechten Oberarm – Ellenbogen – Unterarm – Handgelenk – und an den Fingerspitzen; dasselbe dann am linken Oberarm – Ellenbogen – Unterarm – Handgelenk – Fingerspitzen; dann im Hüftbereich am Kreuzbein und von dort aus am rechten Oberschenkel – Unterschenkel – Ferse ; am linken Oberschenkel – Unterschenkel – Ferse – die Füße fallen locker auseinander. So spüre ich die Verbindung zu dem Boden, der mich trägt: Ich bin getragen. Dann nehme ich die Weite über mir wahr und spüre meine Verbindung mit dem Himmel durch meinen Atem. Ich lasse mich aufatmen, ausatmen und Pause haben. Ich spüre meine Verbindung mit der Luft und wie die Luft in mich hineinströmt, mich füllt und erfrischt, und wie sie wieder aus mir herausströmt, wie ich dabei alles loslassen kann und dabei lächle. Dann lege ich behutsam und vorsichtig meine beiden Hände dorthin, wo ich meine *Mitte* empfinde. Spüre nach, ob es da schon richtig ist. Wenn nicht, korrigiere ich noch einmal und lege die Hände dort ab, wo ich meine Mitte empfinde, mein Zentrum spüre. Mit dieser Berührung bleibe ich liegen und spüre dem nach: Ich bin jetzt ganz in meiner Mitte.

3. Nehmen Sie einen festen Stand ein, bei dem die Füße etwa hüft- oder schulterbreit am Boden stehen, Knie locker, der Körper aufrecht, aber nicht künstlich aufgereckt. Die Arme hängen locker an den Seiten, die Handflächen schauen zu den Oberschenkeln. Drehen Sie nun Ihre Handflächen, sodass diese nach vorn schauen. Winkeln Sie jetzt Ihre Unterarme in Zeitlupe ganz langsam an, bis Ihre nach vorn – später nach oben – schauenden Handflächen etwa in Brust-/Herzhöhe sind. Dann drehen Sie die Handflächen so, dass sie offen aufeinander zuschauen und führen Sie diese wie in Zeitlupe, ganz langsam und ruhig, zusammen, bis sie einander berühren. Vielleicht führen Sie Ihre sich berührenden Hände nun noch bis an Ihr Brustbein heran und lassen sie dort ruhen.

Hat sich in Ihrer Körperwahrnehmung etwas verändert? Wie haben Sie vor- und nachher Ihre beiden Körperhälften empfunden, Ihre Gesichtshälften, Ihre Arme: War eine Seite größer – kleiner, wärmer – kälter, länger – kürzer? Ist da noch ein Unterschied? Ist er größer oder kleiner geworden?

Diese Übung hilft uns zur Zentrierung, zu Selbstwahrnehmung, Standfestigkeit und innerem Ausgleich. Sie bringt die beiden völlig verschiedenen Erfahrungswelten der linken und der rechten Hand, unserer rechten/»richtigen« und linken/»falschen« Seite zusammen, unserer starken, unserer »Tatseite« und unserer anderen, eher »schwachen« Seite.

4. Suchen Sie sich einen sehr vertrauten Menschen als Gegenüber für die folgende Partnerübung. Stellen oder setzen Sie sich einander gegenüber. Einer der beiden Partner streckt seine Hände empfangend vor und der andere berührt diese in einer frei gewählten Art und Weise. Machen Sie miteinander aus, wer der/die Erste im Empfangen und wer der/die aktiv Berührende sein will. Lassen Sie sich sehr viel Zeit. Vielleicht wagen Sie die Augen dabei zu schließen. Nehmen Sie bewusst wahr, wie es ist, zu berühren, berührt zu werden. Was löst es aus: Freude, Widerstand, Verkrampfung und Zusammenzucken, Aufatmen und Lächeln? Dann tauschen Sie die Rollen. Jeder sollte bei der schweigend durchgeführten Übung etwa drei bis fünf Minuten Zeit bekommen. Bleiben Sie hinterher noch etwa eine Minute schweigend stehen. Anschließend tauschen Sie sich darüber aus, wie das für Sie gewesen ist.

Konnten Sie durch diese Übungen ein Gespür dafür bekommen, wie wertvoll, sinnlich, notwendig und unverzichtbar unsere Hände für Alltag, Handlung, Freude und Begegnung sind? Sicher fällt Ihnen selbst noch vieles dazu ein: im Berufsleben, bei der Bedienung von Geräten ebenso wie bei der Zuwendung zu geliebten oder hilfsbedürftigen Menschen, bis hin zum intimen Verwöhnen oder dem lustvollen Liebesspiel. Welche Freude, wenn wir unsere so vielseitigen Hände problemlos verwenden können.

Die Sprache der Hände

Die Sprache der Hände geht oft mit der Sprache der Worte einher, und doch ist die Sprache der Hände auch noch eine ganz andere. Da gibt es eine zärtliche, liebevolle oder aber eine gewalttätige. Ich habe vor Jahren in meinem Buch Sommer-Sonnen-Wende über die Hände geschrieben:[11]

Hände

Sie können nehmen,
sie können geben.
Sie sind offen,
sie sind geschlossen.
Sie können schlagen,
sie können streicheln.
Sie sind böse,
sie sind gut.
Sie sind wie alles
beides und eins.
Hände sind Faust,
Hände sind Trost.
Hände zerstören,
Hände bauen auf.
Heranziehen – wegstoßen,
Zärtlichkeit und Streit
liegen so nahe beieinander
in diesen Händen,
in denselben Händen.
Sie können alles tun,
zu allem fähig.

Da ist so vieles drin in unseren Händen. Und Sie wissen ja, die Begegnung mit den Händen fängt im Entwicklungsweg jedes Menschen schon ganz bald an. Da ist möglichst schon bei der Geburt jemand dabei, der dieses Kommen mit den Händen begleitet, der das Kind mit den Händen in Empfang nimmt. Die erste Sprache ist die Sprache der Haut: Mutterbrust, Hände, Streicheln, Säubern, Halten und Wiegen. Das sind unsere Urerfahrungen mit den Händen. Hände begleiten uns durch das ganze Leben. Und wir lernen selbst handlungsfähig zu werden, zuzupacken.

Aber da gab es nun in der folgenden Geschichte einen, dem ist das nicht mehr gelungen. Seine Hand war »verdorrt«. Die konnte das alles nicht mehr, die konnte die Dinge nicht mehr selbst in die Hand nehmen.

Von Hand-lungsspielräumen und vom rechten Hand-eln

Die Geschichte, die wir jetzt betrachten wollen, ist eine sehr provozierende Geschichte. Da ist viel Zündstoff drin, und zwar deswegen, weil sie sich ausgerechnet wieder in einem ganz besonderen Rahmen abspielt: Die Blindenheilung, das war auf der Straße. Jesus war unterwegs, und da waren die vielen Leute und mittendrin die Stimme dieses schreienden Bartimäus. Hier werden wir in eine ganz andere Situation geführt. Es geht ins jüdische Bethaus, wir heute würden sagen: in die Kirche.

In Markus 3,1f wird erzählt: Es war in einer Synagoge, »da saß dort ein Mann, dessen Hand verdorrt war.« Wieder sind Leute dabei. »Und sie gaben acht, ob Jesus ihn am Sabbat heilen werde. Sie suchten nämlich einen Grund zur Anklage gegen ihn.« Es geht in dieser Geschichte also nicht nur um eine Heilung, sondern auch auch noch um die Frage: Was ist das richtige Verhalten? Was ist die *richtige Handlung*? Wir erfahren nicht nur, wie dieser Mann *Handlungsfreiheit* gewonnen hat, wir können auch beobachten, welchen *Handlungsspielraum* Jesus hat, welche Handlungsfreiheit er hat oder sich nimmt. Die Leute lauern also, ob dieser Mensch mit der verdorrten Hand etwas in Gang bringen bzw. was Jesus tun wird.

Jesus sagt zu dem Mann: »Steh auf und stell dich in die Mitte.« Schön, wie Jesus diesen Menschen sieht! Er nimmt ihn wahr. Jesus sieht unter den vielen Menschen, die da sind, den, der hier leidet. Wir haben bereits im vorigen Kapitel in der Geschichte von der Heilung des Blinden erkannt und gewürdigt, was es bedeutet, dass Jesus auch durch das Volksgetümmel hindurchhören kann bis dorthin, wo die Not schreit. Hier ist es wieder so: Jesus nimmt wahr. Sie wissen noch – mit den »Augen des Herzens«, »das Wesentliche ist ja für die Augen (des Kopfes) unsichtbar«. Üben Sie es noch? Immer wieder einmal sich hinsetzen und Menschen oder die Natur oder das eigene Leben mit den Augen des Herzens wahrnehmen! Jesus »sieht« diesen Menschen, der nicht einmal schreit wie etwa Bartimäus. Hier ergreift Jesus selbst die Initiative. Ich habe diesen Satz schon zitiert und ich möchte ihn an dieser Stelle noch einmal wiederholen: »Gott hat keine anderen Hände als die deinen«, heißt dieser alte Spruch. Aber vielleicht hat Gott auch keine anderen Augen als die deinen? Jesus sieht den still leidenden Mann, und das ist eine Frage an unsere Augen. Jesus spricht ihn an, und das ist eine Frage an unser Sprechen. Wir brauchen auch Menschen, die uns ansprechen. In Vers 3 heißt es: »Jesus spricht ihn an und sagt: Steh auf und stell dich in die Mitte.« Und jetzt kommt in Vers 4 unmittelbar daran anschließend seine provozierende Frage an die skeptischen Frommen ringsum: »Was ist am Sabbat erlaubt? Gutes zu tun oder Böses? Leben zu retten oder es zu vernichten? Sie aber schwiegen.«

Das müssen wir uns ein bisschen genauer anschauen, denn hier geht es um die Frage des Tuns, der Moral, der Normen, dessen, was man darf und was man nicht darf. In dieser Umgebung dort war es so, dass der Sabbat, der Feiertag, so heilig ge-hand-habt wurde, dass die Juden der damaligen Zeit sogar 613 Gesetze erlassen hatten, Satzungen und genaue Verbote, was man am Sabbat tun und vor allem *nicht* tun dürfe.[12] Sorgfältig war alles abgezirkelt, damit man ja nichts verkehrt machte. Das sagt indessen auch etwas über den geringen Atemspielraum, den man dem eigenen Gewissen zumaß. Das sagt aber natürlich auch etwas darüber, wie die Menschen Gott erlebt haben. Als sei Gott einer, der vor einer großen Liste steht und abhakt wie ein Buchhalter. Einer, der immer aufpasst, dass ja kein Fleckchen der Moral und der Norm und dessen, was man tun darf und nicht tun darf, verletzt wird. Auch heute – so erfahre ich bei meinen Vorträgen und Seminaren, in Therapien und seelsorgerlichen Gesprächen – gibt es immer noch viele, die Gott so empfinden, wie das viele Juden zur Zeit Jesu getan haben, weil sie so erzogen waren. Das haben sie für richtig gehalten, so gelehrt bekommen.

Neue Werte, eine neue Moral!

Und jetzt steht dieser Jesus da. Ich möchte gern, dass Sie sich auch ein bisschen davon überraschen lassen, dass Jesus fragt: »Ist es am Sabbat erlaubt, Gutes zu tun oder Böses? Ein Leben zu retten oder es zu ›verderben‹ oder es zu ›vernichten‹ (es gibt hier zwei Übersetzungen)?« Man könnte durchaus geneigt sein zu denken: Um *die* Frage geht es hier ja nun nicht gerade. Das ist doch maßlos übertrieben! Wenn einer eine verdorrte Hand hat, da geht es doch nicht um »Leben retten oder vernichten«, um gut oder böse.

Ich lerne aber von Jesus, dass er die Gesundheit einer Hand, die vielleicht schon jahrzehntelang zum Zupacken und Tätigsein fehlt, an diesem Tag so hoch einschätzt, dass er sagt: »Wenn hier jetzt nicht gleich geheilt wird, dann heißt das Böses tun. Wenn hier jetzt nicht gleich geheilt wird, dann heißt das, dass ich dieses Leben vernichte.« Schauen Sie sich den Text selbst genau an. Wie kommt Jesus denn sonst dazu, die Leute zu fragen: »Ist es erlaubt, Gutes zu tun oder Böses, Leben zu retten oder es zu vernichten?« Es geht doch scheinbar »nur« darum, einen Menschen, der vermutlich schon sehr lang eine kaputte Hand hat, morgen zu heilen statt heute. Jesus könnte das doch problemlos um einen Tag verschieben. Aber nein! Das ist es, was mich so überrascht. Jesus hat tatsächlich keinen einzigen Tag mehr Zeit. Wenn da *jetzt* geholfen werden kann, dann muss es *heute* sein. So wichtig ist ihm das. Und wenn diese Hilfe nicht heute geschähe, so nennt er das »Leben vernichten«. Und wenn es nicht heute geschehen kann, dass er diese Hand wieder gebrauchsfähig macht, so nennt er das »Böses tun«.

Bleibt Ihnen da nicht beinahe die Spucke weg? Wir würden womöglich sagen wollen: »Also, alles was recht ist, wir müssen doch jeden Tag mit so vielen Beeinträchtigungen leben.« Ja, das ist leider wahr. Aber Jesus wollte meiner Meinung nach hier etwas zeigen. Wissen Sie, kurz vor dieser Geschichte lag das Thema »Sabbat« nämlich schon in der Luft. Da bekam Jesus heftige Vorwürfe gemacht, weil seine Freundinnen und Freunde beim Gang durch die Felder ein paar Ähren abgerissen und die Körner gegessen haben (Markus 2,23–28). Da haben die Frommen schon kräftig mit ihm geschimpft und gesagt: »Siehst du nicht, was die da tun? Sabbat, 613 Gesetze! Das ist das Verbot Nummer 411 oder 412, Absatz d«, so persifliere ich. Jesus lässt seine Begleiterinnen und Begleiter in Ruhe. Er verbietet es ihnen nicht. Er verweist die, die ihn da so spitz fragen, vielmehr auf eine Geschichte in ihrer *eigenen* Bibel. Seine Methode der Entgegnung und Entkräftung zeigt uns, dass es keine absolut heiligen, unantastbaren Schriftstellen gibt, sondern man kann tatsächlich die Schrift gegen die Schrift ausspielen. Jesus argumentiert: Schaut nach in eurer Bibel. Da merkt ihr, dass der Handlungsspielraum viel größer ist. Und er fügt noch einen ganz, ganz »frechen Satz« hinzu: »Der Mensch ist nicht für den Sabbat gemacht, sondern der Sabbat für die Menschen« (Markus 2,28).

Das ist ein Satz, der alle norm-dogmatischen Moralsysteme zum Erschüttern, zum Einsturz bringt: Die Normen, die Gebote, die Verbote, die Moral müssen *für* die Menschen da sein, für die Menschen *gut* sein. So ist es gemeint. Und sobald etwas anfängt, die Menschen kaputt zu machen, gilt ein Nein – das war ja schließlich nicht gemeint! Der Mensch ist nicht für die Gebote da, sondern die Gebote für die Menschen. Das heißt (wenn man es wirklich ernst nimmt), dass es darum geht, dass wir herausfinden: Wie können Menschen wirklich *leben*? Die erste Frage darf nicht lauten: Was steht dazu irgendwo? Jesus sagt: Die Gebote sind zugunsten der Menschen da, und wenn Menschen dadurch Schaden nehmen, dann ist das Sabbat-Gebot eben außer Kraft gesetzt. Deshalb wollte er seinen Jüngern nicht verbieten, ein paar Körner zu kauen. Wir könnten natürlich wiederum einwenden: Ist es denn so schlimm, ein bisschen hungrig zu sein? Die hätten doch leicht verzichten können. Am Abend, wenn wieder drei Sterne am Himmel stehen, ist der Sabbat vorbei, dann können sie doch essen. Jesus sieht das nicht so: So ungeheuer wichtig nimmt er es, dass es Menschen *gut* geht – das habe ich aus dieser Geschichte bewegt entnommen ...

Entfaltung, Genuss und Lebensglück als »Wille Gottes«

Die Sache mit den abgerissenen Ähren wird, wie gesagt, unmittelbar vor unserer Heilungsgeschichte erzählt. Das Thema: »Was ist richtig, was ist falsch, was darf man tun, was darf man nicht tun?«, liegt also in der Luft. Wieder ist es ein Sabbat. Wieder haben die damaligen Frommen vor allem diese Liste mit Regeln im Kopf. Und dann ist da dieser Kranke. Stellen Sie sich das einmal plastisch und lebhaft vor: Der hat jetzt schon viele

Jahre seine kaputte Hand! Was ist wichtig? Ich erfahre aus dem Verhalten Jesu: *Lebensentfaltung ist wichtig.* Dass dieses Leben wieder »genießfähiger« wird, ist wichtig: Lebensgenuss, ja Lebensglück, Lebensqualität. Denn er hätte ja wirklich sagen können: Deine Krankheit ist schlimm und morgen tue ich's, morgen heile ich dich. Nein! Jesus wollte zeigen: Was ich hier tue, ist Handeln gemäß dem Willen Gottes. Wenn ich eine Gelegenheit sehe, Leben zu entfalten, jemanden glücklich zu machen, jemandem zu seinen Fähigkeiten zu verhelfen, jemandem zu helfen, dass sein Leben wieder leichter geht, dann tue ich das auch. Nicht wahr, es ginge auch, wenn man die Hand nicht gebrauchen kann? Man kann so trotzdem leben – wenn's auch schwer ist. Aber Jesus ruht nicht, er provoziert die Leute. Schier unglaublich: Da sagt einer, es wäre böse, wenn ich hier nicht helfe, dass die Hand wieder heil wird. Andernfalls wäre dieses Leben »vernichtet«. Ja, was wäre denn da vernichtet? Es wäre halt ein bisschen weniger Glück, ist man versucht zu sagen. Genau! Das ist der Punkt! Jesus erlaubt nicht, dass es einen Tag lang etwas weniger Glück gibt, das ist sein Verständnis vom *Willen Gottes.* Das finde ich nun wirklich aufregend. Der höchste Wert ist für Jesus »Lebensentfaltung«. In diesem Falle nicht zu helfen käme in seinen Augen dem Töten gleich. Welch emanzipatorisch-lebensfreundliche Gesinnung, die Entfaltung, Glück und Erleichterung höher einstuft als moralische Korrektheit, Buchstabengläubigkeit und Gesetzes-Normen-Erfüllung!

Impuls Was sind denn Ihre höchsten Werte? Der amerikanische humanistische Psychologe Abraham Maslow stellte eine Bedürfnishierarchie auf, worauf es besonders ankomme: Unten stehen materielle und existenzielle Sicherheit – Gesundheit –, dann Sozialstatus und Prestige – weiter oben Werte wie Selbstverwirklichung und Selbstentfaltung.[13] Letzteres ist Jesus offenbar wichtiger als Sozialanstand oder Ehrfurcht vor dem bürgerlichen Gewissen. Und Ihnen? Und Ihren Familienangehörigen? Wie war das in Ihrer Herkunftsfamilie? Zählte mehr, was »man« (nicht) tut« oder was »die Leute sagen«, als was das Herz oder die Liebe gebot? Wie ist das heute in Ihrem Bekannten-, Kollegen-, Freundeskreis? Wer oder was prägt(e) Sie?

Vor einigen Jahren bekam ich eine Kassette von Peter Wenzel mit dem Titel: »Von der Pflicht, glücklich zu sein.« Eigenartig, nicht wahr? Wir wurden ja oft anders erzogen. Da schien es nicht so schlimm, wenn etwas wehtut, und bei Jungen sowieso, die weinen nicht und kennen keine Schmerzen. Und wenn etwas wehtut, kann das gerade nach dem Glauben mancher Leute sogar ein Beweis für den Willen Gottes sein: »Wenn es schmerzt und schwer fällt, dann ist es richtig.« Glücklich sein ist weithin kein Thema gewesen. Es lag vielleicht auch an den Umständen, daran, was damals los war in der Welt, und dass in den 40er-, 50er- oder 60er-Jahren beispielsweise ganz andere Themen im Vordergrund standen: Es gab Überlebensthemen. Es gab die Frage: Wie kann ich überhaupt – statt zu verhungern – Essen kriegen. Dann ist die Frage nach dem Glück manchmal nicht mehr so wichtig. Aber es ist dennoch wichtig, sie zu stellen, denn sie gerät uns sonst aus dem Blick. Wo doch im Christentum immer wieder von der Freude die Rede ist: »Ich verkündige euch große Freude«, damit fing es an, an Weihnachten (Lukas 2,10). Und das Leben ist eigentlich nicht als Tränental von Anfang an gedacht, im Gegenteil![14]

»... erlöster aussehen ...«

Oftmals sind jedoch in den christlichen Kirchen und ihren Veranstaltungen Freude, Glück und Lebenslust so gründlich aus dem Blickfeld geraten, dass Friedrich Nietzsche, der zynische und heftige Kritiker des Christentums, zu Recht einwandte: Wenn ich an ihren Jesus und ihren Gott glauben sollte, dann müssten sie schon ein bisschen »erlöster aussehen«, diese

Christen, diese Nachfolger dieses »blassen Galiläers« – so hat er Jesus genannt. Aber wie wir in dieser Geschichte sehen, war der kein blasser Galiläer. Der war anders, als Nietzsche ihn kannte.

Wie ist das nun mit der Frage nach dem Glücklich-sein-Dürfen? Kennen Sie das auch, dass man fast ein schlechtes Gewissen hat, wenn es einem gut geht, man es sich gut gehen lässt? Ich bot einmal ein Seminar zum Thema »Genießen lernen – achtsam sein« an, und dabei haben wir gemerkt, wie schwer es für viele von uns war, uns das Genießen zu erlauben. Da gibt es offenbar tief sitzende Blockaden.[15] Vor manchen Ereignissen, auf die ich mich besonders gefreut habe, bin ich sogar krank geworden. Was ist da eigentlich los? Darf man wohl nicht glücklich sein? Es gibt viele erzieherische Strömungen und Sätze, die danach klingen. Es muss ja nicht überall gleich so krass formuliert werden wie in einer Gruppe von Menschen, die sich ganz dem Dienst für den Nächsten verschrieben haben und für die Wilhelm Löhe vor etwa 150 Jahren so formuliert hat: »Was will ich? Dienen will ich. Was ist mein Lohn? Nichts ist mein Lohn. Mein Lohn ist, dass ich dienen darf.« Es ist schön, wenn jemand darin aufgehen und glücklich sein kann. Aber es ist auch wichtig, hier von Jesus zu lernen, dass es vorrangig immer um die Entfaltung von Leben gehen muss – und wenn das nicht geschehen durfte an diesem Sabbatvormittag, wenn er nichts unternommen hätte, damit dieser Mann aufstrahlen kann und bald wieder fühlt, dass das Leben wieder geht, dass er es selbst in die Hand nehmen kann, dann nennt Jesus das in seiner drastischen Weise »Vernichtung von Leben«, »Böses tun«.

Aber so weit sind wir noch nicht. Gerade hat Jesus also diese provozierende Frage an seine Gegner gestellt und wir lernen daran, da er es so formuliert, die »Umwertung aller Werte«. Die Gegner schweigen einfach. Und dann kommt etwas, das freut mich ebenfalls sehr. Da lernen wir Jesus wirklich von einer ganz anderen Seite kennen. Ich habe vorhin gesagt, dass er nicht »der blasse Galiläer« ist, für den Nietzsche ihn gehalten hat. »Und er sah sie der Reihe nach an«, heißt es in Vers 5. Da sind die lauernden Gegner, die dasitzen und denken: »Wenn er jetzt etwas tut, wenn er diesen Mann heilt, dann sündigt er. Wenn er hier hilft und dem zu seinem Glück verhilft, dann vergeht er sich gegen Gott.« Das haben sie Gott zugetraut. Stellen Sie sich das vor. Wie es dem Gott, dem Schöpfer des Lebens dabei wohl ergeht, wenn Menschen so über ihn denken? Aber Sie erinnern sich sicher an unsere Einsicht aus der Geschichte der Blindenheilung: Wir haben so viele Projektionen. Wir haben so viel, was wir in den anderen hineinsehen. Und vielleicht stand halt auch hier die wahre Sicht Gottes, das tiefe Erkennen seines Wesens, seiner Güte noch aus. Diese Leute mussten das auch erst erkennen ...

Ein zorniger Jesus

Jesus »schaut sie der Reihe nach an, voll Zorn«. Ein zorniger »Heiland«?! Darüber ist vielleicht auch ein bisschen zu wenig gesprochen und gepredigt worden im Laufe der Kirchengeschichte. Ich bin dankbar, dass die Schreiber dieser Berichte dies nicht wegretuschiert haben, dass sie nicht von solch einer religiösen Erziehung geprägt waren, dass sie gedacht hätten: Unser Jesus, nein, der ist doch nur lieb, der hat sie bestimmt mit Liebe angeschaut. Nein! Die haben es ausgehalten, dass Jesus zornig werden konnte. »Was habt ihr bloß aus dem guten Willen Gottes gemacht?«, sagt dieser Zorn, der zum Leben verhelfen will und der deshalb wichtig ist.

Neben diesem Zorn aber steht die Trauer: »Er schaute sie der Reihe nach an, voll Zorn und Trauer über ihr verstocktes Herz.« Wissen Sie, die *Gegensätze in unserer Seele* gehören eigentlich meistens zusammen. Das ist sehr oft so: Wenn ich wütend bin oder Wut nach außen zeige, dann ist in Wirklichkeit auch etwas ganz Trauriges, Enttäuschtes, Verletztes da. Oder auch umgekehrt: Wenn nach außen nur Trauer zu sehen ist, dann gehört innerlich zugleich viel Verbissenheit und Zorn, Ärger und Wut dazu. Das können wir im Umgang mit Menschen erleben, die in ein tiefes depressives Loch gefallen sind und gar keine Lebenskraft mehr spüren. Der Weg zurück zum Leben kann über die Wut führen, die diese Menschen wieder in sich entdecken und zulassen müssen, die sie wieder spüren und ausdrücken lernen.

Innere Gegensätze gehören zusammen

In unserer Seele – so erfahren wir das in der tiefenpsychologischen Arbeit mit Menschen – liegen oft die Gegensätze so nah beieinander wie die zwei Seiten einer Münze. Jemand, der gar so stark tut, ist in Wirklichkeit oft recht schwach und vielleicht von Angst geschüttelt. In meiner Gestalttherapie-Ausbildung haben wir deshalb manchmal gesagt: »Probiere auch einmal das Gegenteil.« Wenn da beispielsweise jemand gerade sehr ärgerlich war, sollte man sich einmal fragen: »Ist da vielleicht irgendwo auch eine gekränkte, enttäuschte Regung? Einfach versuchen, da genau hinzuspüren und sich selbst Rede und Antwort stehen: Könnte es sein, dass das Gegenteil im Moment auch stimmt?« Und sehr oft ist es so. Ein anderes Beispiel, das habe ich häufig in der Traumarbeit mit Gruppen und auch mit eigenen Träumen erlebt: Wenn im Wachleben ein Lebensgefühl besonders vorherrschend ist, dann wird im Traumleben das *Gegenteil*, das immer auch dazugehört, ausgelebt. Konkret: Es geht im Familien- und Berufsalltag vielleicht ganz freundlich und liebevoll zu. Ich weiß von einer Familie, wo alle immer versucht haben, ganz nett und lieb zueinander zu sein, möglichst friedlich miteinander zu leben. Nachts aber wurde in dieser Familie viel vom Krieg geträumt, da ging es drunter und drüber, da wurde geschossen und gemordet. Ich weiß von Menschen, die ganz besonders um ein in ihren Augen gottgefälliges Leben bemüht und dann erschüttert sind, was in ihren Träumen geschieht. Da sind sie oft ganz anders, benehmen sich wie Monster. Langsam – und oft mühsam – müssen diese Menschen lernen, dass all diese Regungen immer da sind, dass wir all das immer in uns drin haben. Darum liegen diese Gegensätze oft so nahe beieinander. Im biblischen Text ist das wunderbar deutlich ausgedrückt, dass Jesus von Zorn und Trauer erfüllt war. Denken Sie daran, wenn Sie wieder zornig sind und es sich verkneifen oder den Zorn hinunterschlucken wollen. Vielleicht ist es ein Zorn, der jetzt leben und Ausdruck finden muss.

Eine kleine Anmerkung noch zum Zorn: Im Epheserbrief 4,26 schreibt Paulus ganz selbstverständlich davon, dass wir zornig sind. Die einzige Anweisung dazu heißt dort: »Lasst die Sonne nicht untergehen über eurem Zorn.« Sehr fein psychologisch dem Leben abgelauscht! Klar, dass ihr manchmal zornig werdet, sagt Paulus damit, aber achtet darauf, dass ihr wieder Frieden findet, dass ihr wieder miteinander sprechen könnt, dass ihr wieder Kontakt zueinander findet. Lasst die Sonne über eurem Streit nicht untergehen. Nicht, dass du zornig wirst, ist das Problem, sondern was du damit machst, wie es dann weitergeht.

Impulse

1. Haben Sie damit schon Erfahrungen gemacht, bei sich und anderen: Wie nah in uns oft die Gegensätze beieinander liegen? Wie geht es Ihnen damit?

2. Meditieren Sie den Satz: »In Gegensätzen bin ich ganz.« Oder: »Widersprüche, Gegensätze – alles Teil von mir.« Eventuell in einer Atemmeditation: die ersten beiden Worte jeweils in den Einatem, die zweite Hälfte des Satzes in den Ausatem hineinnehmen.

3. Können Sie die beschriebenen Traumerfahrungen nachvollziehen? Kennen Sie die beschriebene Ausgleichs- oder Kompensationsfunktion des Träumens?[16]

Das Tun des Unmöglichen

Nachdem Jesus wie beschrieben lange in die Runde geschaut hat, sagt er plötzlich zu dem Mann: »Strecke deine Hand aus! Und er streckte sie aus«, steht da, »und seine Hand wurde wieder gesund« (Vers 4). So einfach geht das?, werden Sie sich jetzt möglicherweise fragen. Mit diesen wenigen, unspektakulären Worten wird die große Veränderung geschildert: Ein Mann, der nicht mehr fähig war, seine Hand zu gebrauchen – wir haben ja eingangs bedacht, was das für ein Leben/unser Leben bedeuten kann, auch im übertragenen Sinn –, bekommt nun gesagt: »Strecke deine Hand aus!« Er weiß doch, dass er das nicht kann. Daran leidet er ja schon so unglaublich lang und schwer. Er könnte entgegnen: »Das ist aber doch mein Problem, Jesus, das ist es ja gerade, was ich *nicht* kann. Wie kannst du so etwas von mir erwarten oder gar verlangen?!« Dann wäre das Wunder vielleicht nicht geschehen und es wäre nicht zu einer Heilung gekommen ... Genau das soll er versuchen, was er – erwiesenermaßen und erfahrungsgemäß – nicht kann. Gegen die Erfahrung, die inzwischen in seinem Inneren zur Gewissheit wurde, dass es nicht geht. Der Satz: »Ich kann das nicht, kann nicht zupacken, kann nicht handeln, kann nichts und niemanden richtig behandeln ...« mag für ihn wie zu einem Glaubenssatz geworden sein, einem »belief«, wie man das im NLP nennen würde. Dies ist der Dreh-, Kern- und Wendepunkt in seiner Krankheitsgeschichte: der Versuch, das Unmögliche zu tun. Wir werden dieser Zu-mutung bei der nächsten Geschichte, der Heilung eines Gelähmten, wieder begegnen und dort diesen Gedanken noch ausführlicher und vertiefend behandeln, denn dort entspricht dem »Strecke deine Hand aus« das »Steh auf und geh hin«.

Impuls Welche Überzeugungen, aus Erfahrung erworben und immer wieder bestätigt, welche Unglaubens-Sätze stehen Ihrer Veränderung in Ihrem Leben immer wieder im Wege? Wie heißen die Einwände bei Ihnen? Welches sind Ihre Begründungen dafür, dass eine Wandlung, dass verändertes Verhalten, dass ein neues Tun nicht möglich ist? Stellen Sie diese Sätze einmal zusammen und kommentieren Sie sie für sich selbst. Das verschafft Ihnen die Möglichkeit und die Voraussetzung, dem Gegen-sätze entgegenzustellen, die Sie dazu ermutigen, das bisher Unmögliche zu wagen.

Der Mann mit der verdorrten Hand wagt es – wider alle Vernunft und Erfahrung –, das Unmögliche zu tun – und siehe da: Er macht eine *neue* Erfahrung. So geschehen Wunder. Man hat vorher keine Garantie, dass »es geht«, dass »es wirkt«. Aber nur so geschehen Wunder. Das wird uns in den folgenden Kapiteln immer wieder begegnen. Der Gelähmte reagierte auf das »Steh auf«, ebenso die gerade verstorbene Tochter des Jairus auf die Anrede »Junge Frau, steh auf!« und schließlich Lazarus, von dem geschildert wird, er sei schon tagelang im Grab gelegen. Jesus ruft in seine Totenstarre und Kälte, in das Grab seiner Hoffnungslosigkeit und Ausweglosigkeit hinein: »Lazarus, komm heraus!«, und Lazarus kommt.

Immer wieder geht es in diesen Geschichten darum: Das bisher Unmögliche wagen, das Neue tun! Selbst wenn da Protest ist, im Inneren oder von außen. Auch wenn nicht alles in uns selbst oder in der Umgebung zustimmt, Beifall schreit und Halleluja ruft. In unserer Geschichte erhebt sich ebenfalls sofort Protest von außen. Da steht nämlich unmittelbar im Anschluss an die Heilung: »Da gingen die Pharisäer hinaus und fassten zusammen mit den Anhängern des Herodes den Beschluss, Jesus umzubringen« (Vers 5f). Da wird einer geheilt, da wird Leben Raum gegeben sich zu entfalten, und die Engherzigkeit der Glaubenden darum herum ist so viel größer. Das gab es damals, das gibt es heute, und doch wäre es schön, wenn es heute anders gehen würde, anders werden kann. Wenn wir uns einladen lassen von diesem lebenserlaubenden Jesus, von diesem Jesus, dem es so sehr um die Lebensqualität geht. Der als höchstes Anliegen hat, dass dieser Mensch unbedingt nicht noch einen Tag länger unglücklich sein darf, sondern heute noch glücklich werden soll.

Woher dieser Mut und diese Kraft?

Wenn wir uns davon anrühren lassen, dann könnte das auch bei uns heute vieles in Bewegung bringen. Ich staune über diesen Jesus, über seinen Mut. Das konnte man ja kommen sehen, was man durch solches Verhalten auslöst. Ich habe mir oft überlegt: Woher hat Jesus diesen Mut, diese Kraft zum Nonkonformismus? Vor Jahren habe ich entdeckt: Könnte er da nicht etwas gelernt haben von seinem irdischen Papa Josef? Er ist ja von Josef aufgezogen worden und von Maria, und ich sage jetzt einfach so »sein Papa« zu ihm, denn er war schließlich der Vater, der für ihn hier verantwortlich war. Dieser Papa Josef hat eine große Wandlung erlebt, als es ebenfalls um die Frage ging: Dem Gesetz treu sein oder der Liebe folgen? Wissen Sie, von welcher Geschichte ich spreche? Von Matthäus 1, von der Empfängnis und Zeugung Jesu. Es ging für das Jesuskind in Maria, für den Embryo Jesus, damals um Leben oder Tod. Denn, so wird es bei Matthäus berichtet, Maria war schwanger geworden, ohne dass sie schon ordnungsgemäß mit Josef verheiratet war. In diesem Fall gab es für den ordentlichen Mann der damaligen Zeit – und Josef war laut Matthäus 1,19 ein Tamim, ein besonders rechtschaffener Frommer – eine »anständige« gesetzliche Möglichkeit. Er kann nämlich sagen, dass er mit »so einer« nichts mehr zu tun haben wolle. Josef hätte Maria entlassen, von sich weisen können und sie wäre gesteinigt worden. Der im Mutterleib heranwachsende Jesus wäre mitsamt seiner Mutter gesteinigt worden, wenn nicht ... Ja, was ist passiert? Josef hatte einen Traum. An solch einer Schaltstelle der Erlösungs- und der Weltgeschichte wird von einem Traum erzählt. Träume sind in der Bibel eminent wichtig.[17] Josef hatte sich damit beschäftigt, Maria loszuwerden. Er hatte sich – wenn ich Matthäus 1,19b etwas paraphrasiere – wohl gedacht: »Nicht mit mir, ich bin ein anständiger Mann. Ich habe mich sehr genau nach Recht und Moral verhalten. Mir soll keiner nachsagen können, ich hätte vielleicht vorher schon ... und solche Sachen. Nein, ich gehe!« Das etwa waren seine Gedanken. Aber er bekommt einen Traum geschenkt, und in dem Traum wird ihm gesagt: »Nimm Maria zu dir. Stehe zu ihr. Bleibe bei ihr, denn das Kind, das in ihr entsteht, das ist der Erlöser der Welt.« Nun kommt etwas Überraschendes: Jesu »Papa« war ein Vater, der etwas auf Träume gibt, der auf seine Träume hört, ein Mann, der seine Träume wahrnimmt, ernst nimmt und ihnen sogar folgt. Er hat getan, was die Traumstimme ihm riet. Was hat er damit gewagt? Verstehen Sie – da ist die Parallele! Er hätte zwar die Wohlanständigkeit nach dem Gesetz auf seiner Seite gehabt, aber er hat die Stimme des Herzens, die Stimme der Liebe gewählt. Er hat gewählt, zu seiner Maria zu stehen, selbst wenn die anderen im Dorf denken könnten, da sei vielleicht irgendwo etwas nicht ordentlich gelaufen, unmoralisch. Er hat treu zu seiner Liebe stehen gelernt. Und ich überlege mir manchmal, ob er seinem Sohn Jesus von diesen Erfahrungen erzählt hat? Jedenfalls folgt das Verhalten Jesu hier genau dieser Spur. Es geht um die Menschen, nicht um die Gesetze, macht er uns deutlich. Es geht um die Entfaltung von Leben und nicht darum, dass wir wohlanständig eine weiße Weste haben. Immer geht es um Liebe, um Barmherzigkeit. An einer Stelle formuliert er herausfordernd (sinngemäß nach Matthäus 5,23f): »Ihr braucht eueren ganzen Gottesdienst nicht zu feiern, wenn du weißt, dass da Unstimmigkeiten zwischen dir und einem Bruder oder einer Schwester sind. Dann ist es wichtiger, dass du dich zuerst um Versöhnung bemühst.« Es geht um die Stimme der Barmherzigkeit, es geht um die Menschlichkeit. Es geht nicht um Kult, es geht nicht um Gesetz und Moral, nicht um Normen, nicht um Gebote, sondern um den Menschen, die Beziehung, um die Liebe.

Josef hat sich so verhalten. Jesus hat sich so verhalten. Der geheilte Mann hat durch Jesus Handlungsspielraum und Handlungsfreiraum gewonnen, indem er seine Handlungsfähigkeit wieder erhalten hat. Jesus hat uns vorgelebt, was Handlungsspielraum ist, worum es wirklich geht und wovon wir uns nicht hindern lassen dürfen: Von Gesichtern, die da vielleicht lauern und sagen: Jetzt bin ich aber gespannt. Da hat er mit Zorn hingeblickt und auch mit viel Trauer.

Ich habe eine Gruppe von kirchlichen Würdenträgern sich unterhalten hören über eine Diakonisse in Tansania, die schwanger war und ein Kind erwartete. Ich bekomme heute noch eine Gänsehaut, wenn ich daran denke, denn ich habe den »Geist Jesu«, den Geist der Freiheit und der Liebe (2. Korinther 3,17; 2. Timotheus 1,7) nicht hören können in dieser Runde der hohen Herren. Sie haben so viele Stäbe gebrochen über diese Schwester. Jesus dagegen hat im Sand gemalt, als sie ihm eine ertappte Ehebrecherin gebracht haben – eine sehr lesens- und bewegenswerte Geschichte (Johannes 8,1–11). Auch das ist eine »Heilungsgeschichte«, ein heilsames Modell: den Handlungsspielraum zu sehen, den Jesus verschafft, zu sehen, was ihm wichtig ist und wo sein Herz schlägt. Er hätte sich wohl in die eben beschriebene Runde dogmatisch selbstgerechter Hartherzigkeit eingemischt, voll Zorn und Trauer: Warum könnt ihr denn nicht das weite, große, unendlich weite Herz Gottes sehen? Lernt es doch von mir!

Impulse

1. Kennen Sie ähnliche Berichte oder haben Sie gar Vergleichbares erlebt? Wie gehen Sie damit um? Wagen Sie – wie Jesus – Aggression und Trauer?! Suchen Sie sich Menschen Ihres Vertrauens, Freunde, Seelsorger, Psychotherapeuten, wo Sie klagen, anklagen, zürnen und all die damit verbundenen Emotionen loswerden können, um Frieden zu finden und selbst neu zu werden und anders leben zu können.

2. Diskutieren Sie auch mit anderen: die (fehlende) Übereinstimmung von Lehre und Leben, Glaubenstheorie und Verhaltenspraxis, in Kirche, Politik, aber auch im ganz privaten, ja eigenen Leben. Was kann helfen? Wie kann diese Kluft verringert werden? Welche Schritte gehören dazu?

Viel ist geschehen in dieser Geschichte: Der Mann kann endlich seine Hand wieder gebrauchen – und Sie können sich einmal ausmalen, was er nun alles tun kann, Konstruktives, Destruktives, Eigennütziges oder Helfendes, die ganz Fülle der Möglichkeiten des eingangs betrachteten Gedichtes steht ihm nun offen. Jesus hat ihm ein Lebensmodell geliefert, ein Vorbild dafür, wie frei man sein kann, wie souverän und ungebunden man sich verhalten kann, sogar im direkten Gegenüber der Gegner, in Abgrenzung von den Normen der Moral und des Über-Ichs. Souverän handeln trotz des Einspruchs äußerer oder innerer Stimmen, weil Liebe, Barmherzigkeit und Menschlichkeit für ihn die höchsten Werte sind – das lebt Jesus ihm (und uns) vor. Und wir – in seiner Nachfolge – sind folglich aufgefordert, seine »Nachahmer« zu werden und zu sein.[18] Also – nur zu!

Meinen Weg finden

Die Heilung eines Gelähmten
(Johannes 5,1–9)

In der alten Bibelsprache wird der Mensch, um dessen Heilung es in dieser Erzählung geht, oft ein »Gichtbrüchiger« genannt. In unserer heutigen, modernen Sprache ist das ein Gelähmter. Ich möchte mit Ihnen einen ungewohnten Anfang wagen mit folgender Übung:

Impuls Ein Gelähmter ist einer, der nicht aufstehen kann. Deswegen möchte ich Sie einladen, zunächst einmal ganz bewusst aufzustehen. Nehmen Sie sich nun einige Atemzüge lang Zeit zu spüren, was das bedeutet, dass Sie jetzt aufstehen konnten, dass Sie jetzt da stehen können. Es ist immer gut für einen festen Stand, wenn Sie die Füße etwa hüftbreit, schulterbreit hinstellen, es ist auch gut, wenn Sie die Füße parallel ausrichten, so, als könnten sich unsere großen Zehen gegenseitig ein wenig zulächeln. Also lassen Sie die großen Zehen einander ein bisschen freundlich zulächeln und versuchen Sie locker in den Knien zu sein, einen lockeren Stand zu üben. Die Schultern hängen lassen und vielleicht auch mit dem Ausatmen alles hinausströmen lassen, was jetzt noch von dem Tag an Ihnen hängen mag oder in Ihnen vielleicht als etwas Schweres da ist, aber auch als etwas, das Sie jetzt für eine Zeit lang loslassen könnten, dem Atem mitgeben und hinausschicken, um neue Frische in sich hineinzutanken. Und mit dem nächsten Atemzug wiederum noch ein bisschen von der Spannung, die eventuell noch da ist, hinausfließen lassen aus sich. Um jetzt ganz da zu sein, hier flexibel auf Ihren Füßen zu stehen und mit mir zum Einstieg über ein paar Gedanken zum Thema »Stehen« nachzudenken, wie ich sie in meinem Buch »Wachsen – Wandeln – Wagen« vor Jahren einmal formuliert habe.[19]

Stehen

Gefühle, auch
Ängste mir
eingestehen
mir zugestehen
und dann auch dir
eingestehen
und auch zugestehen
sie ausstehen
überstehen
durchstehen
ihnen widerstehen
standhaft werden
bleiben
für mich einstehen
Stehst du für dich ein?!
mich ausstehen
dich ausstehen
zu mir stehen
Stehst du zu dir?!

zu dir stehen
verstehen
mich und dich
Gefühle überhaupt
stehen lassen

Jetzt dürfen Sie sich wieder hinsetzen. Aufstehen und Stehen in diesem vielschichtigen Sinne, wie wir es gerade betrachtet haben, ist also etwas, was der Mensch in unserer Geschichte nicht konnte. Was ihm unmöglich war. Viele von Ihnen sind vermutlich nicht gelähmt, sitzen nicht im Rollstuhl – lassen Sie sich beglückwünschen dafür. Doch geht es hier nicht auch um etwas, was wir zwar derzeit gottlob nicht in diesem Sinne körperlich erleiden, was wir aber dennoch kennen? Danach möchte ich fragen und dann werden wir uns die Schritte des Heilungsweges, den Jesus mit einem Gelähmten geht, anschauen. So können wir dies alles dann auch auf unser Leben und auf unsere Situation übertragen.

Bin ich gelähmt?

Lassen Sie uns ein bisschen gemeinsam nachdenken und den körperlichen Krankheitszustand des Gelähmtseins so, wie wir es bei den vorigen Geschichten auch schon getan haben, einmal symbolisch betrachten. Wir versuchen also Körpersymptome symbolisch zu verstehen und danach zu fragen: Was haben wir für Sprachbilder, »Körperzustandsbilder« dafür, um Seelenzustände oder Situationen im Leben auszudrücken? Was fällt Ihnen beim Stichwort »Gelähmtsein« ein?

Wir sagen beispielsweise: »ganz starr, wie gelähmt vor Schreck, vor Überraschung, vor Angst«; »das hat mich umgehauen« oder umgangssprachlicher: »Und dann ist er auf der Schnauze gelegen und nicht mehr hochgekommen.« Der Satz: »Ich kann nicht mehr« beschreibt genau diesen Zustand. »Ich bin ganz am Boden.« Haben Sie so etwas schon einmal gesagt?

Das war die buchstäbliche »Lage« des Kranken. Solche Menschen damals hatten nur eine Matte, eine geflochtene Matratze. Die hat man zusammenrollen können, wenn man das denn konnte – das wird der Schluss der Geschichte sein ... Aber zunächst einmal gibt es da in unserer Geschichte nur eine Matte und »am Boden liegen«.

Impulse

1. Fallen Ihnen zum Stichwort »gelähmt sein« noch weitere Ausdrücke ein? Etwa: »nicht vorwärts kommen«; »auf der Strecke geblieben sein«. Ein bisschen schlimmer ausgedrückt: »auf dem Zahnfleisch kriechen.« Das alles sind Sprachbilder dafür, dass ich geradezu bewegungslos, starr bin: »Nichts geht mehr voran ...! Es geht nichts.« Wir selbst verwenden diese Ausdrucksweisen auch für Seelenzustände, innere Haltungen, Verfassungen, wo es uns körperlich-seelisch-geistig schlecht geht, wenn wir uns am Ende fühlen.

2. Man könnte ja durchaus meinen: Ich bin nicht gelähmt, ich bin doch nicht steif, es geht mir gut, ich bin beweglich. Gilt das aber auch für Ansichten, Meinungen, Positionen und innere Haltungen? Oder gar für Moral- und Weltanschauungsfragen? Bin ich da beweglich genug, auch mal gelegentlich meinen Standpunkt (vorübergehend) zu verlassen, auf den anderen buchstäblich »ein-zu-gehen«, mich also von der Stelle zu bewegen, den anderen zu »ver-stehen«? Das bedeutet schließlich, dass ich meine Position verlassen und mich auf die andere einlassen muss. Von Indianern hörte ich den Ausdruck: »Du musst erst drei Jahre lang in den Mokassins eines anderen gegangen sein, bevor du ihn verstehst.« Das ist gemeint: In seine Schuhe schlüpfen, an seine Stelle treten. Kann ich das? Tue ich das? Will ich das?

3. Wie sehr unsere Füße mit dem ganzen Menschen, der Gesundheit, dem Befinden, körperlich, seelisch und geistig zu tun haben,

können Sie gut bei einer Fußreflexzonen-Massage erfahren. Kennen Sie das? Gönnen Sie sich so etwas doch einmal!

4. Setzen Sie sich mit einem vertrauten Menschen zusammen und bitten Sie ihn, zunächst einfach nur Ihre Fußsohlen mit den Handinnenflächen zu berühren und einige Zeit so zu verharren. Dann die Hände zu Schalen zu machen und Ihre Fersen hineinzulegen und nur zu halten und so zu verweilen. Danach darf die andere Person intuitiv machen, was ihm/ihr gerade geeignet erscheint. Sprechen Sie anschließend über Ihre Erfahrung. Unsere Füße sind ein ganz intimer Körperbereich. Viele wagen es (fast) nicht, ihre Füße einem anderen zuzumuten. Sprechen Sie nach dieser Übung darüber, wie das für Sie war, in dieser Weise berührt zu werden, was es bewirkte – und auch darüber, wie es für den/die Berührende/n war, was es in ihm/ihr berührte!

Haben Sie es bemerkt: Es ist nichts Fremdes, womit wir uns beschäftigen, wenn wir uns jetzt in einer Geschichte damit befassen, dass ein Mensch gelähmt ist. Die Geschichte steht im Johannes-Evangelium in Kapitel 5, Verse 1–9. Sie spielt in einer Säulenhalle, die in der Nähe eines Teiches steht: »Da lagen viele Kranke, Blinde, Lahme, Ausgezehrte.« Es war also eine Anlage, wo viele Kranke zusammenkamen, eine Art Kur-Hospital. Eine spätere Handschrift hat hinzugefügt: »Sie warteten darauf, dass sich das Wasser bewegte. Denn der Engel des Herrn fuhr von Zeit zu Zeit herab in den Teich und bewegte das Wasser. Wer nun zuerst hineinstieg, nachdem sich das Wasser bewegt hatte, der wurde gesund, an welcher Krankheit er auch litt« (Vers 3f).

Um was für eine Erscheinung es hier genau geht, wissen wir nicht. Mit dem Wasser scheint es auf alle Fälle eine besondere Bewandtnis gehabt zu haben und es gab das Wissen der Leute darum, die sich deshalb in seiner Nähe aufhielten: Wenn da dieses Besondere mit dem Wasser geschieht, wenn der Engel = »Bote Gottes« es berührt und wenn man dann schnell genug hineinkäme, dann könnte man gesund werden.[20] Was auch immer hinter diesem Phänomen steckt, das Problem des Menschen, um den es hier konkret geht, ist Folgendes: »Es war aber dort ein Mensch, der lag 38 Jahre krank.«

Ich weiß ja nicht, wie alt Sie sind. Was war vor 38 Jahren? Und was war seitdem alles? Überlegen Sie sich einmal, wie alt Sie damals waren. Und nun stellen Sie sich vor: Dieser Zeitraum wird genannt als die Zeit, in der dieser Mensch nur diesen Zustand kannte, dass »nichts geht«, dass nichts vorwärts geht, dass er nicht aufstampfen kann, keinen Schritt tun kann, nicht im Leben vorwärts gehen, kein Fortschritt, nichts. 38 Jahre lang!

In *Zeitlupe*, Schrittchen für Schrittchen, schauen wir jetzt an, wie der *Heilungsprozess*, der *Weg* der Heilung, vor sich geht. Es heißt im Text also weiter: »Als Jesus diesen Menschen liegen sah und vernahm, dass er schon so lange gelegen hatte, spricht er zu ihm: › Willst du gesund werden?‹ «

Wir merken daran zunächst, dass Jesus Gespräche geführt hat mit diesen Leuten. Das können wir rückschließen, weil es in Vers 6 heißt: »Als Jesus vernahm, dass er schon lange gelegen hatte …« Er hat mit den Leuten geredet und hat auch mit diesem Menschen geredet und gehört: 38 Jahre! Und eigenartigerweise – aber das ist wichtig – fragt Jesus ihn daraufhin: »*Willst* du gesund werden?«

Willst du gesund werden?

Nicht entmündigend und schon wissend, was der Kranke braucht, tritt Jesus auf. Nein, hier agiert oder dominiert kein »Halbgott in Weiß«. Hier nimmt kein Helfer dem Kranken die Verantwortung ab. Jesus spricht ihn bei seiner *Eigenverantwortlichkeit* an und bei seiner *Fähigkeit zur Selbstbestimmung*: Du musst für dich entscheiden, und du weißt am Besten selbst, was gut für dich ist. Du musst ausdrücken, was du willst. So verstehe ich, was Jesus hier den Kranken fragt. Vielleicht wissend, welchen Gewinn auch das Kranksein mit sich bringen kann – wir erkannten das bereits in der ersten Geschichte von der Heilung des Blinden. In der Psychoanalyse, in der Psychotherapie sprechen wir von einem »sekundären Krankheitsgewinn«, einem Gewinn, den jemand möglicherweise von seinem Kranksein haben kann. Etwas, was dann jedoch auch der Möglichkeit gesund zu werden im Weg stehen kann. Es kann Situationen geben, wo jemand, wie subtil das auch immer sein mag, irgendeine Art von Vorteil hat aus einer Not, einem Problem oder aus einem Gebrechen. Wenn ich z.B. sagen kann: »Ich kann doch nicht«, bin ich bei manchen Situationen scheinbar »aus dem Schneider«. Wenn ich sagen kann: »Das ist ja alles viel zu schwer für mich, du weißt doch, ich kann nicht aus den und den Gründen. Ich bin doch krank.« Das kann neben der Not, die die Krankheit mit sich bringt, auch etwas Gutes an sich haben.

Impuls Betrachten Sie einmal, wenn Sie barmherzige Menschen um sich haben, wie viel Schonung Sie bekommen, wenn Sie krank sind. Wer krank ist, der muss dies und jenes nicht tun, nicht erledigen, nicht organisieren. Der wird versorgt. Eine Zeit lang versorgt werden ist doch sehr schön! Wissen Sie, über die Krankheitssituation nachzudenken, das ist eine heikle Geschichte. Da sind zwar sehr wohl die Not und der Wille, endlich schnell wieder gesund zu werden, natürlich. Aber stellen Sie sich auch einmal der Frage: »Gibt es etwas, was mir diese Krankheit vielleicht auch *Gutes* bringt? Dass sie mir zwar einerseits etwas *nimmt*, verhindert, aber andererseits auch etwas *gibt*, ermöglicht, leichter macht oder gar schenkt?«

In der Tiefenpsychologie und auch in der Gestaltpsychotherapie versuchen und üben wir, hinter die Phänomene, auf deren Rückseite zu schauen. Weil alles eine Vorder- und eine Rückseite hat.

Die Vorderseite der Krankheit ist durchaus dieses Quälende. Das brauche ich, glaube ich, nicht zu erklären, dass man da gern wieder gesund ist, wenn man Schmerzen hat, verzweifelt ist, sei es aufgrund körperlicher oder seelischer Probleme. Aber wir fragen jetzt auch nach der Rückseite, gehen der Frage nach: Gibt es etwas, was mir das Kranksein, dieses Gebrechen auch Gutes einbringt? Das ist eine durchaus legitime Frage!

Die »Vorder-« und »Rückseite« einer Krankheit

Manche Krankheitsgeschichten lassen sich auf die Weise entschlüsseln und manchmal sogar auflösen, wenn Menschen lernen, sich das, was ihnen die Krankheit ermöglicht, aktiv selbst zu geben. Ich nehme ein Beispiel, das habe ich selbst jahrelang erlebt: Ich war sehr häufig erkältet, zog mir immer wieder grippale Infekte zu. Ich habe, wie im Einleitungskapitel bereits erwähnt, bei meinem Psychologiestudium in Amerika sehr viel von den Indianern gelernt. Bei Brooke Medicine Eagle, einer indianischen Medizinfrau, habe ich dann zum ersten Mal gehört, dass man eine Krankheit »fragen« könne: »Was tust du Gutes für mich? Inwiefern bekomme ich durch diese Krankheit jetzt etwas, was ich nötig habe, mir wohl tut, was ich im tiefsten Sinne brauche?« So habe ich angefangen, meine »Erkältungen« zu befragen, was ich brauche, oder was sie mir Gutes geben. Und dann habe ich gemerkt, dass sie manchmal mein Leben gewissermaßen liebevoll unterbrochen haben. Das war so etwas wie die »Notbremse ziehen«, endlich Ruhe geben, mir Ruhe gönnen, Pause machen, innehalten, langsam tun im Stress. Ich habe gewirbelt und gewirbelt. Und dann gibt es eine Erkrankung, die mir die heilsame Unterbrechung ermöglicht, und zwar in einer sozial vertretbaren Weise. Das sind dann vielleicht nur Migräneanfälle oder grippale Infekte. Ihnen fallen sicher selbst weitere Beispiele ein. Aber es gibt auch bei schlimmeren Erkrankungen die Möglichkeit, dass Menschen sich fragen: »Inwiefern könnte darin jetzt *auch* etwas Gutes für mich sein?« Eine lohnende Frage!

Impuls Wagen Sie es? Ihre Symptome und Krankheitserfahrungen einmal in dieses Licht zu halten und behutsam – ganz für sich selbst – mit dieser Frage zu beleuchten: Könnte es da etwas daran geben (gegeben haben), was für mich *auch* nützlich, hilfreich, nötig ist/war? Ohne Scham, einfach mal ehrlich, konstatieren, suchen, ob es solche Anteile – neben den lästigen – auch gibt ...

In unserer Geschichte haben wir einen Menschen vor uns, der seit 38 Jahren krank ist. Und da, so merke ich, denkt Jesus darüber nach: Könnte es womöglich sein, dass er sich in seiner Schwäche, in seinem Gebrechen, in seinem Zustand sozusagen so eingerichtet hat, dass er sich's fast nicht mehr anders vorstellen kann? Denn stellen Sie sich nur einmal vor, was passieren würde, wenn ein Gelähmter, der 38 Jahre lang immer auf Betteln, auf Zuwendung, auf Hilfe angewiesen war und sich so durchgeschlagen hat, auf einmal gesund würde. Wie würde das aussehen, was hätte das für Folgen, wenn dieser Zustand sich ändert? Es würde ja heißen, dass er in Zukunft für sein Leben selber sorgen muss. Er müsste »Schritte« machen, er müsste Laufen lernen, mit der Gefahr des Stolperns, der Gefahr, sich lächerlich zu machen. Das ist nur bildlich, körperlich gesprochen. Aber Sie können das leicht auf seelische Zustände übertragen. Er könnte ja jetzt Wege gehen müssen, Entscheidungen treffen müssen, weil er sein Leben jetzt selbst in der Hand hat. Er kann jetzt für sich und sein Leben Verantwortung übernehmen. Er kann aber krumme Wege gehen, er kann Luftsprünge machen, er kann Seitensprünge machen, er kann ... welche Sprünge auch immer. Dieses Risiko ist drin, wenn ein Gelähmter plötzlich gesund wird. Und Jesus scheint uns anzuregen, darüber nachzudenken:

Impuls Was will ich wirklich? Will ich den Preis zahlen, den es kostet, ein selbstständiges Leben zu führen, Eigenverantwortung zu übernehmen? Welche – vielleicht ungewohnten – Schritte sind dafür nötig? Mit welchen Hindernissen, mit wessen Protest muss ich rechnen? Welche Ressourcen, welche Unterstützung habe ich?

Ich weiß beispielsweise von vielen Frauen aus der Eheberatung und der Ehetherapie, die leiden sehr unter ihrer Situation, aber die Frage ist: Bist du bereit, in deiner Situation etwas zu verändern und die Konsequenzen zu tragen? Das würde zunächst einmal sehr viel »Knirschen« in der Beziehung bedeuten, wenn der Mann merkt: Meine Frau ist aufgewacht, die will jetzt ein eigener Mensch werden, mündig und »selbst-ständig«. Das kann schwierig werden. Dann geht das nicht mehr so einfach weiter wie bisher. Der Titel eines Buches von August Y. Napier heißt: »Ich dachte, meine Ehe sei gut, bis mir meine Frau sagte, wie sie sich fühlte.« Also kommt dann der Aufstand. (»Aufstand« wie auch »selbst-ständig« ist übrigens auch schon wieder so ein Gelähmten-Heilungswort!) Es kann bis dahin führen, dass jemand sagt: »Ich mache es so nicht mehr mit. Ich gehe jetzt meinen eigenen Weg.« Aber ich weiß noch sehr genau, wie ich mit einer Frau in Ehe- bzw. Trennungsberatung viele Sitzungen lang daran gearbeitet habe: Wird sie das tragen können, ein eigenes Leben zu führen? Sie klagt und sie leidet sehr. »Willst du es anders, willst du wirklich anders?« Jesus ist ein sehr feinfühliger, tiefblickender Therapeut. Deswegen stellt er diese Frage: »Willst du gesund werden?«[21]

Raum für Klagen

Aber wissen Sie, als Zweites ist auch dieses sehr wichtig: Mit seiner Frage weckt Jesus in diesem Kranken zunächst auch die Möglichkeit zu klagen und zu jammern. Er eröffnet ihm den

Raum zur Klage. Der Kranke antwortete ihm nämlich (Vers 7): »Ach, Herr, ich habe keinen Menschen, der mich in den Teich bringt, wenn das Wasser sich bewegt. Wenn ich gerade hinkomme, so steigt ein anderer vor mir hinein.« Das ist die Tragik dieses Menschen. Er kann hier nun endlich ausbreiten und sagen, wie übel er dran ist. Das ist etwas sehr Wichtiges, auch auf dem Weg zu unserer Heilung, in unseren Notlagen und Gelähmtheiten, in unserem Leben. Wir brauchen Orte, wo wir einmal ungeschützt sagen können, wie elend es uns geht. Wie groß die Not ist und wie es einem bis zum Hals oder bis zur Nase steht und dass man eigentlich so oft nicht mehr kann und nicht mehr mag. Dies alles braucht Raum, Stimme und Ausdruck.

In meinem Buch zum Kirchenjahr habe ich zum Karfreitag viele solcher Überlegungen angestellt.[22] Denn Karfreitag heißt von der Wortwurzel her Klagefreitag. Es ist wichtig zu wissen, dass wir klagen dürfen. Auch Jesus am Kreuz schreit heraus: »Mich dürstet« und er stellt die klagende Frage: »Mein Gott, warum hast du mich verlassen?« Es ist ein Notruf. Da schaffen sich die Verzweiflung und die tiefe Not seiner Seele laut Raum. Im Markusevangelium heißt es, dass Jesus mit einem Schrei auf den Lippen starb. Wir müssen schreien dürfen. Wir müssen klagen dürfen. Es gibt ein ganzes Buch in der Bibel, das heißt so: »Die Klagelieder (Jeremias)«. Kapitel um Kapitel wird dort geklagt. Es gibt eine Reihe von Psalmen, die wir »Klagepsalmen« nennen (z.B. die Psalmen 10, 13, 22, 31, 42, 69, 74, 79, 88 und noch eine Reihe anderer mehr), weil die Menschen der Bibel über das gesunde Wissen verfügen: Das brauchen wir. Wir müssen mal sagen können, wie es uns wirklich geht, die Gefühle brauchen Raum. Gerade Männern fällt das meines Erachtens manchmal besonders schwer zu zeigen, wie es ihnen geht, aber vielen Frauen auch.

Impulse 1. Schauen Sie bitte innerlich bei sich nach, wie es Ihnen damit geht und lernen Sie oder entnehmen Sie die Ermutigung zu sagen, wie groß die Not ist. Suchen Sie sich einen vertrauenswürdigen Menschen, dem Sie ungestraft alles sagen können und ausdrücken, wie Ihnen ums Herz ist, und versuchen Sie es. Welche Erfahrungen machen Sie? Achten Sie auf einen Schutz- oder Schonraum und die sorgsame Auswahl einer geeigneten Person.

2. Wie war das denn in Ihrer Herkunftsfamilie? Durfte man da zeigen, wie es einem geht, wenn einen Kummer, Not, Klagen oder Schmerzen quälten? Wurde das beachtet und gehört?

3. Entwickeln Sie ein Ritual, zum Beispiel die Klage aufschreiben und dann den Zettel laut lesen und verbrennen, vergraben oder als kleine Fetzen dem Wind übergeben. Etwas Konkretes tun, um es loszulassen. Vielen hilft das sehr.

Alles zu sagen und zu klagen, das war sicher ein wichtiger Schritt für diesen Menschen auf seinem Heilungsweg. Wissen Sie, da löst sich etwas. Ich denke an Gespräche, wo ich selbst über Dinge, die mich gequält, belastet und umgetrieben haben, sprechen konnte und nach dem halben Gespräch oder am Schluss konnte ich sagen: »Ach, jetzt geht's mir schon viel besser. Jetzt habe ich das alles erzählen können und habe ein liebendes verstehendes Ohr gehabt. Und es geht mir schon sehr viel besser.« Wo scheinbar außen gar nichts verändert ist, aber ich habe es ordnen können, ich habe auch Anerkennung gefunden, dass jemand mich ernst nimmt und mich wahr nimmt. Und mir mitteilt, dass er oder sie mitfühlt. Das tut so gut, ist oft schon die halbe Heilung. Und dann hat sich's in mir gelöst, dann haben sich meine Schultern gelockert und die Verkrampfungen konnten sich lösen. Deswegen tun ja manchmal Gespräche so unendlich gut. Dann können wir aufatmen. Dann bin ich etwas los geworden. Anspannung, Qual, eine Last losgeworden. Das ist der erste Schritt zum Lebendigwerden, dass die Lähmung wieder weicht. Und dann kommt als Nächstes das Unbegreifliche. Ich staune auch. Jesus spricht zu dem Gelähmten (Vers 8): »Steh auf, nimm deine Matte und geh hin.«

Niedergehalten-Werden und Aufstehen

Impulse   1. Suchen Sie sich für die nächsten beiden Übungen einen Menschen/Partner, mit dem Sie sehr vertraut sind. Es geht dabei um Hilfe, dass der Andere wieder auf die Füße kommt, wieder selbst stehen kann. Beim ersten Durchgang ist das Thema »Aufrichten«, beim zweiten Durchgang »Niederdrücken«.

Sprechen Sie miteinander ab, wer zuerst derjenige/diejenige sein will, der/die auf dem Boden liegt auf einer Decke. Der/die andere setzt sich daneben und wendet sich dem/der anderen zu. Der Grundgedanke, der mich in der aufrichtenden Position beseelt: »Ich helfe jemandem, auf die Füße zu kommen. Mein Ziel ist, dass er/sie zum Stehen kommt.« Grundregel dabei ist: Keine Gewaltanwendung! Nehmen Sie sich für einen Durchgang ungefähr zehn Minuten Zeit, dann zwei Minuten zum schweigenden Nachspüren. Dann Rollenwechsel, wieder zehn Minuten und zwei Minuten zum Nachspüren.

2. Die Ausgangsposition ist wieder dieselbe, diesmal mit dem Ziel: Ich hindere jemanden auf die Füße zu kommen. Ich behindere ihn so, dass er nicht zum Stehen kommt. Regel wieder: Keine Gewaltanwendung! Dauer ca. zehn Minuten und zwei Minuten zum schweigenden Nachspüren. Danach Rollenwechsel, zehn Minuten Übung, wieder zwei Minuten zum Nachspüren. Bei der ganzen Übung wird nicht gesprochen. Nach Ende der Übung tauschen Sie sich bitte ausführlich über die Erfahrung aus: Wie war das für mich? In welcher Rolle fühlte ich mich wohler, was habe ich gerne oder aber gar nicht gemocht? Woran erinnerte mich das?

Zwei sehr gegensätzliche, grundlegende Übungen, die vielleicht besonders wichtig sind für Menschen in helfenden Berufen, in Familien oder in Positionen, wo man immer für die anderen da ist, und zwar – wie Sie gemerkt haben werden – tiefgreifend und berührend für jeden Menschen.

Als ich in einer Gruppe mit Pater Dr. Johannes Pausch und Bruder Emmanuel Hessler diese Übung kennen lernte, wurden im Austausch darüber sehr unterschiedliche Erfahrungsweisen deutlich: »Ich brauche den anderen gar nicht hochzuheben, ich brauche nur an der Bewegung dran zu bleiben, da, wo sich etwas tut, nur unterstützen. Und muss mich dabei gar nicht anstrengen.« »Ich bin einfach da, durch eine Berührung an der Hand, am Arm oder sogar vielleicht am Kopf, den Andern begleitend, lockend – aber zugleich lassend: Es ist ganz in Ordnung, wenn und wie du hier liegst. Ich warte, ob und wann sich bei dir etwas tut.« »Es war wie ein Sog, ich wollte am liebsten liegen bleiben, mich einfach nur loslassen, gar nicht mehr aufstehen. Dann hat mich die Beziehung herausgelockt: Ich wurde so lieb gestreichelt, so unaufdringlich berührt, auch in Ruhe gelassen. Dann dachte ich: Jetzt muss ich mich doch einmal regen, die Augen aufmachen, ein Echo geben und ein bisschen bewegen. Ich kann doch den Anderen nicht dauernd so viel für mich tun lassen – jetzt mache ich mit.« »Ich empfand es als wohltuend, dass Sie nicht gegen meinen Widerstand angingen. Da hätte ich mich gewehrt und noch mehr versteift. Das hätte das Gegenteil bewirkt. Aber Sie sind einfach immer da geblieben, wo ich war. Und haben jede kleinste Bewegung, jedes noch so minimale Aufrichten sofort unterstützt. Besonders wohltuend empfand ich die Stärkung unterm Kopf und dann am Rücken, Stütze und Möglichkeit, mich anzulehnen. Ich hatte auch Ruhe, um in mich zu schauen, die Welt aus dieser neuen Position zu betrachten. Und dann entstand der Impuls zum Aufstehen in mir wie von selbst ...« »Es war so schön, mich in Ruhe, der Reihe nach, in langsamen Etappen aufzurichten – und zugleich war es ein Aufgerichtetwerden. Aber ohne Zug und ohne Zwang.« »Einen Moment lang habe ich gefürchtet: Wenn ich es dem hier so schön mache, und er sich dann unter meiner »Behandlung« gar zu wohl fühlt, dann will er ja vielleicht immer liegen bleiben und gar nicht zum Stehen kommen. Dann gefällt es ihm so gut, sich hängen zu lassen – und das Stehen ist ja dann etwas ganz Neues, Anstrengendes, das er dann vielleicht angesichts von so viel liebevoller Zuwendung gar nicht mehr will.« »Das Wichtigste war für mich, dass ich Raum und Zeit für mich hatte, und dass keiner an mir rumgemacht hat. Da konnte ich zu meinen eigenen Kräften kommen.«

Anders die Erfahrungen bei der Übung des Niederdrückens: »Das fiel mir vielleicht schwer, mir als einer, die immer anderen helfen will. Die es gar nicht mit anschauen kann, wenn es jemandem schlecht geht und wenn jemand so richtig am Boden liegt. Den auch noch da unten zu halten, das fand ich schrecklich. Da ist mir das Aufhelfen viel lieber.« »Als ich merkte, dass bei meiner Partnerin die Kraft nachlässt, sie den Widerstand aufgibt und liegen bleibt, bin ich ganz erschrocken. Ist jetzt vielleicht ihre Kraft gebrochen? Gibt sie jetzt auf?« »Ich habe die Bewegungen zum Aufstehen einfach weggestreichelt: Wenn sie die Knie anwinkelte, habe ich das ganz sanft einfach wieder glatt und gerade gestreichelt. Oder wenn sie den Kopf hob, habe ich ihn ganz sanft wieder hinuntergestreichelt. So habe ich durch Liebe und Zuwendung ihren Aufstehimpuls einfach abgewürgt.«

So wurden Sie in Ihrem Leben vielleicht auch oft niedergedrückt, am Aufstehen, Gehen und Selbstständigwerden gehindert. Darum ist es so wichtig, dass wir auch Vorgang und Methode, Gefühl und Gewinn des Niedergehalten-Werdens genau *anschauen, erspüren, kennen* – und *durchschauen lernen*, um das dann verändern zu können! »Meine Partnerin hat mit Schuldgefühlen gearbeitet: Wenn ich mich aufrichten wollte, hat sie mich hinuntergedrückt und mir, indem sie auf den Boden zeigte, deutlich gemacht, dass ich da hinunter gehöre. Wenn ich mich dann wieder aufgerichtet habe, hat sie sich einfach herumgedreht und von mir abgewandt. Da bekam ich Schuldgefühle und habe mich schnell wieder hingelegt. Dann hat sie sich mir wieder zugewendet. Und weil das schön und sie dann wieder lieb war, hat sie so meine Aufstehsimpulse im Keim erstickt.« »Ich habe gemerkt, dass ich beim Aufrichten gegen den Widerstand hinterher sehr viel fester stand, als bei der ersten Übung. So werden sicher auch Kinder in ihrer Entwicklung viel stabiler, wenn sie gegen einen ›flexiblen‹ und letztlich nachgiebigen – Widerstand zunächst mit Kraft angehen müssen. Wenn ihnen ständig alles gewährt wird, bleiben sie schwach.« »Irgendwie empfand ich es auch als schön, wie eine Lust, den anderen zu unterdrücken und drunten zu halten. Es hat mir richtig Spaß gemacht, ihn ja nicht hochkommen zu lassen. Und da drüben hat sogar jemand den Fuß auf den Bauch des Partners gestellt. Das hat mir imponiert.« »Als ich nicht hoch kam, habe ich es mit einer List probiert: Ich kauerte mich mit dem Rücken nach oben und habe in dieser Position Kraft getankt. Wenn ich den Kopf hob, hat sie ihn mir immer wieder runtergedrückt. Dann sagte ich mir: Mach nur, ich kann mich auch stärken und aufrichten mit zunächst gesenktem Kopf. Und dann habe ich die ungeheure Kraft in meinem Rücken gespürt und irgendwann bin ich dann auf die gestreckten Arme und auf die Knie gegangen – und einfach aufgestanden ... Ich war selbst überrascht, wie leicht das ging.«

Impuls Welche Erfahrungen machten Sie bei der Übung? Geben Sie sich ausreichend Gelegenheit zum Austausch! Die Erfahrungen können für jede und jeden völlig verschieden sein: Jede/r erlebt eine andere Welt, bringt andere Vorerfahrungen mit. Teilen Sie einfach das Erfahrene miteinander! Es kann durchaus sein, dass Sie diese Übung tage- oder wochenlang bewegt, weil sie eben etwas in Ihnen bewegt.

Bringt Krankheit auch Gewinn?

Wenn Sie sich auf diese Erfahrungen einlassen, werden Sie merken, wie jede der verschiedenen Haltungen ihren eigenen Gewinn hat: Woher sollte da der Impuls zur Veränderung kommen, wenn man in dieser Haltung doch beachtet, so schön umsorgt wird? Selbstständig sein, Überblick zu haben – das ist eine ganz andere Welt! Beide Situationen haben ihre eigenen Vorteile, haben ihr Gutes – und zugleich auch Nachteile, da fehlt etwas. Und vielleicht merken Sie immer mehr, wie viel Ambivalenz in beiden Haltungen steckt und auch in den jeweiligen Zwischen- und Übergangsstadien: im Sitzen, im Knien, im Verweilen.

Spürbar wird auch, dass das Stehen, das Standhaft-Bleiben, die Selbstständigkeit dem Sog der Erdanziehungskraft ständig entgegen arbeiten muss. Wenn ich darin nachgebe, loslasse, stellt sich das Liegen gleich wieder von selber ein. Liegen, das ist die Grundposition des Babys und kleinen Kindes, des kranken, gebrechlichen, geschwächten Menschen oder auch des Sterbenden. Man kommt zum Liegen, wenn keine Gegenkraft mehr möglich ist, keine Motivation und Energie, gegen den Sog anzugehen.

Wenn man glücklicherweise im Darniederliegen von den anderen wohl umsorgt ist, wenn man dann, gerade dann, vielleicht auch *nur* dann wohltuende, liebevolle Zuwendung erfährt, nicht alles selber machen muss, sondern Dinge gemacht und gebracht bekommt, dann könnte es ja verlockend werden, in diesem Zustand bleiben zu wollen. Das macht die Frage Jesu an den Gelähmten noch verständlicher, wenn er zu ihm sagt: »Willst du gesund werden?« Denn beim Stehen, Standhaftwerden, Selbstständigsein stehe ich ja auch ganz allein da, den anderen gegenüber, in einer Gruppe oder auch nicht, unabhängig frei oder in einer Gemeinschaft, umgeben von einer Gruppe. Ich habe den Überblick, bin nun aber auch selbst und voll verantwortlich. Kann jetzt vorausschauend handeln (wie wir das im Folgekapitel mit den »klugen Jungfrauen« üben werden!), muss nun aber auch wirklich die Konsequenzen meines Tuns und meines Lassens tragen. Riskiere auch, dass ich anderen zu nahe trete oder gar auf die Füße, wenn ich eigene Schritte wage. Und doch komme ich nur so voran. War Liegen und Liegen-gelassen-Werden vielleicht doch schöner? Sehne ich mich zurück nach der Unterdrückung durch Versorgung und Überbehütung? Ist es eben doch zu schwer, Situationen eigenständig durchstehen zu müssen ...? Oder gar Widerstand zu leisten im Betrieb, in der Firma, in der Familie, »meine Frau oder meinen Mann zu stehen« im Gegen-Über zu den Kindern oder zu den Eltern, zu Kolleginnen oder Vorgesetzten? Oder im Betriebsrat einzutreten für die übergangenen, ungerecht Behandelten? Oder in einer ökologischen Aktion für die wortlose, sprachlos leidende Natur?

Trotz der Angst das Unmögliche tun ...

Zurück zu unserer Geschichte: Jesus spricht zum Gelähmten: »Steh auf!« (Vers 6). Und jetzt? Hören Sie vielleicht selbst diese vielen Argumente, die wir jetzt bringen könnten, die der Kranke bringen kann? Vielleicht empfinden Sie, dass er sagen könnte: »Du hast gut reden. Das ist es ja, Herr, das geht ja eben nicht.« So könnte er reagieren. Ich finde es erstaunlich, dass Jesus ihm zu-mutet, – das Wort kommt von Mut! –, dass Jesus ihm zumutet, *das zu tun, wovon er sagt, dass er es nicht könne.* Und so geht es oft in unserem Leben. Ich weiß von vielen Menschen und von mir selber, dass wir sehr oft darauf warten, dass die Angst vergeht, die wir haben vor irgendeiner Situation. Wir warten, dass die Angst vergeht, damit wir das Handeln wagen können – und meistens geht es nicht so. Ich habe von meinem Therapeuten sehr oft und liebevoll gesagt bekommen: »Es geht nur *mit* der Angst *durch* die Angst *hindurch*.« Oder trotz der

Angst durch die Angst hindurch. Sie ist nicht einfach – gleichsam wie als Vorleistung – vorher weg. Ich muss gehen, aktiv werden, Schritte tun.

Lassen Sie uns darüber ein bisschen genauer nachdenken. Menschen kommen zu mir und erzählen, dass sie Ängste haben vor Autoritäten, Problemen, vor Kontakt, vor Konflikt und Auseinandersetzung. Was wird helfen? Erstens: Das Klagen. Zweitens die Frage: Willst du wirklich, dass es anders wird? Willst du wirklich mutig werden? O.k. Und dann wird nur helfen, dass du anfängst, mit schlotternden Knien wahrscheinlich, drittens das zu tun, von dem du ja »weißt«, dass du es nicht kannst. Also beispielsweise dem Gespräch mit dem Vorgesetzten, dem Gespräch mit dem Chef, dem Konflikt mit diesem schwierigen Menschen, dem Gespräch mit meiner Partnerin, mit meinem Partner, über dieses schwierige Thema, nicht mehr auszuweichen, sondern es zu wagen. *Mit* der Angst, und vielleicht weiß wie eine Wand und vorher Schweißausbrüche und Toilette und Sie wissen schon ... »Mit der Angst durch die Angst hindurch« es wagen und die Erfahrung riskieren: es geht. Wirkliche Veränderung geht meistens nicht billiger.

Viele Menschen klagen über Einsamkeit. »Ich habe keinen Menschen«, sagt auch dieser Gelähmte (Vers 7). Ich bin so allein und einsam. Was ist zu tun? Mit der Angst, trotz der Angst sich auf-machen und Kontakt, irgendwie Kontakt mit anderen aufnehmen. Manchmal muss man da ein richtiges Training machen – wie wir es beispielsweise in der Verhaltenstherapie üben. Erst mal »ganz kleine Schrittchen« lernen: Auf der Straße jemand nach der Uhrzeit fragen, nach dem Weg zum Bahnhof, um die Kontaktscheu zu überwinden. Aber es geht nicht ohne dieses Wagnis. Und es wandelt sich auch nichts durchs Warten, bis etwa eine übernatürliche Kraft kommt und mich automatisch heraushebt aus meinem Problem. Oft sind wir in Gefahr zu warten, bis die Angst weg ist. Aber wissen Sie, dann warten wir vielleicht wirklich bis ... tja, mindestens 38 Jahre womöglich. Die Angst ist eben einfach da. Die Frage ist jetzt nur: Was mache ich damit? Weiche ich wieder aus oder gehe ich mit meiner Angst, trotz meiner Angst auf die Situation zu, die mir ja Angst macht? Ich darf mir eingestehen, ich darf mir zu-ge-stehen, (Sie erinnern sich an die Worte vom Kapitelanfang: ein-ge-stehen, sich zu-ge-stehen, es auch anderen ein-ge-stehen) dass ich diese Angst habe – aber ich darf mich nicht mit meiner Angst verkriechen.

Manche haben Probleme damit, Dinge nicht unvollkommen sein lassen zu können. Sie werden furchtbar gequält von dem Bewusstsein, es müsse alles perfekt sein. Das kann einen wie böse Geister umtreiben. »Das Bessere ist der Feind des Guten.« Wenn du immer dem Besseren nachjagst, machst du dich kaputt. Du kriegst nie Ruhe, weil es immer noch ein bisschen besser geht und noch ein bisschen perfekter. Wenn ich es aber nicht perfekt mache, bekomme ich furchtbare Angst, wenden Sie ein? Dann müssen Sie einmal anfangen dieser Angst standzuhalten und sich sagen: Natürlich mag es noch besser, noch perfekter gehen. Aber ich lebe jetzt so.

Jemandem gegenüber auszudrücken, was mich quält, was mir fehlt, was ich möchte, was ich brauche, ist so schwer für viele und doch – so lernen wir von Jesus – so entscheidend wichtig. Wie führt ein Weg heraus aus dem Stummsein? Das ist für viele wie eine Lähmung der Stimmbänder: »Ich kann es nicht sagen, ich kann es nicht über die Lippen bringen.« Es geht auch da nur durch *das Tun des Unmöglichen*.

Eine echte Zu-mutung!

Sie können mit mir nachdenken, warum das so ist. Ich möchte auch manchmal Jesus widersprechen und sagen: »Hör mal, das ist eine rechte Zumutung, zu dem, der hier 38 Jahre lang gelähmt liegt, zu sagen: ›Steh auf‹!« Und ich lerne von ihm: Das ist sozusagen wie Verhaltenstherapie: »Tu das, wovon du jahrzehntelang geglaubt hast, du kannst es nicht. Fang an. In kleinen Schritten.« Schauen Sie, jetzt sind wir bei der Geh-Sprache, bei der Ent-Lähmungssprache, »in kleinen Schrittchen«, ja keine zu großen Schritte. Vielleicht erwartest du zu große Schritte von dir, in deinem Heilungsprozess, in deinem Veränderungsprozess. Vielleicht erwartest du gleich drei Treppenstufen. Nein, mach's klein genug, dass der Schritt gerade noch geht.

Frau S. aus H. sitzt bei mir und erzählt mir in der Therapie von ihrem großen Leid, dass sie seit vielen Jahren in der Ehe gefangen mit einem Alkoholiker ist. Sie sorgt dafür, dass er den Alkohol nach Hause geliefert bekommt, ihr Leben dreht sich nur noch um diesen Mann, dreht sich nur noch um sein Problem. Sie dreht sich nur noch um ihn und das, was ihn betrifft. Das ist in vielen Süchtigen-Beziehungen so. Wir nennen diese Partner in der Fachsprache Co-Alkoholiker, die genauso abhängig sind. Den Partner eines Alkoholikers oder sonst wie Süchtigen nennen wir auch süchtig. Das ist der Co. Der ist nämlich auch abhängig geworden von seinem ständigen Kreisen um diesen Menschen. Und wir haben lange arbeiten müssen an dieser Frage: »Willst du gesund werden? Das heißt, willst du diesen Preis zahlen, dass es wirklich einen Weg für dich gibt?« Und das würde bedeuten, dieses dauernde Kreisen um den Anderen zu beenden und hier ein Seil durchzuschneiden und anzufangen, es mir zu erlauben, *um mich selbst* zu kreisen, dass ich mal etwas *für mich* tun kann. Jetzt nehme ich mein Leben selbst in die Hand.

Diese Frau hat mitgemacht, sie ist zum Friseur gegangen, kam als eine völlig neue Persönlichkeit. Sie hat sich Kleidung gekauft, was sie seit Jahren nie getan hatte, weil sie ja immer dieses Leid um den Partner hatte. Sie hat es gewagt, anzufangen, für sich selbst zu sorgen und nicht sich von sich selber ständig abzulenken durch die Sorge um diesen süchtigen Partner. Sie hat angefangen, das Unmögliche zu tun. »Ich kann ihn doch nicht loslassen, ich kann ihn doch nicht fallen lassen.« Suchtdynamiken sind ein großes eigenes Thema. Aber auch hier ist ein Schritt: Tu das Unmögliche, das dir unmöglich scheint. Jemanden loslassen, Dinge anders anpacken als bisher.

Eine Mutter im Rentenalter, die ständig unglaublich viel Geld in ihre längst erwachsenen Kinder hineinsteckt, hat neulich in einem Seelsorgegespräch sich mir geöffnet. Wir haben überlegt: Sie hat aus vielerlei Gründen eine ganz schlechte Altersversorgung und wir mussten darüber nachdenken, dass es nur *einen* Weg gibt: Dass sie sehr freundlich, aber bestimmt und deutlich diesen Kindern klar macht: Ihr seid jetzt für euer Leben selbst verantwortlich, seid auch alle schon ziemlich groß und ziemlich lange groß und ich bitte euch um euer Verständnis, aber meine Rente ist denkbar gering und ich muss jetzt ein bisschen aufpassen. Sie sagt: »Das kann ich doch nicht.« Tja, steh auf, aus dem, was dich lähmt, was dich hält, aus dem, was dich bannt und in seinen Banden halten will, steh auf, ist die »Zu-mutung« Jesu und deshalb der Satz: »Steh auf, nimm dein Bett und geh hin«. Und es heißt dann tatsächlich: »Und sogleich wurde der Mensch gesund und nahm seine Matte, sein Bett und ging hin.« So beginnt das Wunder, die Verwandlung: Er hört das motivierende, alles verändernde »Steh auf«. Das kann heißen: Steh auf aus deiner Traurigkeit, aus deiner Zerknirschung, Enttäuschung und Verbitterung, aus dem Grab deiner Hoffnungslosigkeit, Ausweg- und Aussichtslosigkeit.

Impulse 1. Woraus würden Sie aufstehen müssen für eine neue, erneuernde Zukunft?

2. Stehen lernen, Selbstständigkeit, den Aufstand wagen: Stellen Sie sich bitte hin, die Füße etwa hüftbreit auseinander und spüren Sie Ihr Stehen. Wo ist Ihr Schwerpunkt mehr? Eher links oder rechts? Vorne oder hinten? Spüren Sie den großen Zeh des einen Fußes? Und den des anderen? Können Sie eine Beziehung herstellen zu Ihrem Kopf und dem Schulterbereich? Wie ist es, wenn Sie Ihre Ferse deutlicher

spüren? Und eine Beziehung herstellen zu Ihren Hüften? Ist in Ihrem Stehen auch eine kleine Bewegung? Vor und zurück? Im Kreis oder wie? »Bewegtes Stehen«!

Und nun versuchen Sie einmal zu erstarren! Wie machen Sie das? Was verändern Sie und wie? Wo überall im Körper spüren Sie die Veränderung? Nehmen Sie es so deutlich wie möglich wahr. Und dann kehren Sie bitte zurück zu dem »bewegten Stehen« von vorher, nehmen wieder bewusst Bodenkontakt auf, die Lockerheit in den Knien, die Verbindung zwischen den Zehen und dem Kopfbereich, der Ferse und dem Hüftbereich. Und wiederholen dann bitte noch einmal den Versuch, ins Gegenteil hineinzugehen, zu erstarren, fest und hart zu werden. Wo/wie machen Sie das? Was tun Sie dazu? Was verändern Sie in Ihrem Körper? Und dann kehren Sie zurück zum gegründeten, verwurzelten »bewegten Stehen«.

3. Der erste Schritt: Die Fähigkeit zu Stehen ist wichtig – aber auch die Fähigkeit, meinen Standpunkt zu verlassen, den ersten Schritt zu tun. Diese Fähigkeit brauchen wir in der Familie, in der Partnerschaft, unter Berufskolleg/innen, im Freundeskreis. Versuchen Sie einmal ganz achtsam diesen Prozess zu verfolgen: Zunächst stehe ich fest auf beiden Beinen, die Füße etwa hüftbreit. Um einen Schritt zu machen, muss ich nun mein Gewicht verlagern, es ganz auf den einen Fuß stellen, damit der andere dadurch frei wird, beweglich, sich heben und einen Schritt vollziehen kann. Dann verlagere ich mein Schwergewicht auf diesen Fuß, auf diesen »neuen Standpunkt« und ziehe den anderen Fuß nach. Machen Sie dasselbe ganz bewusst bitte noch einmal. Vielleicht versuchen Sie auch einmal einen Rückschritt und vergleichen, wie es Ihnen dabei und damit ergeht. Und dann versuchen Sie bitte einmal diesen »ersten Schritt« mit dem *anderen* Fuß zu machen, als Sie es gewohnt waren und als Sie es vorhin taten. Wie ist das anders? Welche Stadien erleben Sie überhaupt bei diesem Prozess? Es geht im Grunde dabei körperlich, seelisch und geistig immer um eine »existenzielle Verunsicherung«, wenn wir einen ersten Schritt wagen, auf etwas Neues zu, auf einen Konfliktpartner zu, in eine neue Richtung, mit einem neuen Ziel.

In die Freiheit entlassen

Zwei Dinge fallen mir an diesem Schluss auf, die ich mit Ihnen noch bedenken möchte: Das eine: Horchen Sie noch einmal genau hin. Ich habe Sie ja eingeladen, diese Geschichte in Zeitlupe mit mir anzuschauen. Einzelne Worte sind oft sehr wichtig. Wie heißt es genau? Heißt es: »Geh heim« oder heißt es »Folge mir!«? Oder wie heißt es genau? In Vers 8 steht: »Steh auf, nimm deine Matte und geh hin!« Die Worte »geh hin«, »geh« lassen alles offen. Darum habe ich gewagt, diese Geschichte »*Meinen* Weg finden« zu nennen. Jesus entlässt diesen Menschen in die Freiheit. Er sagt ihm nicht, was der richtige Weg ist. Er sagt ihm nicht: »Dieses wäre für dich gut« oder »Dieses wäre falsch für dich«. Er sagt ihm nicht: »Pass auf, dass du nicht auf Abwege gerätst, es gibt da nämlich diese und jene Strömungen.« Er warnt nicht, sagt ihm nicht: »Bleib da fern und geh da hin«, er greift überhaupt nicht ein. Er ist – modern ausgedrückt – wie ein nondirektiver, klientenorientierter Therapeut. Nondirektiv, d.h. wir dirigieren nicht, greifen nicht ein, der Therapeut gibt nichts vor, er lässt diesem Menschen die Freiheit, sich zu orientieren, selbst seinen Weg zu suchen und zu finden.

Ich habe selbst lange daran herumstudiert. Ich habe sehr viele Tage und Wochen, ja Jahre, daran gestaunt. Staunen Sie bitte auch mal wochenlang an diesem Wort. »Geh hin, geh hin.« Jesus entlässt ihn ins Offene, in die Freiheit, was schwer ist und schön.

Was könnte passieren, wenn er heimginge? Wenn ihm gesagt würde: »Geh heim!« Dann gäbe es vielleicht verunsichernde Zuschauer und Beobachter. Dann gäbe es die Leute aus seiner Familie und aus der Nachbarschaft und im Dorf. Die werden genau hinschauen, ihn vielleicht dadurch neu behindern, dass er sich schämt, wenn er stolpert. Oder die vielleicht gucken, wie der läuft. Ja, da fällt er ja schon wieder hin. Schon ist dieser tapsende Heilungsweg gefährdet.

Vielleicht muss man manchmal weg, vielleicht muss man manchmal Abstand gewinnen, Distanz aufnehmen. Manche müssen weg auf eine Kur, die Stelle wechseln, den Ort wechseln, vielleicht weit weg, um neu sich ausprobieren zu können, um neue Dinge erproben zu können, um die ersten »neuen Schritte« im übertragenen Sinn wagen zu können in einer Umgebung, wo keine lauernden Augen warten oder drohen, die dann schon ganz genau wissen, was »recht« ist. Die dann vielleicht triumphierend die Augenbrauen heben oder die schon immer alles gewusst haben – Sie wissen schon ... Manchmal muss man weg, manchmal muss man sich einen Raum suchen, wo man ungestört die neuen Schritte wagen kann.

Impuls Überlegen Sie sich, wo das für Sie und Ihr Leben ist. Wo das ist: Geh hin.

Interessant ist auch, dass das, wo dieser Mensch hinging, der Tempel war, weil er Gott danken wollte. Das ist schön, dass er seine neuen Schritte in Dankbarkeit »gestolpert« ist. Vielleicht auch ein wichtiger Hinweis für uns, den Dank nicht zu vergessen, die Freude nicht zu vergessen.

Es geht um unser Glück!

Und dann hat das Ganze noch eine Nachgeschichte: Der nächste Satz heißt nämlich: Es war aber an dem Tag Sabbat. Und dann kommt – genauso wie im vorhergehenden Kapitel bei der Heilung der »verdorrten Hand« – eine Auseinandersetzung mit moralischen, sehr gläubigen, sehr anständigen und immer alles richtig machen wollenden Menschen seiner Gesellschaft. Die haben ihm Vorwürfe gemacht (Verse 10ff). Und ich staune, und ich möchte Sie einladen, noch ein bisschen mitzustaunen. 38 Jahre lang ist dieser Mensch krank. Das erfährt Jesus im Gespräch mit ihm. Und ich kann es immer noch nicht fassen. Und ich staune diesen Jesus an. Dass er nach 38 Jahren Leiden dieses

Menschen nicht *einen* Tag warten will, bis er ihn heilt. Denn morgen dürfte er ihn heilen, ohne in Schwierigkeiten zu kommen mit irgendwelchen gesetzestreuen Hütern der guten Ordnung. Die hatten zum Teil die Gesetze noch überhöht, aus einer Angst heraus, um es noch genauer zu machen. Das war auch Perfektionismus: Ja nichts verkehrt machen und dann am Sabbat schon gar nichts Schlechtes, aber am besten auch nichts Gutes, gar nichts, damit dann wenigstens nichts Falsches getan ist. Sie hatten sich eingegrenzt und eingekerkert in eine große Vorsicht.

Und an Jesu Verhalten lerne ich: Das Glück eines Menschen, Lebenserfüllung und Lebensentfaltung dulden bei Jesus keinen Aufschub. Lassen Sie sich das bitte auf der Zunge zergehen. Glück, Lebenserfüllung und Entfaltung eines Menschen, von dir, von Ihnen, dulden in Jesu Augen keinen Aufschub.

Jesus jedenfalls, so lerne ich staunend, konnte keinen einzigen Tag länger warten. Dieselbe Provokation wie bei der vorigen Geschichte. Rechnen Sie sich das aus: 365 mal 38. Wenn jemand so viele Tage krank war, könnte man da nicht einen Tag warten, um die Gesellschaft nicht zu ärgern, die Strenggläubigen nicht zu provozieren, um nicht die Menschen vor den Kopf zu stoßen? Nein. Jesus konnte nicht warten. Um unseretwillen, damit wir kapieren, hoffentlich, hier und heute noch 2000 Jahre später, dass in den Augen Jesu Freude, Lebensglück, Erfüllung so viel zählt, so viel mehr zählt, dass er riskiert, dass die Gesellschaft vielleicht einen Aufstand macht. So wertvoll war Jesus dieser eine Mensch und seine Befreiung.

Ich betone das deswegen, weil vielen Menschen durch die Jahrhunderte der Verkündigung des Christentums eine Zerrform von Christentum angeboten wurde, wo unser Glück und unsere Lebensfreude und unsere Lebenslust eher verpönt waren, verboten oder gar als gegen Gott gerichtet abgeurteilt und bekämpft wurden. Das ist eine tragische Schuldgeschichte des Christentums, dass Kirche das Glück der Menschen so oft bekämpft hat. Und in Menschen unendlich viele Schuldgefühle erzeugt hat, statt sie zu befreien zu dem, was eigentlich gemeint ist. Und deswegen muss unterstrichen werden, dass Jesus den Gelähmten ohne Aufschub heilt. Und dass dieser Mensch nun frei gehen kann: Der kann nun krumme Touren gehen, der kann gehen, wohin er will. Jesus gibt ihm nichts vor, wie, wohin er gehen solle. Er *lässt* ihn einfach.

Mir fällt dazu jene unglaubliche Zusage ein, die Jakob in einem Traum erhält, wo Gott sich ihm zusagt als derjenige, der verspricht: »Ich bin mit dir auf *allen* deinen Wegen« (Genesis/1 Mose 28,15). Und ich weiß noch, wie wir einmal in einem Gespräch darüber gesprochen haben. Wie ich sagte, mich mache das fassungslos, dass hier einfach steht: »Auf allen deinen Wegen.« Weil Gott doch wissen müsste, dass ich auch manchmal falsche Wege gehe. Oder ich könnte ja auch Wege gehen, wo anderen die Haare zu Berge stehen, sodass sie sagen: »Also, dass der so etwas macht.«! Dieses Risiko geht dieser Gott ein, dieser mitgehende Gott, der Vater dieses Jesus. Und unser Vater. Er geht dieses Risiko ein, wenn er zusagt, ich bin mit dir auf allen, auf allen deinen Wegen. Geh hin. Ja, ich wünsche Ihnen, dass Sie sich weiter freuen können an dieser Geschichte.

Impulse

1. Ich möchte Sie nun noch einmal mit Ihren Füßen in Verbindung bringen. Sie dürfen dabei sitzen bleiben. Da geht es als Zusammenfassung noch einmal um unser Gehen. Versuchen Sie mit Ihrer Wahrnehmungsfähigkeit in Ihre Füße hineinzugehen, ganz in Ihre Fußsohlen hinein. Die Füße etwa wieder hüftbreit. Sie können dabei auch ein bisschen schmunzeln, die großen Zehen lächeln einander an. Die Knie sind locker, damit unsere Körperenergie gut durchfließen kann, damit wir uns nicht blockieren und etwa wegdrücken vom Boden, sondern uns einlassen auf den Boden, der uns trägt. Und dann lesen Sie sich den folgenden Text – am besten laut – vor! Er ist entstanden vor vielen Jahren in einer schlaflosen, aber einer wun-

derschönen Nacht, als ich in der Karibik war, nach meinem Diplom und glücklich, dass das alles vorbei ist und ich viel barfuß durch den Sand gegangen bin. Nehmen Sie diese schöne Vorstellung ruhig auch noch mit hinein. Also Karibik, laue Abende, warmer Sand, warmer, weicher, weißer Sand. Ich spüre meine Füße im Sand ... [23]

Ich fühle, wie der Sand um meine Zehen spielt, wie er meine Sohlen streichelt, wie er meinen Fuß umspült, weicher, warmer, weißer Sand. Ich merke, mit Schuhen fühle ich meine Füße nicht. Ich merke dann nicht einmal, dass ich Füße habe. Ich weiß, etliche Jahre bevor ich geboren bin, liefen die Kinder des Dorfes, wo ich lebte, barfuß umher und zur Schule. Heute sind wir nun fast schon so weit, dass wir die Füße gar nicht mehr brauchen. Wir haben Schuhe, oder das Auto, den Bus oder den Zug. So gewannen wir weithin zwar Wohl-stand und An-stand. Was wir aber verloren haben: selbst-ständig zu sein, Stand-punkt zu haben oder Ab-stand zu nehmen vom Üblichen oder vom Zwang der Konvention, von Auf-stand gar nicht zu reden gegen das Diktat der Zeit. Wir haben weithin verlernt, unsere Füße zu spüren. Sie geben uns Bodenkontakt, sind der Kontaktpunkt mit Mutter Erde für uns, geben uns Stand-festigkeit und Durchstehvermögen und helfen uns auch mal zu stampfen und zu sagen, nein, du trittst mir zu nah oder gar auf die Füße. Lass das, sonst trete ich auf mit meinen Füßen. Ich spüre meine Füße im Sand und merke, dass vieles, was zählt, letztlich mit ihnen zu tun hat: Fortschritt, Rückschritt, sich gehen lassen, Stand-haftigkeit, Wider-stand. Und wenn ich sage: Es geht mir gut, dann heißt das im Grund doch: Ich gehe gut. Ich spüre mein Gehen und fühle mich. Fühle: es geht gut.

2. Beachten Sie bitte: Wenn Sie wieder *aufstehen*, dann tun Sie es mal bitte so bewusst, wie es geht, in dem Bewusstsein: Das ist das, was dieser Mann nicht konnte, rein körperlich gesprochen, aufstehen und stehen. Jedes Aufstehen – ob am Morgen aus dem Bett, oder wann immer von einem Stuhl, Sessel, einer Bank – erinnert Sie vielleicht an den Dank für dieses »Vermögen« in Ihrem Leben! So können Sie alltagsnah dieses Wunder immer neu vergegenwärtigen.

3. Erwägen Sie zum Abschluss, was es bedeutet, weggehen zu können, Schritte zu tun – dies große, befreiende, offene: Geh. Wo betrifft oder berührt Sie das? Wie werden Sie antworten? Was werden/wollen Sie tun?

4. Sie könnten dieses »Geh hin« in eine geistliche Übung mit hinein nehmen. Denn diese Wendung und Sendung begegnet uns oft am Ende von Heilungsgeschichten und besonders in den Auferstehungstexten: Immer ist da ein »Geh!« Maria bekommt gesagt »geh«, die drei Frauen bekommen gesagt »geht«, Jesus sagt bei seiner Himmelfahrt »geht in alle Welt«.[24] Heilung ebenso wie Auferstehung ist nicht Selbstzweck: Der Mensch bleibt nicht isoliert, einsam, sondern er wird in Gemeinschaft eingebunden, auf einen neuen Weg geschickt. Überlegen Sie bitte für sich selbst und mit anderen, was das für Ihre Spiritualität bedeutet.

5. Meditieren Sie bitte im Anschluss an diese Erkenntnisse zum Thema »Gehen« einmal in einer tatsächlichen »Geh«-Meditation den folgenden Satz: »Weg wird Weg im Gehen« (im Sprachrhythmus des Trochäus formuliert) oder »Weg wird im Gehen zum Weg« (im Rhythmus des Daktylus formuliert). Sprechen Sie den Satz dabei laut oder bewegen sie ihn still im Inneren im Rhythmus Ihres Gehens.

Wandeln bringt Wandlung

Ist Ihnen eigentlich schon der sprachliche Zusammenhang zwischen Wandern und Wandeln aufgefallen? Aus diesem Grund spricht man ja beim schlendernden Wandern auch vom Lustwandeln. Oder in Kurorten gibt es die Wandelhallen, weil man dort auf und ab spaziert, im Wandern/Wandeln sein Heilwasser trinkt oder der Musik im Kurpark lauscht.

Nun hat aber Wandeln ja noch einen eigenen Doppelsinn: Es ist zugleich das Wort für Veränderung, für Verwandlung. Kann es sein, dass wir im Wandeln uns selbst auch wandeln? Der beschriebene sprachliche Befund legt das nahe.

Auch die Erfahrungen der Philosophen, Psychologen und Psychotherapeuten bestätigen das: Im Gehen, Wandern kommen wir auf neue Gedanken, sehen wir neue Perspektiven. Viele verkrampfte und verfahrene Gesprächssituationen beispielsweise lassen sich auch leichter im Gehen lösen. Das lernen sogar Manager in manchen Seminaren zu Konferenztechniken. Ich selbst habe damit auch sehr gute Erfahrungen gemacht. Auch mit dem Führen schwieriger Gespräche im Gehen, wo dann jeder vor sich hinschaut, mit dem Anderen sprechen kann, ohne sie oder ihn dabei frontal anschauen zu müssen.

Und vielleicht kennen Sie das auch, wie Sie nach einem Spaziergang von einer halben oder zwei Stunden erquickt, erfrischt und »wie verwandelt« zurückkommen und alles ein bisschen anders sehen können. Bewusst mit den Füßen im Kontakt zu sein, kann auch – so wissen wir aus der psychosomatischen Medizin und so erklären es uns oft Krankengymnastinnen – eine wirksame antidepressive Übung sein.

So betrachtet, eröffnet diese Heilung dem Gelähmten auch einen völlig neuen Raum: Er bekommt Zu-gang (wieder ein Gehwort!) zum Raum flüssigeren und hoffnungsvolleren Denkens – als Gegenpol zu seiner verkrampft-verzweifelten Lage (kommt von Liegen!), als er in der Menge der Kranken am See immer so hilflos dalag.

Ein anderer Gelähmter, von dessen Heilung in Markus 2, 1–12 erzählt wird, hat sich wohl dauernd zerquält mit lähmenden, verzehrenden Schuldgefühlen und das ist das Erste, worauf ihn Jesus auch anspricht.

So kann »das Gehen« uns vielleicht heraus führen aus unseren Gräbern (vgl. die weiter unten noch zu betrachtende Geschichte von Lazarus!) peinigender, quälender, unser Leben und die Freude zerstörender Schuldgefühle, heraus führen auch aus der niederdrückenden Hoffnungslosigkeit, der ständig neu genährten Verzweiflung – und ein neues Leben kann beginnen.

»Geh aus mein Herz und suche Freud'« hat Paul Gerhard formuliert in den Schreckensjahren um den 30-jährigen Krieg herum. Was hat er damit eigentlich gesagt? Es ist eine Aufforderung hinauszugehen. Das Haus, die Kammer, in der man sich vielleicht wie eingesperrt fühlt, das Arbeits- oder Krankenzimmer zu verlassen und zu gehen. Geh hinaus! Hinaus aus dem Mief und Muff – nicht nur der verbrauchten Luft im Zimmer, sondern auch der hartnäckigen Entmutigung, der nagenden Enttäuschung, der schmerzenden Unversöhnlichkeit zum Beispiel. Hinaus am besten in die Natur, die wie ein großer Arzt uns empfängt und belebt.

Paul Gerhard verbindet damit auch die Empfehlung einer aktiven Suchbewegung: »Suche Freude!« Das klingt beinahe wie moderne Richtungen der Verhaltenstherapie oder auch wie die Selbst-Management-Therapie Frederick Kanfers.[25] Weil es uns deutlich macht, dass wir wie mit einem »Suchscheinwerfer« durchs Leben gehen können und unsere Aufmerksamkeit, Wahrnehmungsfähigkeit und Achtsamkeit auf einen bestimmten Fokus zu richten vermögen. Und dass wir das aktiv steuern können.

Impulse 1. Wenn Sie so durch den Tag gehen: Wonach suchen Sie? Beobachten Sie sich einmal einen Tag lang dabei! Wo bin ich hellwach, was macht mich besonders neugierig? Worauf richte ich meine Konzentration und Aufmerksamkeit? Sind es Probleme, sind es Ängste, Sorgen von anderen und auch von mir selbst? Vermag ich meinen »inneren Suchscheinwerfer« wieder davon wegzuwenden und Freude zu suchen? Beim Umgang mit Konflikten, mit schwierigen Situationen in der Beziehung, eigenen Gesundheitsproblemen: Worauf konzentriere ich mich? Schaffe ich es, auf das Gelingende zu achten? Genügend wertzuschätzen, dass es etliche Stunden ohne Schmerzen gab? Was würde sich verändern, wenn ich meine volle Aufmerksamkeit ganz bewusst auf positive »Ressourcen« richte (wie das im NLP genannt wird)?

2. Machen Sie eine Übung daraus, eine halbe Stunde lang oder einen Tag lang, ganz aktiv Freude, Frohsinn, Zuversicht, Aufbauendes zu suchen. Und wenn Sie den Faden wieder verlieren, fangen Sie einfach neu an und sagen: Ab jetzt suche ich wieder Freude. (Auch der Hinweis, ein Dankebüchlein zu verfassen, den Sie im Schlusskapitel finden werden, gehört hierher.)

Für Paul Gerhard könnte das wie Überlebenstraining gewesen sein, in seiner randvoll mit Leid, Bitterkeit und Not angefüllten Lebenssituation zu sich selber zu sagen: »Geh hinaus und suche Freude.« Vielleicht steht das auch hinter jenem Psalmbeter vor vielen tausend Jahren, der zu seiner Seele sagt: Lobe den Herren, meine Seele, und was in mir ist seinen heiligen Namen. Lobe den Herren, meine Seele, und vergiss nicht, was er dir Gutes getan hat!« (Psalm 103,1f). Hier ist noch der Hinweis dabei »Vergiss es nicht!« Auch dieses meint wieder unseren seelischen Suchscheinwerfer, denn es könnte ja – im Alltagstrubel, im üblichen Ärger und Stress, und angesichts von so viel Elend in uns und um uns herum – wieder in Vergessenheit geraten, wo es Grund zur Freude gab, wo etwas gelungen ist und wo die Wunder in unserem Leben geschahen.

Und so kann uns das Wandern/Wandeln innerlich verwandeln und Beitrag sein zu eigener Ver-wandlung. Probieren Sie es auch! Es ist die neu eröffnete Lebens-Möglichkeit, in die hinein der Gelähmte geheilt und entlassen wird. Genau wie wir jetzt und heute ...![26]

Burn-out-Prophylaxe:

Hinführung zu heilsamer Selbstfürsorge

Eine Geschichte nicht nur für Frauen: Die klugen Jungfrauen
(Matthäus 25,1–13)

Die folgende Geschichte führt uns in ein orientalisches Dorf, pulsierend vor Lebensfreude, erwartungsvoll und erregt: Es geht um eine Hochzeit, ein Fest, das dort tagelang gefeiert wird, groß und ausgelassen. Dort dabei zu sein, ist ein Höhepunkt. Malen Sie sich also die Geräusche aus, die Stimmen, Gerüche, Melodien, das Lachen. Die Aufregung, die Hitze der Temperatur und die der Gemüter, Festtagsvorbereitung, Hochzeitsstimmung. Erwartungsvolle Brautjungfern, die darauf brennen, dabei sein zu dürfen.

Impuls Nehmen Sie sich Zeit und Ruhe, sich mit allen Sinnen ganz in diese Szenerie hineinzuversetzen, die Farben, Bewegungen, Formen, Lichtverhältnisse, die zu sehen sind – aber auch, was da zu hören, riechen, zu schmecken und zu spüren sein könnte ... einschließlich des körperlich-seelischen Fühlens. Orientalische Umgebung, Hochstimmung, Lebendigkeit und Lebensfülle!

Dies ist das Szenario der Geschichte, die Jesus in Matthäus 25,1–13 seinen Jüngern erzählt:

¹Dann wird das Himmelreich gleichen zehn Jungfrauen (Brautjungfern), die nahmen ihre Lampen und gingen hinaus, dem Bräutigam entgegen. ²Aber fünf von ihnen waren dumm und fünf waren klug. ³Die Dummen nahmen ihre Lampen, aber sie nahmen kein Öl mit. ⁴Die Klugen aber nahmen Öl mit in ihren Gefäßen samt ihren Lampen. ⁵Als nun der Bräutigam lange ausblieb, wurden sie alle schläfrig und schliefen ein. ⁶Um Mitternacht aber erhob sich lautes Rufen: »Seht, der Bräutigam kommt. Geht hinaus, ihm entgegen.« ⁷Da standen diese Jungfrauen alle auf und machten ihre Lampen fertig. ⁸Die Dummen aber sprachen zu den Klugen: »Gebt uns von eurem Öl, denn unsere Lampen verlöschen.« ⁹Da antworteten die Klugen und sprachen: »Nein, sonst würde es für uns und euch nicht genug sein. Geht aber zum Kaufmann und kauft für euch selbst.« ¹⁰Und als sie hin gingen zum Kaufen, kam der Bräutigam. Und die bereit waren, gingen mit ihm hinein zur Hochzeit. Und die Tür wurde verschlossen. ¹¹Später kamen auch die anderen Jungfrauen und sprachen: »Herr, tu uns auf!« ¹²Er antwortete aber und sprach: »Wahrlich, ich sage euch: Ich kenne euch nicht.« ¹³Darum wachet, denn ihr wisst weder Tag noch Stunde.

Eine Ermutigungs-, Vorsorge- und Heilungsgeschichte

»Nanu, ist das denn eine Heilungsgeschichte?«, werden Sie sich jetzt vielleicht fragen. Allerdings: Sie gilt gemeinhin nicht als solche, aber in meiner Betrachtungsweise ist sie eine gerade für unser neues Jahrtausend höchst wichtige Ermutigungs-, Vorsorge- und Heilungsgeschichte. Obwohl erstaunlicherweise die

Aspekte, auf die es mir hier ankommt, in exegetischen Bibelkommentaren kaum ausgeführt oder auch nur erwähnt sind. Das macht die Geschichte für uns vielleicht umso spannender.

Kein Gleichnis Jesu wurde so häufig wie dieses gemalt oder in der bildenden Kunst dargestellt.[27] Es wurde auch unendlich viel in den zweitausend Jahren Kirchengeschichte darüber gelehrt, gepredigt und geschrieben, was denn nun eigentlich mit dem Öl gemeint sei. Die Ausleger überlegten und spekulierten. Oder man betrachtete als Hauptaussage des Ganzen den Impuls am Schluss, nämlich »wachsam« zu sein, übersah dabei jedoch, dass die Jungfrauen in dieser Hinsicht alle gleich waren. Sie haben alle gewartet. Sie waren *alle* bereit und auf die Teilnahme am Hochzeitsfest eingestellt. Und sie haben auch *alle* geschlafen. Die Aufforderung zur Wachsamkeit kann also die Kernaussage nicht sein. Daher weisen viele Ausleger darauf hin, dass die Mahnung zum Wachen in Vers 13 im Gleichnis selbst keine Rolle spiele und dieser Vers auch gar nicht ursprünglich zu dieser Geschichte gehöre, sondern nur »refrainartig« diesen Aufruf aus den vorherigen Ermahnungen (in Matthäus 24,42 und 44) wiederhole und im Übrigen ein Zitat aus Markus 13,33 und 35 sei, also einen übernommenen Schluss darstelle. Oft wird in den Auslegungstraditionen auch darüber gehandelt, dass es am Schluss für einige ein Zuspät gibt, und das sei die eigentliche Bedeutung des Gleichnisses. Im Zentrum steht dabei das »Bild« von einem Gott, der am Schluss die Türen verschließt und zu den fünf Dummen sagt: Ich kenne euch nicht. Als sei das der Kern ...! Vielleicht zählt dieser Text gar zu den am meisten missverstandenen Geschichten der Bibel. Schauen wir sie doch hier einmal ganz neu und ganz anders an! Ich hatte selbst jahrelang viele Schwierigkeiten ganz speziell mit diesem Gleichnis und habe vor einigen Jahren – wie durch ein heilsames Wunder – für mich entdeckt, dass es eigentlich eine eminent notwendige, fürsorgliche, ja beinahe therapeutische Zielrichtung hat.

Aufforderung zur Klugheit

Es geht in dieser Geschichte um Klugheit, um ein entsprechendes Verhalten und welche Konsequenzen das hat. Die eine Hälfte dieser Brautjungfern wird uns als *Modell* und *Vorbild* empfohlen. Also geht es darum, dass wir unseren Blick auf diese klugen Frauen richten, um von ihnen etwas zu lernen. Hinter dem »Klugsein« steht ein hebräisches Wort, das »sehend« oder »mit offenen Augen« bedeutet. Klug sind diejenigen, die die Augen offen haben für das, was kommt und nicht einfach in den Tag hineinleben. Sie haben eine Extraportion Öl für den Notfall dabei, haben ein Gefäß zum Nachfüllen mitgenommen, denken also nicht nur an die unmittelbare Gegenwart. Darauf scheint es hier anzukommen!

Vorausschauendes Denken und Verhalten empfiehlt Jesus auch an anderen Stellen: Wer einen Turm bauen will, so erklärt er, der müsse sich vorher hinsetzen und die Kosten überschlagen, ob er sein Bauvorhaben auch wirklich durchführen könne (Lukas 14,28ff). Vom Feigenbaum könnten, so meint er, seine Jünger gut lernen: Wenn die Zweige treiben und Blätter kommen, kann man den Sommer kommen sehen (Matthäus 24,32). Das heißt: Sie können Vor- und An-zeichen beachten und sehen lernen und sich danach richten. Er selbst sah seinen Tod kommen und seinen Schicksalsweg lang im Voraus sich abzeichnen; dies spiegelt sich in den drei so genannten Leidensankündigungen (Markus 8,31ff; 9,30ff; 10,32ff und den Parallelen bei Matthäus und Lukas). Diese Entwicklung war also absehbar, Jesus konnte seine Umgebung darauf vorbereiten.

Bewusstseinsklar und nüchtern sein, auch das Dann und Dort einrechnen – das ist mit »Klugheit« gemeint.

Modell Öllampe – Modell Kerze

Vorausgesetzt sind orientalische Verhältnisse: Brautjungfern erwarten den Hochzeitszug. Da das lange dauern kann, haben sie für die Nacht Öllampen dabei.[28] Für unseren Gewinn aus diesem Text scheint mir der Hinweis auf die Art von Lampen, wie sie im Land Jesu üblich waren, ein erster wichtiger Punkt zu sein. Wenn Licht gemacht werden sollte, wurde nicht wie bei uns früher eine Kerze angezündet, sondern man nahm eine Öllampe. Ich habe entdeckt: Das ist ein ganz anderes Lebensmodell, ein völlig anderes Denkmodell. Stellen Sie sich vor: Wenn man eine Öllampe anzündet, dann brennt die Lampe zwar in der Weise, dass der Docht brennt und dadurch das Öl, das eingefüllt ist, verbraucht wird. Aber der Lampe selbst geschieht nichts. Ganz anders ist das bei einer Kerze: Indem sie brennt, zerstört sie sich selbst, zehrt sie sich selbst auf. Am Ende ist sie nicht mehr da – vernichtet. Das Gefäß eines Öllämpchens hingegen bleibt unbeschadet. Natürlich brennt es auch aus, aber es *bleibt erhalten*. Das ist die Chance, neu gefüllt zu werden und wieder leuchten zu können ...

Impuls Fallen Ihnen anhand meiner Beschreibungen von Kerze und Öllampe bereits Lebensbeispiele ein? Vergleiche mit Lebenswegen, Schicksalen, dem Denk- oder Lebensmodell vieler Menschen? Was verbinden Sie mit der inzwischen schon fast zur Mode gewordenen Redeweise vom Burn-out, vom Ausgebranntsein? Kennen Sie dieses Gefühl bei sich selbst womöglich auch? Und worin besteht dann der Unterschied zwischen dem »Modell Kerze« und »Modell Öllampe«?

»Burn-out«

Ich begegne vielen Menschen, die darüber klagen, wie erschöpft, wie müde, wie erschlagen sie sich fühlen, wie sehr die Arbeit, der Stress, der Dienst für andere Menschen ihnen manchmal über den Kopf wachsen und an die Substanz gehen. Ein Sozialarbeiter klagt: »Wie es mir dabei geht, danach fragt ja keiner. Aber ich gehe so sehr in meinem Bemühen für andere Menschen auf, dass ich häufig selbst darunter leide und fast zugrunde gehe.« Eine Altenpflegerin: »Ich liebe meine Arbeit, vielleicht fast zu sehr. Aber es geht oft über meine Kraft. Und manchmal denke ich, ich habe keine Reserven mehr. Wie lange ich das noch schaffe? Das frage ich mich oft. Und wie lange das meine Kinder, mein Mann und mein Freundeskreis noch mitmachen, mich meistens total ausgelaugt und erschöpft zu erleben ...«

Solche und ähnliche Aussagen begegnen mir oft in meiner Tätigkeit als Seminartrainer, Supervisor und Psychotherapeut. Jede/r fünfte Deutsche sei »ausgebrannt«; in sozialen oder pädagogischen Berufen, bei Menschen, die für andere da sind (besonders auch in der Familie), sei das noch viel öfter der Fall. Und wir sind – so entdecke ich immer wieder – oft geprägt von dem Modell »Kerze«. Was heißt das? Eine Kerze brennt für andere. Das tut die Lampe zwar auch. Aber: Wenn ich eine Kerze anzünde, wird sie immer weniger. Sie kennen das von Christbaumkerzen oder Geburtstagskerzen: Nach einer bestimmten Zeit sind sie »ausgebrannt«. »Burn-out« eben: Das ist das Stichwort, das den energetischen und seelischen Zustand vieler Menschen von heute beschreibt.

Impuls Am besten vergegenwärtigen Sie das Gesagte jetzt direkt durch Anzünden und Brennenlassen einer Kerze. Noch besser: Wenn Sie eine Öllampe haben, zünden Sie beide bitte gleichzeitig an und beobachten Sie, was geschieht. Um das Gelesene konkret und direkt zu erfahren!

Mit großer Selbstverständlichkeit wird die brennende Kerze beispielsweise im Märchen vom »Gevatter Tod« als ein Sinnbild des Lebens verwendet[29]: In einer unterirdischen Höhle brennen – so erzählen die Brüder Grimm – Kerzen. Das sind die Lebenslichter der Menschen. Die großen gehören Kindern, halb heruntergebrannte z.B. Eheleuten in den besten Jahren, Stummel gehören Greisen. Doch auch Kinder und junge Leute haben oft nur ein kleines Lichtchen. Wenn man noch lange zu leben hat, ist die Kerze noch groß, wenn es dem Ende zugeht, wird der Stumpen immer kleiner.

So funktioniert das Modell »Kerze«: Wenn wir leuchten wollen für die anderen – wenn wir ein wenig Licht in die Welt bringen möchten, in die Dunkelheit – und dabei das Kerzenmodell im Kopf haben, dann verzehren wir uns im Leuchten und im Dienst für die anderen. Dann verzehren wir uns selbst, zehren uns auf. Dann bin ich rücksichtslos mit mir, denn »es geht ja um die anderen«, es geht ja darum, dass ich den anderen ein bisschen Licht mitteilen kann. Mancher Mensch lebt sogar so, als sei er eine Kerze, die an zwei Seiten zugleich angezündet ist, und verbrennt sich auf diese Weise selbst doppelt so schnell.

Wir verwenden in unserer Welt zwar heute Glühbirnen und Leuchtstoffröhren, früher aber waren es vorwiegend Kienspäne, Fackeln und Kerzen, die das Dunkel erhellten. Oder – im großen und entscheidenden Unterschied dazu – Öllampen. Von solchen erzählt Jesus und bei ihnen ist eine Sache völlig anders als bei der Kerze: Man kann sie, wenn sie ausgebrannt sind, *neu füllen*. Die Lampe selbst bleibt unbeschädigt. Die Öllampe ist *therapeutisches Gegenmodell* zu der oben beschriebenen selbstzerstörerischen Grundhaltung: Sie leuchtet für mich selbst und für andere, dass ich dabei nicht selbst zugrunde gehe, dass ich mich nicht selbst verzehre, hinterher womöglich selbst gar nicht mehr da bin.

Vor drei Jahren habe ich mich einem Freund gegenüber, der mich gefragt hat, wie es mir gehe, mit diesen Worten geäußert: »Weißt du, wenn ich ehrlich bin, dann ist es zurzeit so, dass ich überhaupt nicht mehr da bin.« Ich bin selbst erschrocken über das, was mir da herausgerutscht ist: »Mich gibt es zurzeit überhaupt nicht.« Mich als mich – verstehen Sie? Als funktionierende Person, als fleißigen Menschen, der ständig für viele zuständig ist, viele Verantwortlichkeiten tatkräftig übernimmt und erfolgreich trägt, der für alle anderen da ist – den gab es sehr wohl. Aber mich als mich! Ich habe zum Glück »die Kurve gekriegt« und wieder auftanken können. Habe mich wieder nachfüllen lassen. Aber es war gefährlich nah am Bild der Kerze.

Der alles entscheidende Unterschied

Das Gleichnis Jesu bietet uns also ein Alternativmodell zum uns bekannten Kerzenmodell an: die Öllampe. Diese bleibt beim Leuchten wohlbehalten und heil. Darin liegt allerdings noch nicht der letztlich ausschlaggebende Unterschied der beiden Frauengruppen – beide hatten ja Öllampen. Beide haben gewartet. Beide sind eingeschlafen, als sich der Beginn der Hochzeit verzögert hat. Und als sie aufwachen, merken beide: Das Öl in der Lampe wird knapp. Jetzt plötzlich zeigt sich der Unterschied. In diesem Moment nämlich wird folgenschwer deutlich, dass die einen, die Klugen, vorgesorgt haben: Sie haben vorausgedacht und Vorrat bei sich. »Sie nahmen außer den Lampen noch Öl in Krügen mit«, heißt es in Vers 4. Hier ist der Moment, wo ihre Klugheit deutlich wird: *vorausschauend handeln*! Das ist etwas anderes, als sich zu »zersorgen«, wovor Jesus in Matthäus 6,34 mit den Worten warnt: »Sorgt euch nicht um morgen; denn der morgige Tag wird für sich selbst sorgen. Jeder Tag hat genug eigene Plage.« Hier ist vielmehr Lebensklugheit gemeint. Etwa im Sinne von Psalm 90,12, wo uns geraten wird, zu »bedenken, dass wir sterben müssen, damit wir klug werden«. Damit wir weise unser Leben gestalten. In den Gleichnissen Jesu ist von einem »klugen« Mann die Rede, der sein Haus auf Felsengrund baut – ebenfalls vorausschauend, weil das Haus dessen, der auf Sand gebaut hat, zertrümmert und weggespült wird, als die Regenflut kommt (Matthäus 7,24ff). Und im Gleichnis vom klugen Verwalter wird der als Vorbild hingestellt, der einfallsreich, wenngleich nicht ganz legal, rechtzeitig seine Verhältnisse so ordnet, dass es später für ihn günstig wird (Lukas 16,1–9): eine erstaunliche und bedenkenswerte Empfehlung vorausschauender Klugheit, ja Schläue!

Aufforderung zu heilsamer Selbstfürsorge

Hierin liegt also der große Unterschied: Die einen hatten *nur an jetzt* gedacht. Ihre Lampen brannten wie bei allen. Aber die anderen haben außerdem realistisch vorausgesehen: Es kann sein, dass meine Lampe irgendwann ausgebrannt, dass das Öl irgendwann aufgezehrt ist. Dann brauche ich Nachschub. Folglich brauche ich neben der Lampe einen »Krug mit Öl« zum Nachfüllen, ein »Nachfüllfläschchen«. Dieser Punkt, denke ich, ist das Heilsame und Therapeutische an der Geschichte. Ich verstehe sie als eine Einladung oder gar eine Aufforderung zu heilsamer Selbstfürsorge und Selbstvorsorge: »Denk daran, dass du dich nicht unendlich ›auspowerst‹, dass du dich nicht ständig verausgabst, sondern sorge für deinen Nachschub, sorge dafür, wie du dich wieder füllen lassen kannst.« Du brauchst in entscheidenden Situationen Nachschub, sonst bist du dumm dran, heißt das in der Alltagssprache ausgedrückt.

Impulse 1. Diskutieren Sie mit anderen, Freunden, Kollegen oder Gruppen über ein ausgewogenes Verhältnis dieser zwei verschiedenen Grundhaltungen im Leben: einem Leben »ganz im Hier und Jetzt« und einem, das zugleich auch immer das »Dann und Dort« im Blick hat. Welche Konsequenzen hat das für Ihre Lebensplanung, für Ihre Altersvorsorge, Gesundheitsfürsorge oder Beziehungspflege? Wo führt eine zu einseitige Schwerpunktsetzung zu Problemen und geht an der Komplexität des Lebens vorbei? Bezeichnen die beiden beschriebenen Akzentsetzungen vielleicht die zwei Brennpunkte, wie sie eine Ellipse hat, die beide füreinander nötig und unverzichtbar sind. Wo aber keiner der beiden Punkte allein in die Mitte gerückt werden darf, weil die Figur sonst aus dem Gleichgewicht gerät?

2. Stellen Sie – allein oder im Gespräch mit anderen – eine Liste von Faktoren zusammen, durch die Sie neue Kraft bekommen: Was hilft mir auf? Was stärkt mich, tankt mich auf? Wie finde ich Nachschub und neue »Leuchtkraft«? Welche Elemente brauche ich dazu? Welche Tätigkeiten, welche Umgebung? Menschen, Natur, Musik, Beschäftigung, Muse, Einsamkeit oder Zweisamkeit …? Brauche ich dazu mehr Stille? Oder Menschen um mich? Welche Art von Gemeinschaft? Wie müssen Gebete oder Gespräche für mich sein, damit sie mich neu füllen? Oder sind es Schätze und Reichtümer in meinem Inneren, den Tiefen des Unbewussten, die das bewirken? Wie kann ich es einrichten, dass ich Auftankzeiten für mich organisiere? Wo sage ich »nein«: Jetzt ist nicht Zeit des Gebens, sondern Zeit für mich, Zeit für Meditation, Zeit für das Empfangen, Kraftschöpfen und Neuwerden.[30]

Nirgends im Text wird erklärt, was unter dem »Öl« genauer zu verstehen sei. Trotz vieler Mutmaßungen im Laufe der Kirchengeschichte speziell darüber scheint es darum gar nicht zu gehen, sondern allein um die *Vorsorgestruktur*, um das vorausschauende Denken und Handeln dieser vorbildlichen Frauen.

Selbstbewusst, emanzipatorisch und klar

Jetzt kommt noch ein Punkt, der mich sehr erstaunt. Darüber habe ich noch nie predigen hören oder etwas zu lesen bekommen: Als nämlich das Öl in den Lampen knapp wird, sagen die Dummen zu den Klugen: »Gebt uns doch von eurem Öl, gebt uns doch etwas ab!« Das ist eine Situation, die Sie bestimmt auch kennen: Gib mir doch! Ich brauche etwas! Hilf mir doch! Als Eltern oder Kinder, im Freundeskreis, als Chefs oder als Untergebene. In wie vielen Situationen begegnet uns das ... Und viele, besonders Frauen, wurden ja auch immer zum Helfen aufgefordert, zum Dienen erzogen. Besonders in kirchlich-christlich-sozialen Kreisen gilt ja weithin ein ausgesprochenes Helferideal: »Einer trage des anderen Last«, »Geteiltes Leid ist halbes Leid« oder die erste Hälfte des Gebotes »Du sollst deinen Nächsten lieben« (wobei folgenschwer und sträflich die ausgleichende zweite Hälfte »wie dich selbst« unterschlagen wird). Solche Ideale und Grundsätze haben viele Menschen geprägt. Und ist es nicht fast verlockend einleuchtend: Das Teilen des Öles wäre doch gewissermaßen ein »schöner Zug« in dieser Geschichte gewesen, ganz diakonisch-caritativ, christlich und erzieherisch nahe liegend!

Dass das menschlich geradezu erwartete Teilen im Fortgang der Handlung fehlt, macht die Geschichte meines Erachtens noch bedeutungsvoller! Denn haben Sie gemerkt, was die klugen Damen sagen? Sie sagen: »Nein!« Im Urtext steht an dieser Stelle sogar *ein doppeltes Nein*, was so viel bedeuten würde wie: »Keineswegs! Auf gar keinen Fall!« Ich hatte diese Besonderheit im Text jahrzehntelang selber gar nicht bemerkt, hatte aber über diese Geschichte von der Wichtigkeit des Nachfüllfläschchens und der Bedeutung des Öllampenmodells schon Veranstaltungen gehalten und darüber geredet. Diese Gesichtspunkte in der Geschichte waren mir also inzwischen vertraut. Bis mir eines Tages eine Frau (!), meine Partnerin, die Augen öffnete für die gewaltige Bedeutung des Neins. Sie erklärte mir, daran sei besonders wichtig, dass die Frauen ihren Nachschub und das, was für sie wichtig ist, auch zu schützen wissen. Sie schützen sich und setzen Grenzen. Sie sagen: »Nein, sonst reicht es für uns und euch nicht. Aber geht hin und schaut, wie ihr noch etwas finden und kaufen könnt.« Das ist ein für dortige Verhältnisse und patriarchalische Gesellschaftsstrukturen, für damalige Zeiten und vor allem für Frauen recht ungewohnter Ton!

Impuls Wie ist das bei Ihnen? Kennen und nutzen Sie bereits das konstruktive Nein? Oder sagen Sie sehr leicht Ja, wenn Sie Nein sagen möchten oder müssten?[31] Welche Modelle und Vorbilder hatten Sie daheim in Ihrer Herkunftsfamilie? Oder gab es für das Nein-Sagen vielleicht gar keine?

Sind Sie so erzogen worden, dass ein Nein als etwas Ungebührliches galt? Das Nein klingt in der Geschichte ja beinahe egoistisch, ist jedoch ganz im Sinne einer Sorgfalt mit sich selbst zu verstehen, die folgerichtig dem anderen notwendige Grenzen setzt: »Ich kann dir nicht immer etwas geben. Es gibt Fälle, wo ich Nein sagen muss.«

Lesen Sie es eventuell am Anfang dieses Kapitels oder in der Bibel selbst ruhig noch einmal nach, wenn Sie es fast nicht glauben können, wie selbstbewusst und klar, auch in ihrer Abweisung, diese jungen Frauen hier auftreten, emanzipatorisch und stark: »Nein, wir können euch nichts geben, sonst reicht es für uns und euch nicht.« Sie nennen sogar sich selbst und die eigenen Bedürfnisse *zuerst*! Diese Eigenheit fiel mir selbst erst nach wiederholtem kritischem Durcharbeiten dieses Textes auf. Erzogen wurde ich mit dem Spruch: »Der Esel nennt sich selbst zuerst.« Und man sollte doch in unseren christlichen Kreisen an sich selber immer zuletzt denken ... Nein, diese Frauen machen es anders. Das ist weise. Das ist ein bewusster Umgang mit den eigenen Lebensenergien. Ein wacher, nüchterner Umgang, weil ich weiß: Ich bin nicht unerschöpflich, sondern ich brauche selbst Fürsorge und Vorsorge, die manchmal auch oder gerade ein Nein einschließen.

Elemente konstruktiven Nein-Sagens

Modellhaft entfalten diese Frauen im Text für uns Elemente konstruktiven Nein-Sagens: Gerade bei überforderten, stressgeplagten Menschen spielt immer neu die Frage eine große Rolle: Wie kann ich mein Leben besser steuern mit all den vielen Anforderungen? Was kann ich verändern? Wie geht das? Muss ich vielleicht öfter auch einmal Nein sagen? Wie gelingt das, ohne dass alle Mitmenschen oder Betroffenen nun vor den Kopf gestoßen sind, weil sie das von mir gar nicht gewöhnt sind?

Impulse

1. Können Sie sich klar artikulieren, deutlich machen, was für Sie geht und was nicht, was Sie brauchen und was sich ändern muss in Ihrer Beziehung, Familie, Arbeitswelt, Nachbarschaft und im Freundeskreis? Wie machen Sie das, damit ohne eigene Schuldgefühle und Verletzungen anderer das zum Zuge kommt, was für Sie wichtig und notwendig ist?

2. Falls Ihnen das Aussprechen Ihrer Bedürfnisse, das Nein-Sagen schwer fällt: Beobachten Sie einfach andere, die es können, und studieren Sie genau, wie die das machen. Im Kollegen-, Bekannten- oder Freundeskreis, in Filmen, in der Literatur u.a. Psychologisch nennen wir das »Lernen am Modell«.

Solch ein Modell bieten uns die fünf klugen Brautjungfern: Von ihnen lernen wir, wie konstruktives Nein-Sagen geht, welche *drei Schritte* notwendig und menschlich dazugehören:

1. Die klare Stellungnahme: Im Urtext steht sogar ein doppeltes Nein!
2. Begründung ohne Verteidigung: Was die jungen Frauen sagen, ist logisch, einsehbar, sehr realitätsbezogen: »Sonst reicht es für uns und euch nicht.« Sie sprechen von sich und ihren Bedürfnissen und wagen, sie direkt und konkret auszudrücken.

3. Verständnis zeigen und eine Alternative anbieten, Hilfsvorschlag machen, delegieren, weiter verweisen: Mit der Aufforderung: »Geht doch zu den Händlern und kauft, was ihr braucht«, zeigen die klugen Frauen: Wir sehen euren Bedarf durchaus, ihr seid uns nicht etwa gleichgültig. Wir bieten sogar Hilfe an, indem wir euch sagen, was ihr selbst tun könnt, wo ihr hingehen und Hilfe holen könnt. – Im Alltag heute kann das beispielsweise so aussehen:

- Heute kann ich nicht (vorbeikommen, dabei sein, helfen ...), aber nächsten Mittwoch beispielsweise oder übermorgen, wie sieht es da aus? Das geht bei mir.
- Ich kann nicht den ganzen ..., aber die Hälfte oder einen Teil bin ich bereit zu übernehmen.
- Ich selbst kann zwar nicht, aber frage doch mal den ... oder die ...
- Fachleute einbeziehen, wenn ich nicht weiterhelfen kann und nicht genügend Bescheid weiß, um mich nicht zu überfordern. Den Hinweis geben: Da gibt es Beratungsstellen (für Schuldner, für Rechtsfragen, für Sucht-, Erziehungs-, Ehe- oder Lebensprobleme) oder hole dir genaue Informationen bei einem Anwalt, Facharzt, Psychologen. Hast du schon einmal an Coaching, Supervision, Therapie oder Seelsorge gedacht?

Impuls Welche Ideen kommen Ihnen über das Dargestellte hinaus, wie man übt, etwas zu verweigern, ohne zu verletzen? Wie schafft man es, dem anderen einen »Puffer« anzubieten. Die Beispiele sprachen von terminlichem Verschieben, Alternativen Vorschlagen, Portionieren, Delegieren. Was gibt es noch? Zum Beispiel: Terminieren, Begrenzen, Modifizieren. Wenn etwas so nicht geht, wie könnte es anders gehen? Sprechen Sie mit Partnern, Freunden, Gruppen darüber und sammeln Sie Möglichkeiten!

Wozu dient das konstruktive Nein? Es verhilft diesen klugen Frauen dazu, dass sie beim Fest dabei sein können. Denn es geht ja um ein Fest! Und die Geschichte will uns dazu hinführen, dass wir ebenfalls bei der Hochzeitsfeier dabei sein können. Unser Leben könnte selbst ein Fest werden ... wenn wir sorgsam mit uns umgehen. Heilend könnte sich das auswirken auf unser Leben, wenn wir klug, schlau und weise werden durch diese Frauen, die uns sozusagen beraten in dieser Geschichte, damit unser Leben gelingt, damit es eine Hoch-Zeit wird, auch für uns – im Bild des Textes ausgedrückt. Darum verstehe ich diese Erzählung als Heilungsgeschichte!

Noch Zweifel?

Doch da ist noch der Schluss der Geschichte. Lässt er in Ihnen Zweifel aufkommen, ob wir in der dargestellten Weise die Geschichte auch wirklich richtig verstanden haben? In Religionsunterricht und Lehrbüchern, in Predigten und Auslegungen wurde ja – wie eingangs erwähnt – als Kernaussage meist die Wachsamkeit herausgearbeitet oder, unter Verweis auf den Schluss, die Gefährdetheit des Heils. Übersehen und ignoriert wird dabei meist das gewaltige Nein (in manchen Bibel- und Kommentarübersetzungen fehlt es übrigens sogar ganz; so sehr prägen, dies sei nebenbei psychologisch angemerkt, eigene Moraleinstellungen und Voreingenommenheiten auch die Exegese). Gegen den Hinweis auf den warnenden, fast drohenden Schluss der Geschichte wenden Exegeten allerdings ein, der stamme gar nicht von Matthäus selbst. Der letzte Satz ist, wie oben bereits erwähnt, ein Zitat aus seiner Vorlage, dem Markusevangelium, und ein von ihm besonders geliebter Satz, den er im Umfeld unserer Geschichte noch zweimal wiederholt. Wir dürfen also davon ausgehen, dass mit Vers 12 das traditionelle Ende des Gleichnisses vorliegt und Vers 13 gar nicht ursprünglich zur Geschichte gehörte und somit gar nicht das Entscheidende in ihr bieten kann, da ohnehin alle gleichermaßen eingeschlafen und folglich nicht besonders wachsam waren. Der *alles entscheidende Unterschied* bestand im Bereithalten eines Vorrats, eines Kruges zum Nachfüllen. Darauf allein kam es an. Ohne konkrete inhaltliche Angabe, was (übertragen) mit dem Öl gemeint sein könnte. Das heißt, es geht um das *Dass* von Nachschub und nicht um das *Was*. Nicht der Inhalt, sondern die Tatsache der Vorsorge zählen, also die Struktur der Selbstfürsorge.

Aber wieso dann solch ein dramatischer Erzählschluss? Wieso dieser heftige Paukenschlag: Die verschlossene Tür und das unbarmherzige »Ich kenne euch nicht« des Bräutigams? Für unsere empfindlichen Ohren wahrlich sehr erschreckend und ungewohnt, dass da am Ende so eine barsche Abweisung kommt. An dieser Stelle entdecke ich immer wieder, wie wichtig es ist, dass wir diese Texte und Geschichten auch dem historischen und kulturellen Raum zuordnen, in dem sie tatsächlich entstanden sind: Das hier ist eine orientalische Geschichte und sie ist in Palästina entstanden. Die Menschen dort reden etwas drastischer, weitaus blutvoller als wir. Sie reden oft viel kerniger und legen die Worte nicht immer auf die Goldwaage, wie philosophisch gebildete, moderne Deutsche das wohl praktizieren. Hierzulande würde es am Ende der Geschichte vielleicht heißen: »Sorge wirklich dafür, dass du dabei sein kannst. Setze alles daran und achte sorgsam darauf, dass dein Leben jetzt schon als Hochzeit gelingt!« Nüchtern und klar. Aber in der dortigen Sprache wird das bilderreich und drastisch formuliert. Ich weiß von einem Pfarrer, der in Palästina gelebt hat und dort von einer Familie eingeladen wurde. Als freundliche Begrüßung wurde ihm dreierlei gesagt: »Zünde mein Haus an! Schlachte und iss meine Kinder! Schlafe mit meiner Frau!« Tja – das ist viel, in der Tat! Stellen Sie sich aber vor, dieser Besucher wäre nun hingegangen und hätte versucht, das Haus anzuzünden oder das Küchenmesser zu holen oder sich an die Frau heranzumachen ... Dann hätte mit Sicherheit der Gastgeber heftigst entgegnet: »Nein, halt! Was machst du da? Das habe ich nie gesagt.« »Doch, doch, das hast du gesagt«, würde der Besucher zu Recht dagegen halten. »Ja, aber das habe ich doch nicht gemeint!« Aha – nicht so gemeint: Er sagt sehr drastische Dinge und meint damit nur – auf gut Deutsch gesagt: »Fühl dich bitte wie zu Hause!« Aber in der orientalischen Sprache wird das anders ausgedrückt.[32] So ist meiner Überzeugung nach auch das Ende dieser Geschichte zu verstehen, wenn dann die zu spät Gekommenen hören müssen: »Ich kenne euch nicht.« Ich denke, das ist ein typischer Fall dafür, dass Orientalen anders sprechen. Dass sie damit hier nur sagen wollen: »Es ist ernst gemeint. Du sollst doch beim Fest des Lebens dabei sein können. Setze alles daran! Und deswegen musst du Vorsorge treffen für deinen Nachschub.«

Impuls Verinnerlichen, singen und meditieren Sie das folgende Lied: »Unser Leben sei ein Fest, Jesu Geist in unserer Mitte, Jesu Werk in unseren Händen, Jesu Geist in unseren Werken. Unser Leben sei ein Fest an diesem Morgen (Abend) und jedem Tag.[33]

Den Blick weiten über uns hinaus

Nun haben wir also in der Gesamtbetrachtung das Ziel und den Kern dieser »Heilungsgeschichte« erkannt und herausgearbeitet: Es geht darum, die Lebensklugheit zu pflegen und in weiser Voraussicht zu handeln und mit uns selbst umzugehen. In diesem Sinne sind wir alle aufgefordert, selbst auch heute »kluge Jungfrauen« zu werden. Ganz persönlich, ganz individuell und lebenspraktisch. Damit sind wir jetzt ganz bei uns hier angekommen, reflektieren das eigene Leben und fühlen uns wohl auch gestärkt. Wie wäre es aber, wenn wir nun nicht nur bei uns selbst stehen bleiben, sondern diese Gedanken noch weiterführen und ausweiten würden: Zum Leben gehören ja auch andere Beziehungen neben der zu uns selbst und unserem Energiehaushalt: partnerschaftliche, gesellschaftliche, auch wirtschaftliche und ökologische. Ein Beziehungssystem, in das wir eingebunden sind, ob wir es wollen oder nicht! Da wir ja in all diesen Beziehungen leben und Verantwortung tragen und auch da – wie die Jungfrauen – vorausschauend handeln lernen müssen, schauen wir nun das Ganze noch einmal von einer anderen Perspektive an. Ich möchte zum Abschluss auch diese »Präventions- und Heilungsgeschichte« noch in einen erweiterten Kontext oder Rahmen hineinstellen, wie wir das schon bei der Blindenheilung geübt haben: in einen Kontext, der die Gemeinschaft unserer Gesellschaft, die Heilung der Natur und die gesamte Schöpfung ebenso mit umfasst und mit einschließt. Wenn es nämlich gelänge, die Impulse dieser Geschichte im persönlichen Leben wie auch in Gesellschaft, Forschung, Ökologie und Ökonomie aufzunehmen und umzusetzen, würde eine Geschichte vieler Wunder daraus erwachsen ...

Vorausschauend handeln heißt nicht, Entscheidungen nur bestimmt vom Kalkül, ob man damit die nächste Wahl besteht, zu treffen. Vorausschauend handeln bedeutet, dies auch im Sinne der älter werdenden Generation und ebenso der Situation nachfolgender Generationen zu tun. Beispielsweise nicht ständig den Schuldenberg vergrößern, nicht so leben, als würde man denken: nach uns die Sintflut. Die »Oppenheimer-Diskussion« der Nachkriegszeit über die Entstehung und Verantwortbarkeit der Atombombe betrifft ein halbes Jahrhundert später weitere Lebens- und Forschungsbereiche – Stichworte: Gentechnik, Umwelt, Medizin, Bioethik. Dürfen wir alles tun und praktizieren, was wir könn(t)en, was technisch machbar ist? Wo sind die Grenzen?

Heilkraft der Wunder: Es wäre ein Wunder, würden Menschen, Wirtschaftler, Politiker, Verantwortung Tragende in der ganzen Welt diese Geschichte von den klugen Jungfrauen wahrnehmen, aufnehmen und ernst nehmen und sich danach richten. Würden die Menschen diese Geschichte nicht nur hören, sondern auch Täter des Wortes sein (Jakobus 1,22), wäre das ein Segen für viele Menschengenerationen, für viele in »Massen« gemästete und gequälte Tiere und bedrohte Pflanzen, für das Weltklima und den Rohstofferhalt. Muss es immer heißen »wäre« ... ?! Denn nicht nur der Mensch schreit und sehnt sich nach Heilung, sondern auch die Schöpfung, die Natur, die ganze Erde. Sie ist ja uns allen anvertraut!

Impuls Betrachten Sie einmal sorgsam auch diese weltweite, ökologische Perspektive unseres Themas: einen vorausschauenden, fürsorglichen Umgang mit der gesamten Schöpfung, den Gaben der Natur. Auch hier vorausschauend handeln zu lernen und nicht nur an das Hier und Heute zu denken, wäre die richtige Politik!

Hieße das nicht, dass wir nicht weiter machen *dürfen* mit der Verseuchung der Meere und der Luft, der Ausbeutung von Ressourcen und dem Missbrauch der Wälder wie einen Selbstbedienungsladen? Oder glauben Sie, man könne tatsächlich langfristig (!) vorausschauend und fürsorglich (!) handeln und gleichzeitig Atombomben abwerfen, durch Projekte wie »Orange« vietnamesische Wälder per Gift nachhaltig entlauben und Menschen jahrzehntelang schädigen oder in den Industrieländern verbotene Medikamente und Chemikalien/Spritzmittel an Länder und Menschen in der so genannten Dritten Welt liefern? Soll es so weitergehen mit dem Auseinanderdriften der reichen und der armen Länder? Dass die armen Länder die Absatzmärkte sind für unseren Problem- und Giftmüll? Vorausschauend handeln! Verklappung von Giftmüll im Ozean, uralte Öltanker auf den Weltmeeren herummanövrieren lassen, bis sie irgendwo auflaufen oder mit anderen zusammenstoßen ... ?

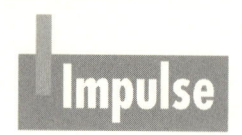

Impulse 1. Bitte stellen Sie sich selbst diese/n Fragen und interessieren Sie andere dafür, konfrontieren Sie damit und eruieren Sie in Gruppen, bei Kolleginnen, Bekannten und Freunden, wie diese mit diesen Fragen umgehen. Nur durchs Üben werden aus dummen kluge »Jungfrauen« – im konkreten Leben!

2. Was werden Sie an einzelnen Schritten tun – als Praxis vorausschauenden Handelns? Dass Partnerschaft sich verändert, wenn Kinder dazukommen oder wenn die Kinder aus dem Haus gehen, wenn man selbst oder der/die Partner/in keine Arbeit mehr hat oder in den Ruhestand geht – all das lässt sich voraussehen und vorbereiten. Sind Sie auf Übergänge in andere Positionen, Rollen, Aufgaben, aber auch das Älterwerden oder das Schwinden von Kräften vorbereitet? Wie werden Sie sich und Ihre Lieben rechtzeitig damit vertraut machen? Auch darin drückt sich »Klugheit« aus, *rechtzeitig* das Umfeld, Mitmenschen im familiären Kreis einzuweisen und einzuweihen in manches, vorausdenkend für Zeiten, wenn man nicht mehr so kann oder wenn man gar nicht mehr lebt ... Ganz konkret gehört dazu auch das Verfassen eines Testaments. Haben Sie schon eines? Egal wie jung Sie sind: Die Tatsache Ihres Ablebens irgendwann ist »todsicher«. Auch das einrechnen! Und selbst das letzte Abschiednehmen, das Sterben, lässt sich in kleinen Dosen üben. Wo können Sie heute in weiser Voraussicht loslassen üben?

Im ganz Großen wie im Kleinen und in ganz konkreten Taten kann sich diese zu gewinnende und zu übende Qualität der »Klugen« als wirksam erweisen. Damit man nicht eines Tages – wie in der Geschichte – plötzlich aufwacht und erschrickt, zu einem Zeitpunkt, wo es dann in der Tat leider zu spät ist.

Ich wünsche uns, mir und Ihnen, dass wir Wege finden, heute schon das Leben als Fest zu genießen und beim Fest des Lebens mit dabei zu sein. Und dass wir die dafür notwendige heilsame Selbstfürsorge und Selbstvorsorge lernen, einschließlich vorausschauenden Handelns in allen Beziehungen und für die Schöpfung. Denn es geht ja darum, dass schon jetzt unser Leben ein Fest ist und wir leuchten und strahlen können – und nicht etwa ausbrennen ... Ich wünsche Ihnen diese Klugheit, diese Weisheit und dass Sie sich immer neu füllen lassen können und neue Kraft finden von der Quelle des Lebens her. Machen Sie sich mit der Klugheit und Weisheit dieser Jungfrauen auf den Weg.

Ein eigener Mensch werden

Die Auferweckung der Tochter des Jairus

(Markus 5,21–24.35–43)

Die Geschichte, die wir jetzt betrachten wollen, ist eine ganz eigenartige Heilungsgeschichte: Die Auferweckung der Tochter des Jairus. Eigenartig ist sie deswegen, weil es sich da um eine Geschichte handelt, die mit einer Unterbrechung überliefert ist. Und diese Unterbrechung könnte auch etwas ganz Wichtiges bedeuten. Wir machen es wieder so, dass wir zunächst den Text anschauen und dann überlegen, was das für unser eigenes Leben zu sagen haben kann, was das psychologisch bedeutet und wie das für unseren Lebensalltag sprechen kann.

Da heißt es also: Jesus war mit vielen Leuten zusammen, und »während er noch am See war , kam ein Synagogenvorsteher namens Jairus zu ihm. Als er Jesus sah, fiel er ihm zu Füßen und flehte ihn um Hilfe an. Er sagte: Meine kleine Tochter liegt im Sterben. Komm und lege ihr die Hände auf, damit sie wieder gesund wird und am Leben bleibt. Da ging Jesus mit ihm. Und viele Menschen folgten ihm und drängten sich um ihn. Darunter war eine Frau, die schon zwölf Jahre an Blutungen litt«

(Markus 5,21–25). Und jetzt kommt auf einmal *mittendrin* eine ganz andere Heilungsgeschichte. Das ist ganz eigenartig, weil wir solch eine unterbrochene Geschichte im Neuen Testament sonst nicht haben.[34] Folglich habe ich angefangen, darüber nachzudenken: Was kann das denn bedeuten? Als die Geschichte in Vers 35 weitergeht, heißt es nämlich: Während Jesus noch mit der eben geheilten Frau redete, kamen Leute, die zum Haus des Synagogenvorstehers gehörten, und sagten zu Jairus, dem Vater, der da um Hilfe gefleht hat: »Deine Tochter ist gestorben. Warum bemühst du den Meister noch länger?« Soll heißen: Jetzt ist es zu spät.

Warum lässt Jesus das Mädchen sterben?

Ich finde es in der Tat eigenartig, dass Jesus sich hat aufhalten lassen. Er wusste: Da ist ein sterbenskranker Mensch. Er macht sich auf den Weg dorthin, unterwegs wird er aufgehalten und er *lässt* sich auch aufhalten. Das ist doch, wie wenn man einen Krankenwagen aufhält, der da mit Blaulicht und Martinshorn dahergebraust kommt. Und dadurch, dass Jesus sich aufhalten lässt und dass da erst noch ein Gespräch und eine Heilung stattfinden, vergeht so viel Zeit, dass darüber dieses Mädchen, um das es hier geht, stirbt. Jetzt könnte man Jesus Vorwürfe machen wollen und denken: Wenn er sich nur ein bisschen mehr beeilt hätte, wäre das nicht passiert! Ich bin auf eine ganz eigenartige Idee gekommen. Ich dachte: Was wäre denn, wenn das alles Jesu wissende *Absicht* wäre? Er lässt sich aufhalten, er lässt es geschehen, dass dieses Mädchen stirbt. Es hat einen tieferen Sinn, dient einer helfenden Absicht.

Sie werden sich jetzt vielleicht wundern. Aber lassen Sie uns darüber nachdenken: Dieses Mädchen ist die Tochter eines Synagogenvorstehers. Heute würden wir sagen, sie ist eine Pfarrerstochter. Ein Synagogenvorsteher ist der Oberste der jüdischen Gemeinde. Dieses »Pfarrerstöchterlein« trägt, wenn Sie genau hinschauen, keinen *eigenen* Namen. Sonst wissen wir in manchen Geschichten auch die Namen der Beteiligten (etwa des blinden Bartimäus). Von diesem Mädchen weiß man nur: Sie ist die Tochter von Jairus, dem Synagogenvorsteher. Wahrscheinlich kennen Sie solche Formulierungen. Da heißt es etwa von jemandem: Das ist die Tochter vom Lehrer. Ich bin in einem Dorf aufgewachsen, und bei mir sagten die Leute immer: »Des is der kla' Pfarrer«, weil es da noch den »großen« Pfarrer gab, meinen Vater. So sagt man oft auf dem Land. Da wird ein Kind durch den Vater definiert. Überlegen Sie, was das heißen kann? Die »Tochter des Jairus« – ein Mädchen, dessen eigener Name nicht genannt, nicht überliefert wird. Sie hatte sicher einen. Ja, war denn der Name so unwichtig? Der Name, das ist im Grunde unsere Identität, unsere unverwechselbare Persönlichkeit, das sind ja eigentlich wir selbst. »Ich habe dich bei deinem Namen gerufen«, heißt es in Jesaja 43,1. Der Name ist extrem wichtig, besonders im Orient. Von diesem Mädchen aber wissen wir keinen. Sie hat hier gar keine eigene Persönlichkeit, keine Identität.

Jetzt können wir ein bisschen weiter überlegen. Da ist dieser Vater, der sehr aktiv ist. Der Vater möchte alles tun für seine kleine Tochter. In der genaueren Übersetzung nach dem Urtext heißt es ausdrücklich, dass er »meine kleine Tochter« sagt. Er nennt sie seine kleine Tochter, obwohl sie zwölf Jahre alt ist, und im Orient wird man mit zwölf Jahren *volljährig*, mündig, heiratsfähig. Eigentlich ist sie bereits eine Frau, die jetzt gerade ins Leben tritt, die an der Schwelle zum Erwachsenwerden steht.

Was kann der Grund dafür sein, dass Jesus hier so langsam ist, dass er es für nötig erachtet, hier noch mit seiner Hilfe zu warten? Wäre es tatsächlich denkbar, dass er weiß: Dieses Mädchen, diese Frau muss erst »sterben«, um wirklich *ein eigenes Leben* zu bekommen? Jetzt werden Sie sich fragen: Was soll das bedeuten? Das gibt es, so wissen wir aus der Familienberatung – ich habe jahrelang als Psychotherapeut in einer Beratungsstelle für Familien-, Ehe- und Lebensfragen, Erziehungsberatung gearbeitet –, dass Eltern ihre Kinder gern ganz besonders gut behüten möchten. Sie möchten gern alles für sie tun und bemühen sich sehr um ihre Kinder. Sie möchten vielleicht mehr tun, als geht und als für die Heranwachsenden förderlich und bekömmlich ist. Kennen Sie den Ausdruck von der »Affenliebe« oder einer »Liebe, die fast erstickt«, die fast zu viel ist? Es gibt die Möglichkeit einer (zu sehr) festhaltenden Liebe, und manchmal ist es sehr schwer für Eltern, ihre Kinder loszulassen, sie damit aber wirklich dem Leben zu geben.

Impuls Haben Sie selbst so etwas schon erlebt: »zu viel« Liebe, besitzergreifende, bestimmende, geradezu erdrückende Liebe? Bei wem? Bei Vater oder Mutter, Großeltern, Tante oder Onkel, bei Geschwistern, bei einem Freund, einer Freundin, dem Partner, der Partnerin? Wie dagegen sieht frei gebende, gewähren lassende Liebe aus? Können Sie (als Eltern) sie leben und geben? Oder tun Sie sich schwer mit dem Gewähren- und Loslassen?

Lebensnotwendige Trennungen

Eigentlich geht der Weg ins Leben immer durch Trennungen. Schon beim allerersten Weg ins Leben, aus einem Mutterschoß heraus, wenn wir das »Licht der Welt erblicken«, da ist es lebenswichtig und notwendig, dass die ständig ernährende Nabelschnur durchgeschnitten wird, dass eine Trennung geschieht und dieser neue, eigene Organismus sich selbst weiterentwickelt: Lebensgewinn durch Trennung. Psychologisch ist es ganz wichtig, dass kleine Kinder, wenn sie sich gesund entwickeln, lernen, auch immer wieder die Trennung zu markieren: Nein, ich will nicht! Wir nennen das das »Trotzalter« und es ist mitunter schwierig für die Erziehenden, damit zurechtzukommen.

Für das kleine Kind aber ist dieser Trotz lebensnotwendig. Ich nenne das gerne »seelisches Muskeltraining«. Es geht darum, klar zu machen: »Wenn du so denkst – ich denke ganz anders«, es geht darum, Nein sagen zu lernen. Das muss geübt werden. Es gibt noch eine zweite Chance in der Pubertät, in den »Flegeljahren«, irgendwann in den Teenagerjahren. Da geht es wieder um Trennungen, und schließlich geht es auch um eine endgültige Trennung, wenn die Kinder aus dem »Nest« gehen. Das sind wichtige Schnitte und Schritte für die Heranwachsenden. Gut, wenn Eltern es ihnen leicht machen, ins Leben zu gehen, eigene Wege zu gehen, Dinge zu tun, zu probieren und zu wagen, die den Eltern vielleicht gar nicht gefallen. »Du darfst deinen eigenen Weg finden« ist das Wichtigste für Kinder und Jugendliche. Dass wir sie liebevoll begleiten und dass wir ihnen die Türen hinten offen halten, ist sehr wichtig. Aber auch die Türen aufmachen, damit sie gehen können. In den weisen Worten von Khalil Gibran finden wir das so ausgedrückt:[35]

Deine Kinder

Deine Kinder sind nicht deine Kinder.
Sie kommen durch dich, aber nicht von dir,
und obwohl sie bei dir sind, gehören sie dir nicht.

Du kannst ihnen deine Liebe geben,
aber nicht deine Gedanken,
denn sie haben ihre eigenen Gedanken.

Du kannst ihrem Körper ein Heim geben,
aber nicht ihrer Seele,
denn ihre Seele wohnt im Haus von morgen,
das du nicht besuchen kannst,
nicht einmal in deinen Träumen.

Du kannst versuchen,
ihnen gleich zu sein,
aber suche nicht, sie dir gleich zu machen.
Denn das Leben geht nicht rückwärts
und verweilt nicht beim Gestern.

Du bist der Bogen, von dem Deine Kinder
als lebende Pfeile ausgeschickt werden.
Lass deine Bogenrundung
in der Hand des Schützen Freude bedeuten.

Ich hatte in der Beratungsstelle einen Eheberatungsfall, da bekam ich erzählt, dass der Mann nach 30-jähriger Ehe jeden Abend, wenn er von der Arbeit nach Hause kam, immer als Erstes zu seiner Mutter ging und dann erst zu seiner Frau. Sie lachen, wenn Sie das lesen? Da ist vielleicht auch eine Trennung nicht klar genug geschehen. Jedenfalls hat die Frau dieses Mannes sehr darunter gelitten. Sie flüchtete sich in eine Sucht. Die Bibel sagt sehr klar: »Darum wird ein Mann Vater und Mutter verlassen und die beiden werden zusammen sein und ein Fleisch sein.« (Genesis/1. Mose 2,24). Die Elternbande werden gekappt. Dadurch wird man ein eigener Mensch.

Eine heilsame Katastrophe

Mag sein, dass ein solches Wissen im Hintergrund wirksam ist, dass Jesus erspürt hat: Dieser Mann, dieser Vater ist so überbehütend, so überbesorgt, dass Jesus nun etwas dehnen muss, dass Zeit verstreichen muss, damit – ich sage es jetzt so, wie es berichtet ist – noch Raum wird für die Katastrophe. Es gibt heilsame Katastrophen. Es kann geschehen, das haben Sie sicher auch schon erlebt oder beobachtet, dass Dinge oder dass Einstellungen *in uns* sterben müssen, dass wir Hoffnungen, Lebenskonzepten oder Überzeugungen den Abschied geben müssen, gemäß jenem alten Spruch: »Stirb und werde!« In der symbolischen Sprache unserer Feste im Jahreskreis[36] fällt auf, dass da ein Weg, ein Prozess ist: Vor Ostern kommt Karfreitag – das Sterben und Abschiednehmen, Beenden, und Karsamstag – das Loslassen, Hergeben und Begraben. Das ist wichtig. Im Leben kann oft etwas Neues *nur* werden, wenn wir etwas begraben haben, wenn wir irgendeine feste Forderung losgelassen haben. Vielleicht kennen Sie das auch: Man möchte so gern an einem Menschen etwas ändern, woran man sich immer wieder stört, aber trotz aller Bemühungen und Bitten ändert sich nichts. Und auf einmal, wenn ich aufgebe und sage: »Naja, gut, dann bist du eben so, wir müssen schauen, wie wir zurechtkommen«, verändert sich doch etwas. Durch das Loslassen kann etwas ganz Neues geschehen, ein neues Verstehen, vielleicht sogar eine Wandlung bei einem selbst oder beim anderen. In der Gestaltpsychotherapie nennt man das das »therapeutische Paradox«: aufgeben, zulassen, annehmen – und dadurch ändert es sich. Oder kennen Sie es sogar von sich selbst, dass Sie an sich manches nicht mögen und es auf Gedeih und Verderb verändern möchten? Es lässt sich so schwer erzwingen. Und wir wissen – das ist Weisheitsgut auf der ganzen Welt in allen Kulturen, wo Menschen sich ehrlich mit dem Inneren beschäftigt haben –, dass nur dann, wenn wir uns lösen, wenn wir loslassen, ein Verwandlungsprozess einsetzen kann. Und solange wir fordern und es erzwingen wollen, vielleicht mit Gewalt, geht nichts.

Impulse
1. Haben Sie solche Erfahrungen gemacht? Oder fragen Sie doch einmal andere, wer so etwas kennt, von sich selbst, dem Partner/der Partnerin, Kindern oder Eltern: Wenn jemand aufhört, Veränderung erzwingen zu wollen, kann sich Veränderung ereignen, geschehen, wie von selbst …

2. Loslassen kann man auch mit einer Atemmeditation üben: Mit dem Einatmen den Satz verbinden: »Ich lasse ein«, mit dem Ausatmen: »Ich lasse sein«; einatmen: »Ich lasse zu«, ausatmen: »Ich lasse los«. Dies immer wiederholend einige Minuten lang üben.

3. Betrachten und diskutieren Sie einmal das Loslassen als eine existenziell notwendige Lebenshaltung das ganze Leben hindurch: Jedes Einschlafen, jedes Durchlaufen einer Entwicklungsstufe, Veränderungen in Beruf, Partnerschaft, gesellschaftliche, technische und kulturelle Entwicklung, all das beinhaltet immer auch ein Loslassen. Auch Älterwerden bedeutet Loslassen von oft lieb gewordenen Gewohnheiten, Plänen, Zielen, Möglichkeiten und Kräften. Können Sie es so als eine Grundgegebenheit jeglicher Existenz annehmen und einüben?

So kam ich auf den Gedanken, dass es sein könnte, dass es für diese junge Frau oder dieses Mädchens an der Schwelle zum Erwachsenenleben, für ihr Leben, nötig sein kann, dass sie vom Vater tatsächlich losgelassen wird. Hier in dieser Geschichte ist es so formuliert, dass sie stirbt und dass der Vater ganz verzweifelt einsehen muss: »Ich kann auch nichts mehr tun.« Dies jedenfalls wird uns dadurch nahe gelegt, dass die Geschichte in zwei Teile zerrissen ist, dass es eine Zwischengeschichte gibt und dass Jesus dadurch schließlich zu spät kommt. Das Mädchen ist tot. Psychologisch gesehen ist es »für ihn« jetzt gestorben ist. Dadurch, dass er begreifen muss: »Ich muss hergeben, ich muss sie hergeben«, könnte in ihm selbst auch ein ganz wesentlicher Schritt passieren, indem er sie *lässt*, sodass sie nun tatsächlich neu leben, selbst leben kann.

Jesus jedenfalls geht spät, zu spät dorthin (Vers 35ff). Zwischenzeitlich haben die Leute den Vater informiert: »Deine Tochter ist gestorben. Was bemühst du ihn noch länger?« Doch Jesus sagt zu ihm: »Sei ohne Furcht. Vertraue nur.« Er solle die Hoffnung nicht aufgeben. Jesus geht ins Haus, schimpft noch mit den Leuten, die klagen und weinen, weil sie gestorben ist, und sagt: »Sie schläft nur.« Da lachen ihn die Leute aus. So der Inhalt der Verse 35–40.

Moment mal: Was geht hier eigentlich vor? Die Leute klagen: Das Kind ist tot. Jesus sagt: Es schläft nur. Sie lachen ihn aus. Er treibt sie hinaus – so heißt es im nächsten Satz (Vers 40). Wie kann er das sagen: »Sie schläft nur?« Welch ein Satz! Wo unsere Hoffnung, unsere Weisheit, unsere Möglichkeiten am Ende sind, wo alles aussichtslos und endgültig erscheint, tritt eine Instanz auf, die beruhigend sagt: Keine Sorge, das geht vorüber. Das ist nicht das Ende.

Leben sehen, wo der Tod grinst

Welche Zuversicht, Hoffnungsmacht, welche Glaubenskraft, Kraft des Vertrauens spricht aus diesen Worten: »Sie schläft nur.« Was für eine Instanz, eine Wundermacht, die dort Leben sieht, wo einen nur der Tod angrinst, die dort Hoffnung fühlen lässt, wo uns nur Verlust und Untergang zu drohen scheinen.

Impuls Wir brauchen eine solche Stimme der Hoffnung. Wo ist diese Instanz in unserem Leben? Haben Sie sie je erlebt? Bei wem und wann – und wie? Kennen Sie jemand, der so ist? Haben Sie diese Stimme schon in sich gehört? Sich nicht anstecken lassend von den Tränen, den Sicherheiten und Gewissheiten der anderen: »Es ist eh alles zu spät, keine Chance mehr!«

Jesus verkörpert die Hoffnung, die Stimme der Zuversicht und des Lebens: Eine Instanz spricht hier, die sich von der dusteren Umgebung, ihrer Verzweiflung und Hoffnungslosigkeit nicht infizieren lässt.

> Ich wünsch mir
> diese Kraft im Leben,
> die Licht sieht
> auch in Dunkelheit,
> die Hoffnung spürt,
> auch
> wo es nichts zu hoffen gibt,
> die ruhig bleibt im Sturm
> und voller Ruhe stillend sagt:
> Nein, es ist nicht alles zu spät
> und nichts zu machen.
> Nein, das ist Etappe nur
> auf einem Weg zum Licht,
> auf deinem Weg
> zum großen Leben.

In diese Worte konnte ich an Ostern mein Staunen fassen über die Botschaft von der Auferweckung, der Auferstehung und über die Freiheit dieses Heilers Jesus, der – allen Umständen und allen Umstehenden zum Trotz – zu sagen wagt: Nein, stimmt nicht! Hier ist nichts zu klagen. Es ist nicht aus, »sie schläft nur«. Und der dann handelt – in dieser wundersamen Handlungsfreiheit, die sich nicht durch den »Augenschein« bestimmen und am Hoffen hindern lässt. Er weiß um den »Raum der Möglichkeiten«, wie wir das im Schlusskapitel nennen werden. Denn dann berührt er das Mädchen, er nimmt das Kind an der Hand und sagt zu ihm: »Talitha kumi«, »Mädchen, junge Frau, stehe auf!« (Vers 41). Es ist interessant, dass im griechischen Bibeltext bei solch entscheidenden Situationen oft plötzlich die Muttersprache Jesu, das Aramäische, verwendet wird. Da stehen sogar in der deutschen Bibelübersetzung noch die aramäische Worte. Wir finden dieses Phänomen beispielsweise auch, als Jesus bei der Heilung eines gehörlosen Stummen ein

Wort sagt. Da ist es wiederum ein aramäisches, ein Muttersprachenwort: »Hephata, öffne dich.« Jesus spricht hier die vertrauteste Sprache dieser Menschen, nicht eine Hochsprache, sondern die Sprache, mit der wir als Kinder aufgewachsen sind. Dieser Tonfall, diese Wortwahl, das ist unserem Herzen näher.

»Steh auf«, sagt er zu dem Mädchen. Erinnern Sie sich: Das ist wie das »Steh auf« bei dem Gelähmten, wie das »Streck deine Hand aus« bei dem Mann mit der verdorrten Hand: Bei diesem Weg der Heilung muss man auch mitmachen, selbst etwas tun.

Impulse

1. Was bewirkt diese Einsicht in Ihrem Handeln: Jesus weckt das Mädchen auf – aufstehen muss sie selbst. Jesus sagt zum Gelähmten: Steh auf – sich aufrichten muss er selbst. Jesus ruft – dazu mehr im nächsten Kapitel – dem toten Lazarus zu: Komm –. Rauskommen muss er selbst. Aufstehen und sich aufrichten, umhergehen und leben müssen Sie selbst ...

2. Jesus kann nur wecken, wachrütteln, Bewusstsein wecken – so auch *wir* heute: Jesus befahl seinen Nachfolger/innen (Matthäus 10,8): Weckt Tote auf – mitten im Leben: Gefühle wecken, Hoffnung, Sehnsucht wecken ... Wenn Sehnsucht da ist, ist schon wieder Leben da. Es ist der Anfang eines neuen Weges ...

Das Kind in uns

Aber ich möchte das Geschehen mit Ihnen noch eine Schicht tiefer anschauen. Da ist also ein Mädchen gestorben. Es könnte ja passieren, dass Sie jetzt sagen: Ja, wir lesen hier eine Geschichte von einem irgendwann – lang ist es her – gestorbenen Mädchen, das Jesus auferweckt hat. Es ist wunderbar, dass Jesus so etwas kann. Wir hören in vielen Wundergeschichten, dass Jesus wunderbare Dinge kann. »Gepriesen sei er«, könnten Sie sagen. Aber dann ist es womöglich immer noch weit weg von uns, denn es sind ja nicht wir. »Der Herr ist groß«, aber wo ist es in meinem Leben? Und ich möchte mit Ihnen überlegen, ob es sein kann, dass wir *in uns* so etwas auch kennen. Kann es, wenn Sie eine Frau sind, sein, dass Sie auch ein kleines Mädchen haben, da innen drin? Die kleine Christine oder Melanie, die kleine Paula, die Sie mal waren – oder wie heißen oder hießen Sie? – Und dass Sie dieses kleine Mädchen noch immer in sich haben, das innere Kind? Aber die Männer denken jetzt bitte nicht, das hätten nur die Frauen! Man spricht umgangssprachlich ja insbesondere vom »Kind im Manne«. Also, Männer haben das auch, einen kleinen Helmut, Peter oder Alexander ... Aber vielleicht haben wir es manchmal vergessen. Wenn man umgangssprachlich vom »Kind im Manne« spricht, dann ist es eigenartig, dass man dergleichen von den Frauen gar nicht sagt. Die müssen wohl immer schon erwachsen sein. Dürfen nur die Männer immer noch ein »Kind« in sich haben? Oder wie ist das überhaupt?

Impuls Schütteln Sie jetzt innerlich den Kopf, weil Sie denken: Was meint der Autor denn jetzt da? Er redet von einem »Kind in mir«, von einem »inneren Kind«. Ich bin doch jetzt schon 30, 40, 60 oder 75. Ja, spüren Sie es noch oder spüren Sie es nicht mehr? Was möchte, ersehnt, braucht Ihre innere »Kindseite«? Was haben Sie als Kind und Jugendliche/r gern getan? Worin konnten Sie aufgehen, sich verlieren, glücklich sein? Ist dafür im heutigen Leben noch Gelegenheit? Oder wie könnten Sie dem Raum schaffen?

Ich habe vor Jahren, als ich über Weihnachten geschrieben habe[37], ausgedrückt, dass ich es für möglich halte, dass die Beliebtheit von Weihnachten in unserer Welt, wo viele Menschen eigentlich nichts mehr mit dem theologisch-geistlichen Inhalt von Weihnachten zu tun haben, zum Teil mit daran liegt, dass hier unsere sonst oft vergessene, verdrängte, vernachlässigte Kindlichkeit wieder aufleben und sich rühren darf.

Vielen Menschen unserer Wohlstandsgesellschaft ist es gar nicht mehr so wichtig, wer dieser Jesus ist, der da geboren wurde. Aber Weihnachten feiern sie alle, auch in atheistischen Gesellschaften wird dieses Fest groß gefeiert. In der ehemaligen DDR, wo man weithin auch versucht hat, den Glauben mit Stumpf und Stiel auszurotten, wurde dennoch immer und innig Weihnachten gefeiert. Was ist es, habe ich vor Jahren überlegt, was uns da so anspricht? Gibt diese Zeit von Weihnachten vielleicht dem missachteten, geschlagenen, getretenen, fast verhungerten Kind in uns endlich die Gelegenheit, mal Luft zu schnappen, mal zu fühlen, aufzuleben und zu zeigen: »Ich bin auch noch da.« Das eingesperrte, vernachlässigte Kind, das in jedem von uns lebt, von dem wir bloß immer so tun müssen, als sei es nicht mehr da. Weil wir uns groß, erwachsen, vernünftig und sachlich benehmen müssen. »Du bist doch jetzt schon ein großes Mädchen/ein großer Bub. Jetzt sei doch vernünftig. Du bist doch nicht mehr so wie dein kleiner Bruder.« Und so haben wir den Verstand hoch entwickelt, haben uns hochgetrimmt, sind seelisch vielleicht sehr bald oder viel zu früh auf den Zehenspitzen gelaufen. Vielleicht haben wir dieses Kind oft überfordert, weil wir eigentlich nur dieses kindliche Leben hätten bestehen sollen oder müssen, aber schnell davon weg mussten (Schule; »erst die Arbeit, dann das Spiel«). Manche mussten zu Hause viel helfen, weil die Not groß war, weil Notzeit und deshalb kein Platz und kein Spielraum war für diese Kindlichkeit. Da fängt es an, dass unsere »inneren« Kinder mundtot gemacht werden. Mundtot, wenn die Stimme nicht mehr laut werden darf: »Ich möchte eigentlich nicht ...« Oder gar: »Ich habe keine Lust.« »Das darf man doch so nicht sagen!«, wurde einem dann oft erklärt. Oder die Wahrheit, die Kinder immer so einfach sagen. Kinder sind so klar und unverstellt. Sie sind oft so erschreckend oder erfrischend ehrlich.

Impulse 1. Können Sie noch sein wie ein Kind? Oder haben Sie es verloren? Wann haben Sie das aufgegeben? Wissen Sie noch Situationen, die dazu beigetragen haben? Wo Sie gemaßregelt, überfordert wurden, beschämt in Ihrer Kindlichkeit, verurteilt oder übersehen? Wann haben Sie sich das abgewöhnt und sind dann so »hochgeschossen«? Das nennt man dann »erwachsen«, »vernünftig«. Und vielleicht ist dieses kleine Kind dabei auf der Strecke geblieben ...

2. Was macht Ihrer Ansicht nach das Wesen von Kindern aus? Welche Eigenheiten, Möglichkeiten kennzeichnen sie im Unterschied zu Erwachsenen? Was können, dürfen, tun sie (nicht) im Gegensatz zu uns Erwachsenen?

3. Beschäftigen Sie sich einmal in Gesprächsrunden mit der Kinderfreundlichkeit oder eben oft auch Kinderfeindlichkeit unserer Wohn-, Lebens- und Arbeitswelt. Könnte das ein Spiegel unseres innerseelischen Umgangs mit Kreativität, Verspieltheit, Lebenslust und »Kindlichkeit« sein? Kritische Bestandsaufnahme unserer Gesellschaftssituation!

Wir haben sie uns oft abgewöhnen müssen, diese verspielte, kindliche, weiche, spontane Seite. Und in der Psychotherapie merken wir dann, dass da etwas zu kurz gekommen ist. In einer psychotherapeutischen Richtung (der Transaktionsanalyse) spricht man ganz bewusst von dem Kind-Ich, das bei uns da ist und Beachtung braucht, obgleich es nicht dominieren soll. Es geht immer ums Ausgleichen und ein bewusstes, harmonisches Miteinander der verschiedenen Anteile von Erwachsenen-Ich, Eltern-Ich und Kind-Ich. Aber es geht auch um das Nicht-Morden dieser verschiedenen Anteile. Denken Sie daran: Unmittelbar im Anschluss an die Weihnachtserzählung wird eine schaurige Geschichte erzählt. Da verehren alle das Baby, das gerade geboren worden ist: Jesus.

Die Hirten kommen und die Weisen aus dem Osten, und alles dreht sich um dieses Baby, das Kind Jesus. Und gleichzeitig wird berichtet, dass schon die Horden des Herodes unterwegs sind, die alle Jungen unter zwei Jahren töten sollen (Matthäus 2,16–18). Wenn Sie das einmal symbolisch nehmen, dann ist genau dieses unser Leben, dass so oft das Kindliche sehr schnell, sobald es sich regt, verfolgt wird, getötet, unterdrückt oder vergewaltigt wird. Wie Kinderseelen vergewaltigt werden, das haben Sie vielleicht selbst erlebt oder Sie können es beobachten oder beweinen, weil Sie spüren: Da wird so unendlich viel Schmerz und Leid zugefügt.

Es ist bemerkenswert, wie hoch im Gegensatz dazu Jesus die Kinder einschätzt: Als die einmal zu ihm kommen wollen, da stören sie bei vernünftigen Gesprächen. Es waren Männergespräche, Diskussionen zwischen Schriftgelehrten und Pharisäern und den Jüngern und Jesus. Und dazwischen kommen Mütter mit ihren Kindern. Die Männer-Jünger reagieren sofort mit: »Weg da!« Kennen Sie die Geschichte?. Es wäre lohnend, sie einmal nachzulesen. Sie steht in Markus 10,13–16. Haben Sie sich mitunter gefragt: Was ist denn das für eine Gesinnung der Jünger?! Ja, das ist die Gesinnung, deren Opfer vielleicht Ihr inneres Kind auch schon manchmal geworden ist. »Das Kinderzeug da. Diese Hüpferei, das Gelächter und Geschnatter.« Jedenfalls haben diese Jünger gesagt: »Geht weg!« Zitiert wird ja meistens nur Jesu wunderschöner Antwortsatz, aber der Zusammenhang ist wichtig. Der schöne Satz, der dann kommt, heißt: »Lasst die Kindlein zu mir kommen.« Aber verstehen Sie, das ist ein Kampfsatz, das ist eine Auseinandersetzung. Da hat Jesus ordentlich geschimpft, indem er kritisiert: »Lasst sie!« Jetzt mussten die Jünger auf die Seite gehen, den Kinderchen Platz machen. Jesus hat dann die Kinder in die Arme genommen, geherzt und gesegnet und sogar ganz große Sätze gesagt: »Wenn ihr nicht wie Kinder werdet, dann könnt ihr den Himmel nicht bekommen« (Markus

10,15; Matthäus 18,3). Und ich denke, das ist vieldeutig: Da ist nicht nur der Himmel irgendwann einmal gemeint, sondern den »Himmel auf Erden« bekommen wir nur, wenn wir diese Kindlichkeit wiederbekommen.

Bei der Geschichte von der Blindenheilung haben wir gesehen, was geschieht, wenn mir die Augen aufgehen, wenn mir die Augen geöffnet werden und ich die Welt sehen kann, staunend, voller Wunder, wenn ich so überrascht schauen kann wie Kinder: »Oooh!«, wenn ich wieder so vertrauen kann, so schnell vergessen und verzeihen kann wie Kinder. Kann es sein, dass in Ihnen dieses Kind manchmal wimmert, manchmal schreit und dass Sie es oft überhören? Oder hören Sie es? Achten Sie es, Ihr inneres Kind?

... auch in den Träumen ...

Ich arbeite sehr viel mit Menschen über Träume. In Seminaren schauen wir uns Träume an oder auch in Einzelarbeit in Seelsorge und Therapie. Und da erinnere ich mich noch sehr genau an eine Frau – sie war in einem Helferberuf, in einem sozialen Beruf tätig. Sie hat geträumt, dass sie ein kleines Baby am Kragen fasst und zum Fenster hinaushält und dass sie nicht genau weiß, wie lange sie das Baby noch halten kann und wann sie es fallen lässt, weil ihr die Hand zittert. Wir haben gemeinsam ihre Lebensgeschichte dazu befragt und die entsagungsreiche Lebensweise dieser Frau angeschaut. Da war kein Platz für dieses kleine Kind – was auch immer »Kind« hier heißt. Verstehen Sie, das kann ja viel sein: Das ist vielleicht meine Hilflosigkeit, das ist vielleicht meine Kuscheligkeit, das ist meine Sehnsucht nach Zärtlichkeit und Berührung. Oder mein Lustigsein und meine Albernheit oder was auch immer. Sie hatte dieses Kind immer zum Schweigen bringen, abtöten müssen. Ich weiß auch von Menschen, wo das Kind gestorben ist – im Traum. Oder jemand hat im Traum kleine, fast verhungerte

Kinder gesehen. Das sind ernst zu nehmende, eindringliche Hinweise der Seele: »Schau doch mal nach, das gibt es noch, das Kind in dir.« In der Bearbeitung dieser Träume war es uns möglich, genauer hinzuschauen und zu überlegen: Was könnte es denn sein, was mein inneres Kind gern möchte? Wie kann ich mit ihm in Kontakt kommen? Wie kann ich mit ihm sprechen, auf es hören, ihm Signale geben, dass ich jetzt auf es horchen möchte. Ich weiß es nicht genau, ob sich diese erwachsene Frau danach wirklich Zeit genommen hat, Zeit für sich selbst allein, um sich so ganz bewusst kindliche Dinge zu erlauben. Man braucht dafür auch einen Schonraum. Man braucht dafür auch Verständnis, zumindest für sich selbst, damit dieses Kind wieder leben lernen kann.

Impuls Schauen Sie einmal bei sich nach, was Ihr Kind wohl bräuchte. In dieser Geschichte ging es um Berührung. Es war der Wunsch des Vaters, dass Jesus diesem Mädchen die Hände auflege und sie rette, heile. Hände sind wichtig. Überhaupt ist unsere Haut ein Organ, mit dem wir sehr vieles aufnehmen und das sehr viel Sehnsucht hat. Oder welcher Weg fällt Ihnen für Sie selbst ein, wie das Leben Sie wieder erreichen kann?

Den Aufstand wagen

Ich habe bereits erwähnt, dass die Altersangabe von zwölf Jahren für uns noch recht kindlich klingt. In der dortigen Kulturwelt war es jedoch so, dass Jungen und Mädchen mit zwölf oder dreizehn bereits erwachsen wurden. Man nennt das im Judentum die Bar oder Bath Mizwa, den Tag, an dem sie zum Erwachsenwerden gesegnet werden. Jetzt verstehen Sie wahrscheinlich auch, warum eine andere Geschichte »Vom zwölfjährigen Jesus im Tempel« heißt (Lukas 2,

41–52). Jesus ist zwölf und damit volljährig, wie das früher bei uns mit 21 der Fall war und jetzt mit 18. Deswegen wird Jesus in dieser Begebenheit so dargestellt, dass er in ein vollwertiges Gespräch mit den Schriftgelehrten vertieft ist; und deswegen kann er auch zu seinen Eltern sagen: »Wusstet ihr nicht, dass ich hier sein muss?«, als die Mutter mit dem Vorwurf kommt: »Mein Sohn, wir haben dich mit Schmerzen gesucht.« Hören Sie die Vorwurfsfalle und die Schuldgefühle, die sie vielleicht damit zu wecken versucht? Und merken Sie, wie »abgenabelt« dieser Jesus ist? Wie selbstbewusst er zu seiner Mutter mit diesen Worten sagt: Ich gehöre euch doch nicht mehr. Ich bin doch erwachsen. Mein *eigenes* Leben hat begonnen, nicht mehr nach dem Muster, nicht mehr in dem Geleise, wie es von euch für mich gedacht war, sondern ich bin selbst verantwortlich.

Das Mädchen, die Tochter des Jairus, war – so steht da in den letzten Versen – ebenfalls zwölfjährig, also auf dem Weg ins eigene Leben. In diese Selbstbestimmung hinein führt Jesus sie nun. Er sagt zu ihr, nachdem er sie an der Hand gefasst hat, nur den einen Satz: »Talitha kumi, Mädchen, junge Frau, steh auf!«

Impuls Überlegen Sie: Wenn mich die Berührung Jesu erreicht und er zu mir sagen würde: »Steh auf!«, was könnte dieses Aufstehen für mich heißen? Vielleicht auch wirklich bewusst aufstehen von allem, was mich fesselt, was mich bannt, was mich hält, was mich hindern, halten will. Was fesselt und behindert mich in meinem Leben, meinem Alltag, meiner Familie, meinem Beruf, meinen Beziehungen? Was würde das Aufstehen zur Folge haben?

Den Aufstand wagen. Sprachlich kommt ja »Aufstand« von »aufstehen«. Auferstehung hat ebenfalls etwas mit aufstehen zu tun. Aus diesen Verhältnissen, so wie sie sind, aufstehen. Mein eigenes, gerades Kreuz wieder spüren. Es gibt bei Lukas eine Heilungsgeschichte von einer Frau, die achtzehn Jahre lang krumm gehen musste, immer gebückt, immer gebeugt, immer dienernd, immer die Welt von unten sehend. Ihr hat Jesus das Kreuz, den Rücken gestärkt. Er hat sie aufgerichtet, sodass sie aufrecht und aufrichtig stehen und gehen konnte.

»Mädchen, steh auf!« Was kann das heißen in Ihrem Leben? Diese junge Frau, deren Namen wir nicht kennen, wurde so buchstäblich vom Leben berührt, von Jesus, dem Leben, der Lebenskraft schlechthin.

Impuls Wie werden Sie, wann wurden Sie vom Leben, vom vollen, echten, wahren *Leben* berührt? Wo ist das geschehen? Oder geschieht es jetzt? Hier, heute vielleicht? Dass Sie sagen: Mich hat da das Leben berührt. Das Leben, das lebendig macht, sodass ich mein Pochen wieder spüre.

Leben, ich liebe dich!

Ich möchte Ihnen hier eine Übung empfehlen, die ich einmal von Peter Wenzel gelernt habe, der sehr viel von erfülltem Leben, aber auch vom Leid im Leben, von den Nöten und den niederdrückenden Dingen im Leben versteht. Sie besteht in dem Satz: »Leben, ich liebe dich.« Ich habe darüber auch ein Gedicht geschrieben.[38] Es ist eine Liebeserklärung an das Leben:

Leben, ich liebe dich.
Mein Herz schlägt, mein Ohr lauscht,
Gedanken kreisen
in mir und um mich
und um DICH,
die Quelle von allem, was ist.
Ich lebe,
Vögel zwitschern.
Ich atme,
die Luft ist rein, die Atmosphäre klar.
Die Kraft, *die Geistkraft Gottes ist in mir.*
Ich fühle das Leben in allem, was ist.
Im Vogel, im Kind, dem Baum und dem Wind.
Leben, ich liebe dich.

Peter Wenzel empfiehlt, dass man den Satz »Leben, ich liebe dich« regelmäßig für sich selbst sprechen soll, am besten jeden Tag vielleicht zehn- oder zwölfmal. Das ist gewissermaßen eine kleine Aufsteh-Übung, eine Auferstehungsübung.

Impuls Wenn Sie mit sich alleine sind, versuchen Sie bitte diesen Satz in den verschiedensten Nuancen zu sprechen, laut, leise, drängelnd, flehend, liebend, nüchtern ... Deswegen ist es gut, ihn nicht nur einmal, zweimal, dreimal, sondern öfter zu sprechen – mit verschiedener Betonung: Leben, ich *liebe* dich. Leben, ich liebe *dich*. *Leben,* ich liebe dich.

Merken Sie, dass dieser Satz auf vielerlei Weise zu verstehen ist? Er ist eine Liebeserklärung an das Leben und einfach ein wunderschöner Satz, der für jeden Menschen passt. Aber wenn Sie ihn religiös verstehen wollen, dann ist er ein Gebet. Denn Leben, das ist ja zugleich die Quelle des Lebens, das ist die Lebenskraft, das ist Gott in Person. Also – auf welche Weise Sie ihn verstehen, interpretieren und innerlich annehmen können, ist zweitrangig. Sie können ihn immer für sich nehmen. Machen Sie das einmal vier Wochen oder ein Vierteljahr lang. Und Sie werden merken: Sie brauchen nichts zu glauben, aber das bewirkt etwas. Tun Sie es, auch wenn die schweren und die dunklen Tage kommen, dieses »Leben, ich liebe dich!« zu stammeln. Und wenn es Ihnen fast nicht über die Lippen kann, es dann zu weinen. Diese Empfehlung gebe ich an Sie weiter. Experimentieren Sie damit!

Von der Fremdbestimmung zur Selbstbestimmung

»Talitha kumi, Mädchen, steh auf!« Das ist – von unserem jetzigen Verstehen dieses Textes her, wenn wir ihn noch einmal im Rückblick als Ganzes betrachten – geradezu eine Aufforderung zum Aufstand: zum Aufstehen aus der Bindung an die Eltern, insbesondere an den Vater, zum Aufstehen aus der Unmündigkeit, aus der damit verbundenen Unselbstständigkeit, aus dem Gegängelt-Werden, dem Andere-für-mich-entscheiden-Lassen. Dieses Aufstehen ist die Beendigung der Fremdbestimmung und das Entdecken und der Beginn einer selbstbewussten Selbstbestimmung. In dieser Geschichte – wie auch in unserer Lebensgeschichte – geht es oft entschieden darum, dass wir uns selbst zurückerhalten, zurückholen oder uns selbst zurückgegeben werden. Erziehung ist ja weithin ein Prozess, in dem wir von anderen geformt, fast modelliert, bestimmt wurden, ihrem Einfluss ausgesetzt, der Machtausübung von Autoritätspersonen ausgeliefert waren, beinahe so, als ob wir nicht uns selbst, sondern als ob wir denen gehören würden, dem Vater, der Mutter, Großeltern, jenem Onkel, diesem Lehrer oder jenem Pfarrer oder wer auch immer solche Autoritätspersonen für Sie waren. Aufgabe unseres Lebens ist es, uns selbst zurückzuerhalten, wieder uns selbst zu gehören, ein ganz eigener Mensch zu werden.

Impuls Wie weit sind Sie in diesem Prozess, auf dem Weg zur Selbstbestimmung? Gehören und folgen Sie sich selbst? Welchen Autoritäten folgen Sie? Haben Sie Vertraute, mit denen Sie das genau erkunden, eingestehen und Schritte entwickeln können zu mehr Selbstbestimmung, Selbstverantwortung und Eigenständigkeit?

Genau darum ging es in dieser Geschichte. Dieser Vater war überaus engagiert, um seine Tochter wieder lebendig zurückzuerhalten. Er wollte unbedingt, dass Jesus sie heilt und »er« sie dann wieder »hat«. Aber erinnern Sie sich an diesen oben zitierten weisen Ausspruch von Khalil Gibran: »Eure Kinder sind nicht eure Kinder, sie gehören euch nicht, sie sind euch nur geliehen ...« Und so wird dieses Mädchen dem Leben zwar wiedergegeben, aber eben dem *Leben*, seinem *eigenen Leben* und nicht etwa seinem Vater oder seiner Mutter, einer bestimmten Einflusssphäre oder einem bestimmten Familienclan gar. Es »stand auf und ging umher«, heißt es in Vers 42. Frei, lebendig, selbstständig. Aber noch ist damit der Heilungsprozess nicht zu Ende! Zwei weitere wesentliche Punkte spricht Jesus an, aus denen wir für unsere eigene Erfahrung viel zu lernen haben: Erst verbietet er das Weitererzählen und dann verweist er auf die Grundbedürfnisse des Mädchens.

Zuerst Stille, Ruhe, Abgeschiedenheit

»Doch er schärfte ihnen ein, niemand dürfe etwas davon erfahren; dann sagte er, man solle dem Mädchen etwas zu essen geben« (Vers 43). Die erste Anweisung Jesu lautet: Zunächst nichts erzählen, nichts bekannt werden lassen. Denn was dieses »neue Leben« jetzt braucht, ist Stille, Ruhe, Abgeschiedenheit. Nach solch einer tief greifenden Erfahrung, nach solchen im buchstäblichen Sinne revolutionären (umwälzenden) Ereignissen, nach einem solchen Eingriff in das Verhältnis zwischen dieser Tochter und ihrem Vater braucht sie Abstand, braucht sie Zeit, braucht sie Ruhe zum Verarbeiten. Hier geht es schließlich um einen *Neuanfang*, um eine *Neukonzeption* von Leben. Dazu ist Stille nötig, Rückzug, die Möglichkeit allein zu sein. So passt auch dieser letzte Vers zu dem therapeutischen Vorgehen Jesu: Durch sein Verbot sichert er den Neubeginn, den Erfolg.

In der theologischen Forschung wird dieses Schweigegebot seit etwa einem Jahrhundert immer mit einem theologischen Konzept des Markus begründet, mit dem so genannten »Messias-Geheimnis«, dem Geheimnis, das Jesus um sich und seine Sendung gemacht habe und das seine Anhängerschaft erst allmählich begriffen habe.[39] Ich sehe darin jedoch etwas ganz Pragmatisches, etwas der Seele Abgelauschtes, der tiefen Kenntnis von Entwicklung und Seelenentfaltung Entstammendes, dass Jesus an dieser Stelle so spricht: Hier soll niemand von außen eingreifen. Hier muss in Ruhe etwas wachsen können, ein Selbsterkenntnisprozess stattfinden, ein *Selbstwerdungsprozess* sein dürfen – ohne andere, ohne Störung, ohne uns ... Im Inneren dieser Frau ganz allein.

Achtung unserer Bedürfnisse

Dass es hier um therapeutische Maßnahmen im Interesse der seelischen und der körperlichen Bedürfnisse des Mädchens geht, bestätigt meines Erachtens auch der unmittelbar folgende Satz Jesu: Man solle dem Mädchen zu essen geben. Das heißt: Erstrangig war der seelisch-geistige Schutz vor bohrenden Fragen Neugieriger, vor Auseinandersetzungen mit Skeptikern, Zweiflern oder Besserwissern. Die entstehende Eigen-Ständigkeit, das in Entwicklung befindliche Selbstbewusstsein verträgt jetzt noch keine Konfrontation und Öffentlichkeit. Es herrscht Ruhebedürfnis für Seele und Geist. Und: ein Sättigungsbedürfnis für den gesundenden, genesenen Leib. Diese Bedürfnisse leiten Jesu Intervention! Bitte bedenken Sie das für sich in Ihren eigenen Entwicklungsphasen auch.

Die zweite und abschließende therapeutische Anweisung, man solle der jungen Frau etwas zu essen geben, verweist uns auf den Bereich unserer *Grundbedürfnisse*: Essen, Trinken, Schlafen, Bewegung und sexuelle Fortpflanzung sind die elementarsten, grundsätzlichsten Bedürfnisse unseres Lebens. Sie sind im wahrsten Sinne Existenz erhaltend.

Jesus ist der Anwalt unserer Bedürfnisse! Oft wurde von Seiten der Kirche und von Moralaposteln gelehrt, die geistig-seelischen Bedürfnisse seien edler, wertvoller, menschlicher als die körperlichen. Der Leib und seine Stimme wurden oft als niedrig, gefährlich oder gar sündig abgetan. Ganz anders Jesus: Er fragt nach dem Hunger. Er überlegt sich, was die junge Frau wohl jetzt braucht, ganz irdisch, ganz körperlich, ganz konkret.

Impuls Was für Bedürfnisse haben Sie? Schauen Sie ohne zu bewerten einmal genauer hin, trennen und unterscheiden Sie dabei nicht zwischen so genannten edlen und guten bzw. verbotenen und schlechten Bedürfnissen, sondern fragen Sie sich wertfrei: Wonach habe ich Hunger? Hunger nach ... Berührung, Wissen, Befriedigung, Zärtlichkeit, Bestätigung, Erleuchtung, Abenteuer ... Und wonach noch? Ganz im Geheimen, ganz innen ... seien Sie doch wenigstens zu sich selbst einmal ganz offen!

Beachten wir also, was Jesus mit der Pointe am Schluss dieser Geschichte uns noch einmal therapeutisch deutlich macht: »Mädchen, auf dem Weg zu deiner Identität, auf dem Weg zu der, die du bist, auf dem Weg ins Erwachsenenleben, in ein selbstständiges, verantwortliches, aufrechtes und vollwertiges Leben ist es wichtig, dass *deine*, deine innersten und ureigensten Bedürfnisse Beachtung finden.« Dass nicht die Bedürfnisse von Eltern und Erziehungspersonen an erster Stelle stehen, dass nicht alles nach der Nase von jemandem tanzen muss, der das Bedürfnis hat, anständige, wohlerzogene, gut ausgebildete, stille, schöne, fleißige, ordentliche, rechtschaffene ... Kinder zu haben. Wie oft haben in der Geschichte – auch in Ihrer eigenen Lebensgeschichte? – Eltern mit ihren Wünschen, Erwartungen, Vorstellungen und Idealen das Leben ihrer Kinder bestimmt, oftmals bis über ihren Tod hinaus!

Impulse

1. Machen Sie einmal eine Aufstellung, welche Werte Ihrem Vater besonders wichtig waren. Worauf legte er besonders wert, für sein eigenes Leben und bei anderen? Worüber ärgerte er sich, worüber war er ungehalten, worüber schimpfte er? Was lobte er, hob er besonders hervor, was verdiente (in seinen Augen) seine Anerkennung und Wertschätzung bzw. womit konnte man sie sich verdienen? Was taten Sie aktiv – und was taten Sie nicht (worauf verzichteten Sie, was »schminkten Sie sich ab«) –, um ihm zu gefallen?

2. Stellen Sie sich die auf den Vater bezogenen Fragen nun auch im Hinblick auf Ihre Mutter: Wie bestimmte sie Ihr Leben?

3. Ist das heute noch so? Wo und wie beeinflussen und bestimmen Werte, Ideale, Wünsche, Ängste, Forderungen oder Vorstellungen Ihrer Eltern heute noch Ihr aktuelles Leben? Das, was Sie tun und das, was Sie nicht tun ...?

Die Geschichte der heilsamen *Befreiung zu ihrer eigenen Identität* endet also bei dieser jungen Frau, die gerade an der Schwelle zum Erwachsenwerden steht, mit dem Verweis auf ihre – und nur ihre – grundlegenden Bedürfnisse. So wichtig nimmt dieser Therapeut unseren Körper und seine Signale, den Wunsch nach Genuss durch Essen und Trinken. Und so wichtig nimmt dieser Therapeut die entwicklungspsychologischen und seelischen Bedürfnisse eines jungen heranwachsenden Menschen, dass die Geschichte nicht damit schließt, dass er das Mädchen etwa »ihren Eltern oder ihrem Vater zurückgegeben« hätte ...

Beachten Sie bitte diese zuletzt genannte, scheinbare Kleinigkeit ganz besonders: In einer anderen Auferweckungsgeschichte eines namenlosen Jungen in Nain schließt die Geschichte mit dem Satz: »und er gab ihn seiner Mutter« (Lukas 7,11–15). Warum dort diese andere Verhaltens- und Ausdrucksweise? Wir sehen hier wieder sehr deutlich, wie genau man hinschauen muss, wie individuell Jesus in seinem Verhalten ist, wie unverwechselbar er sich dem *jeweiligen* Menschen, der *jeweiligen* Situation, den *jeweiligen* Bedürfnissen zuwendet. Jener Junge war nämlich der einzige Sohn einer Witwe, er war sozusagen die Altersversorgung, die Überlebensgarantie seiner Mutter, weil es damals keine Sozialhilfe gab, weil es keinerlei Alterssicherung gab außer den Kindern, weil die Frau ins Nichts zu sinken drohte in der damaligen Gesellschaft – ohne ihren Sohn: Darum »gab ihn Jesus seiner Mutter zurück«. Aber es gibt im Text keinerlei Andeutungen über ein zu großes Festhalten der Mutter an ihm, keinen Hinweis auf ein Überengagement, auf zu große Bemutterung oder dergleichen. Im Vordergrund des Handelns Jesu stand dort also der Schutz der alten, hilflosen Frau.

Identitätsfindung, Selbstwerdung, Selbstständigkeit

Zurück zu unserer Geschichte: Hier erschien es dem Heiler notwendig, diese junge Frau sich selbst und ihren Bedürfnissen zurückzugeben, damit sie frei und selbstbewusst ihren eigenen Weg suchen und finden konnte, ein eigener Mensch werden konnte. Es geht Jesus um Identitätsfindung, Selbstwerdung und die Entwicklung von Eigen- und Selbstständigkeit für diese junge Frau. Und er schärft damit den anderen ein, dass es wichtig ist, dass sie *deren* Bedürfnisse sehen, nicht ihre eigenen. Sein

Abschlusshinweis »Gebt ihr zu essen!« setzt voraus: Er hat sich eingefühlt, er hat erspürt, was für diese Frau im Moment am dringlichsten ist, wie sie sich wohl jetzt fühlt, was sie jetzt braucht. Es geht um diese junge, erwachende Frau, um sie allein! Daher die Überlegung des Therapeuten Jesus: Was braucht *sie*? Und nicht etwa: Wer braucht sie? Oder gar: Was oder wen braucht der Vater? Sondern einfach (klientenzentriert): Sie wird ins Zentrum gerückt. Was tut ihr nun gut, was tut ihr Not, was braucht sie, wo und was sind *ihre* Bedürfnisse? Genau die gilt es zu achten und zu stillen.

Sie braucht jetzt Essen – und vor allem: »ihre Ruhe«. Ganz wichtig ist ihm das. »Er gebot ihnen hart«, übersetzt Luther in Vers 43. Jesus so hart und streng? Das ist eine klare, letzte Lektion des Therapeuten.

Ein Schonraum für den Neuanfang!

In Krisen, Notlagen und Umbruchsituationen suchen viele von uns Orientierungshilfen hier und dort, laufen von Pontius zu Pilatus, lesen dieses, fragen jenen, überlegen, suchen, grübeln. Irgendwann jedoch braucht es eine Zeit, wo wir mit uns ganz allein klare Ent-Scheidungen treffen, klare Ent-Schlüsse fassen, das Hin und Her beenden – und handeln. Wir sind in dieser Situation zutiefst *allein*, auf uns selbst geworfen. Und darum – so glaube ich – dieses Ende der Geschichte: Sie muss jetzt allein sein, unsere junge, gerade frisch zum Leben erwachte Frau. Jesus ermöglicht ihr diese Ruhe, er schafft die Voraussetzungen, er sorgt für diesen *Schutzraum*.

Impulse

1. Was tun Sie in schwierigen Entwicklungs-, Umbruchs- oder Entscheidungssituationen? Gönnen Sie sich einen Schutzraum, den Rückzug und die Möglichkeit der Ruhe? Auch wenn Sie eventuell andere in Ihre Überlegungen mit einbeziehen: Irgendwann kommt der

Punkt, an dem Sie allein entscheiden müssen. Gönnen Sie sich dabei die nötige Abschottung, den Rückzug, auch die Verweigerung an andere, die Sie brauchen?

2. Arbeiten Sie schon mit Affirmationen? Das sind Sätze, mit denen Sie sich etwas Positives ganz bewusst selbst zusprechen. Welcher positive Zuspruch könnte sich aus dem eben Erkannten ergeben? Vielleicht eine Affirmation wie: »Sei du selbst! Du gehörst dir! Du hast ein Recht auf Grenzen. Achte auf deine eigenen Wünsche, Empfindungen und Bedürfnisse!« Es ist am wirkungsvollsten, wenn Sie sich solche Sätze in einer ganz entspannten Situation selbst zusprechen und immer wieder neu wiederholen.

Wir brauchen einen Schonraum! Der Therapeut Jesus kennt die Struktur und die Notwendigkeiten unserer menschlichen Seele und beachtet sie. Er richtet sich danach und fordert andere auf, dies auch zu tun: kein Eingreifen – Schon-zeit, Auszeit zum Nachsinnen, Verdauen, zum inneren Nachkommen, zum Nachreifen oder Kraftschöpfen der Seele, auch zur Vorbereitung für das Neue, das mündig-freie, ganz eigenständige Leben. Dafür braucht man eine »Auszeit«!

Sonst kann es geschehen, dass man nur noch funktioniert, dass man nicht mehr diese Stimme des Lebens spürt. Denken Sie an die Geschichte von der »Handlungsfreiheit«, wo ich von »Papa Josef« erzählte, der es wagte, dem Ruf des Herzens zu folgen und nicht der Forderung der Anständigkeit, der seine Maria nicht einfach wegschickte, weil ihre Schwangerschaft für ihn oder andere nicht anständig aussähe. Nein, er hat es gewagt, lebendig zu leben. Er hat es gewagt, zu ihr zu stehen, der Stimme, dem Ruf des Herzens zu folgen.

Vielleicht haben auch Sie jetzt ein wenig empfunden, wie es klopft, das lebendige Leben. Ungelebtes Leben leben! Haben Sie gespürt, was da an ungelebtem Leben vielleicht auch in Ihnen da ist und wartet und klopft und gerne raus möchte? Das bedeutet vielleicht, dass da auch Tränen geweint werden müssen. Und es ist wahr, oft ist der Weg, auf dem das Leben entsteht, ein Weg, wo auch viele Bäche fließen müssen, Tränenbäche, wo vielleicht beweint werden muss, wie sehr ich mich habe leben *lassen*, wie sehr ich mich habe *bestimmen* lassen, dass ich vielleicht keinen eigenen Namen habe, dass ich vielleicht keinen eigenen Raum habe. Ich weiß beispielsweise von vielen, vielen Frauen, die in ihrer Familie keinen Raum für sich haben. Da haben wir Männer es meistens schon besser. Wir haben ein Arbeitszimmer, ein Büro, wir haben eine Werkstatt oder sonst irgendetwas, wo wir sagen: »Das ist mein Revier.« Revier vieler Frauen war immer wieder die Küche, aber die Küche ist ja der Lebensraum aller; dorthin kommen sie alle, das ist kein klar abgetrennter Raum, »nur für mich«.

Sie sehen, es kann Gewaltiges bewirken und verändern im eigenen Lebensraum und um uns herum, im Familien- und Freundeskreis, im Beziehungsleben überhaupt, wenn jemand anfängt, wirklich »ein eigener Mensch zu werden«, ob Mann oder Frau. Es könnte lohnend sein, zum Abschluss über die Konsequenzen einer solchen Veränderung eigens zu reflektieren:

Impuls Wenn Sie sich verändern, wenn Sie es wagen »aufzustehen«, sich von gewohnten Bindungen frei zu machen, im angesprochenen »Schonraum« Ihr Selbstbewusstsein zu entwickeln und zu entfalten, zu stärken und zu stabilisieren, und Ihre eigenen Bedürfnisse zu bedenken und zu artikulieren: Was wird dann geschehen? Welche Revolutionen, Umwälzungen? Haben Sie ermutigende Vorbilder, stärkende Modelle? Mit welchen Protesten, Einsprüchen – und von wem – ist zu rechnen? Wer wird es eine »Katastrophe« nennen (was ursprünglich einfach Wende oder Umkehr heißt)? Sind Sie darauf vorbereitet? Wer oder was kann Sie unterstützen auf diesem Weg? Sind die Schritte vorher genügend überdacht, die Konsequenzen eingerechnet? Haben Sie verstärkende Faktoren? Für Ressourcen gesorgt? Und Rückschläge und Rückschritte eingeplant und dafür vorgesorgt? – Dann nur zu auf dem Weg ins neue, eigene Leben!

Dem Ruf des Lebens folgen

Die Auferweckung des Lazarus
(Johannes 11,1–45)

Auf eine besondere Weise möchte ich jetzt zum Anfang dieses Kapitels mit Ihnen einen Zugang suchen zur nächsten Heilungsgeschichte – und zwar mit dem Lied »Lebendig tot« von Gerhard Schöne[40], in dem er von so manchen »kleinen Toden« singt:

Lebendig tot

Manchmal ist man nicht erst tot,
wenn das Herz aufhört zu schlagen,
wenn sie einen auf der Bahre in den Kühlraum tragen,
nicht erst, wenn die Hand das letzte Mal ins Leere krallt,
nicht erst,
wenn 'ne Schaufel Erde auf den Sargdeckel knallt.

Vielleicht ist man längst schon tot, obwohl man noch spazieren geht,
eigentlich schon unterm Rasen, obwohl man noch Rasen mäht,
an der Fernbedienung spielt, sich mit Sonnenöl einreibt,
noch Geburtstagskarten kriegt und selbst Geburtstagskarten schreibt.

> *Refrain:* Nur noch leere Muschel,
> nur noch schöner Schein.
> Ist das nicht das Schlimmste,
> lebendig tot zu sein?

Manchmal kann es ganz schnell gehen,
wenn der Aufstieg nur noch zählt,
wenn man etwas sagen müsste,
aber doch die Schnauze hält,
Katastrophenmeldung, Lottozahlen, Actionfilm anguckt,
und das Ganze unverdaut mit einem Bierchen runterschluckt.

Manchmal stirbt man, wenn man völlig arglos eine Fliege quält.
Manchmal stirbt man, wenn man grinsend einen Judenwitz erzählt.
Manchmal stirbt man, weil die Watte einem aus den Ohren quillt.
Manchmal stirbt man daran, dass man immer seine Pflicht erfüllt.

> *Refrain:* Nur noch leere Muschel,
> nur noch schöner Schein.
> Ist das nicht das Schlimmste,
> lebendig tot zu sein?

Wenn man mitkriegt, dass man tot ist,
muss man laut um Hilfe schreien!
Manchmal haucht dann Gott persönlich
einem noch mal Leben ein.
Manchmal schickt er einen Engel,
der die Herzmassage macht,
bis die Tränen wieder fließen und das Herz im Leibe lacht.

Oh, das ist das größte Wunder, wenn ein Toter aufersteht,
wenn die Leichenstarre endet und in Leben übergeht,
wenn die Brust vor Schmerz und Freude, Glück und Trauer
wieder bebt,
wenn die Augen wieder schauen und das Antlitz wieder
lebt.

> *Refrain:* Sanfte, weiche Muschel,
> heller Lichterschein.
> Ist das nicht das Größte,
> vom Tod erwacht zu sein?

Impulse

1. Lassen Sie diesen Liedtext auf sich wirken und achten Sie darauf, welches Echo er in Ihnen hervorruft, welche Empfindungen, Gefühle, Erinnerungen in Ihnen entstehen, wo er Sie anrührt, was er in Ihnen aufweckt.

2. Nach diesem Lied und vor der Betrachtung der folgenden Geschichte vom Lebendigwerden müssen wir erst mal wissen und im eigenen Leben genauer hinschauen: Was ist denn an mir tot, gestorben, leblos? Nehmen Sie sich ein Blatt Papier, teilen es in zwei Hälften, und schreiben Sie über die linke Spalte »gestorben sein, begraben sein, tot sein«, auf der anderen Seite »lebendig werden«. Und nun lassen Sie bitte Ihre Eindrücke, Gedanken und Bilder dazu auftauchen, unstrukturiert, unzensiert und unkontrolliert, wie es gerade kommt. Was fällt Ihnen dazu ein? Schreiben Sie es auf!

Als wir das in einer Gruppe einmal so gemacht haben, kamen dabei beispielsweise zu den Stichworten »gestorben/begraben/tot sein« Gedanken zu Tage – lassen Sie sich dadurch anregen und befruchten, lassen Sie geschehen, was dadurch geschieht: Abschied ist wie Sterben. Beziehungen loslassen. Alte Wunden nochmals durchleben. Vom menschlichen Leben abgetrennt sein. Auflösung des Körpers. Stille. Aufgehen in einem Ganzen. Druck von Eltern, Meinungen anderer, Angst, Depression. Angst vorm Fehlermachen. Starr vor Angst, vor Kälte und Schrecken. Gefühllos, verdorrt, ideenlos, nicht mehr aufnahmefähig. Mundtot machen. »Du bringst mich ins Grab.« Lebendig begraben. Endgültigkeit. Du kannst nicht. Die anderen können es besser. Unfruchtbarkeit. Die anderen sagen, wie ich leben soll. Ich will nichts sehen, nichts hören und nichts fühlen.

Und unter »lebendig werden« sammelten wir: Mut für's Neue. Wachsam werden, wachsam sein. Zu mir stehen – zu meinen Stärken. Aufatmen. Powervoll Neues entdecken. Singen. Fühlen. Denken. Empfinden. Kontakt. Stark sein. Mit mir übereinstimmen. Ideen bekommen und umsetzen können. Bewusst wahrnehmen. Selbstvertrauen. Gelassenheit. Im Moment leben, nicht gestern und nicht morgen. Lebensfreude. Energie. Wärme. Fließen, genießen, pulsieren. Beseelt, gefüllt, aufnahmefähig. Natur. Leben, ich liebe dich! Ich habe es überlebt. Auferstanden, Lebenslust. Lebensziel. Überraschung. Geborgenheit. Aus der Starre treten, fröhlich sein. Aus meiner Verkapselung und meinem Elfenbeinturm herauskommen. Viel lachen: Freude an allem – Aussicht auf viele neue Möglichkeiten. Dankbarkeit. Ich wage es, mich aus dem Staub zu erheben. Ich entdecke meine Lebensfreude. Ich tanze am Abgrund. Ich lasse zu, was da ist, und freue mich daran: Wut, Trauer, Tränen, Hass, Lieben, Freude. Ich spreche mir selber Mut zu. Ein freundlicher Blick, eine liebevolle Berührung, eine Amsel, die singt, Farben am Himmel. Wach sein für alles, was da ist.

Leblos und tot – mitten im Leben

Diese Beispiele können uns daran erinnern, wie sehr wir beide Zustände in unserem ganz normalen Leben kennen: Leblos und tot zu sein – und lebendig zu sein und immer mehr lebendig zu werden. Von diesem Kontrast handelt die nun folgende Geschichte von der »Auferweckung des Lazarus«.

Sie beginnt damit, dass es eigentlich schon längst zu spät ist für jegliche Hilfe. In Johannes 11 wird uns erzählt, dass ein besonders guter Freund Jesu gestorben ist, der Herr Lazarus. Und wenn Sie diese Geschichte schon kennen, dann kann es vielleicht sogar sein, dass Sie sie gar nicht so gern mögen, weil sie gar so wunderhaft und übernatürlich wirkt. Weil so sehr betont wird, dass der Tote, als Jesus ihn wieder zurück ins Leben holt, schon vier Tage im Grab lag und dass er bereits gestunken habe, also aussichtslos und unwiederbringlich tot war. Viele Menschen reagieren darauf mit: »Also nein, so etwas kann es doch gar nicht geben!« Daher wollen wir diese Geschichte wieder so lebensnah wie irgend möglich anschauen. Wissen Sie, ich merke nach all meinen historischen, biblisch-theologischen Studien, nach all den Erfahrungen in meinem eigenen Leben und in der psychotherapeutisch-seelsorgerlichen Praxis meines Berufs, wie wenig bedeutsam für uns Heutige oftmals die exakt historischen Fakten und die Entstehungsgeschichte einer solchen Erzählung sind, was Videokameras da beispielsweise hätten filmen können ... Sehr viel wesentlicher – so erfahre ich immer wieder – für uns und unser Leben ist die *Wirkungsgeschichte*: Welche Wirkung hat die Geschichte in meinem Leben hier, heute? Da wird es gewissermaßen zweitrangig, wie das damals ganz genau war, sondern die Frage heißt: »Wie kann es mich heute erreichen? Wie mein Leben verändern? Wo erreicht mich heute der Ruf des Lebens – wie kann ich ihm folgen?«

Ich finde es sehr spannend, dass es ausgerechnet so erzählt wird, dass alles zu spät sei, ähnlich wie bei der Geschichte von der Tochter des Jairus, nur hier noch viel schlimmer: vier Tage zu spät und schon Verwesungsgeruch. Vielleicht haben Sie bei der obigen Gedankensammlung sehr schöne Ideen zusammengestellt zum »lebendig werden« und wie das sein kann – und vielleicht haben Sie dabei in sich zugleich diese Schattenseite und diesen depressiven Zug nach unten gespürt, der sagt: »Aber bei mir geht das alles nicht (mehr). Das ist ja alles schon viel zu verfahren. Es geht alles schon viel zu lang – und bei mir ist es ohnehin zu spät.« So ähnlich sagten die Schwestern von Lazarus auch, vorwurfsvoll: »Ach Jesus, wenn du gekommen wärst, als er noch gelebt hätte. Da wäre noch etwas zu machen gewesen! Aber jetzt ist es zu spät ... Warum kamst du nicht früher, jetzt ist alles vorbei, vorüber, verloren, zu spät« (nach Vers 21 und 32).

Es ist also eine Geschichte für uns, wenn wir meinen, es sei alles zu spät. Es hätte alles früher kommen müssen, aber jetzt nicht mehr. Jetzt bin ich schon viel zu tief da drin, in den Schulden, in den Sorgen, in der Verzweiflung, in der Sucht, den Drogen oder persönlichen Verstrickungen, in Beziehungen. So verstehe ich das, wenn es heißt, vier Tage sei er schon im Grab gelegen (Vers 17 und 39). Und »er stinkt ja schon« (Vers 39). »Da ist dann nichts mehr zu machen«, würde jeder vernünftige Mensch sagen. Und das »stinkt« uns natürlich auch im übertragenen Sinne!

Diese Geschichten sind »Mutmach-Geschichten« und können uns neue Horizonte und Potenziale zeigen ... – lassen Sie uns genau hinschauen, was da nun passiert. Stoßen Sie sich nicht an der übersteigerten Ausdrucksweise der Geschichte. Betrachten Sie sie als eine *Seelenerzählung*, als eine Lebenserzählung, die genau das beschreibt, was wir aus unserem eigenen Leben kennen. Dieser Lazarus liegt bereits im Grab. Keiner von Ihnen hat wahrscheinlich je im Grab gelegen (obwohl das gar nicht schlecht wäre: Ich weiß von den Angehörigen des Karthäuser-Ordens, dass sie täglich eine Stunde in einem Sarg liegen und darin meditieren. Und angeblich sind sie die fröhlichsten Leute, die man sich denken kann. Also auch das wäre so verkehrt nicht ...). Wir aber liegen noch nicht im Grab – oder doch?

Impuls Fragen Sie sich selbst oder auch andere in Gesprächsrunden: Was verbinde ich mit Grab? Was fällt mir dazu ein? Welche Gefühle verbinde ich damit? Welche übertragenen Formulierungen kenne ich, die auch auf mein Alltagsleben passen?

Ein Grab, das ist Dunkel, das ist Kälte, das ist Endgültigkeit, wirklich abgesondert sein. Totale Einsamkeit, Alleinsamkeit. Da ist alle Lebenskraft gewichen. Und Sie merken wahrscheinlich schon: Jetzt erzähle ich doch wieder aus dem »normalen Leben«. Denn das sind Zustände, die Sie auch kennen, die ich selbst auch kenne. Obwohl wir da nicht in der Grube lagen – aber uns doch so fühlten wie in einem Grab.

Die Symbolik lebendiger Sinnes- und Körperfunktionen

Wir spüren noch ein Stück genauer hinein: Was hört denn alles auf, wenn jemand zur Leiche geworden ist? Da haben die Augen aufgehört zu sehen. Erinnern Sie sich an die Geschichte von der Blindenheilung? Das heißt auch: Es gibt keine Übersicht mehr, kein Aug' in Aug' den Dingen, dem Leben und den anderen gegenüber. Das heißt auch: Ich habe den Überblick, den Weitblick, Durchblick, Einsichten und Aussichten verloren. Es ist alles vorbei, wenn das Augenlicht, wenn das Lebenslicht ausgelöscht ist. Es gibt dann nichts Gutes mehr, worauf man vorausschauen kann, keine Perspektiven mehr. Ich kann auch nicht mehr den Blickwinkel verändern, um das Leben vielleicht ganz anders zu sehen. Denn das ist ja so eine wichtige Fähigkeit des Lebendigwerdens, dass wir die Dinge ganz anders sehen können. Auf einem Seminar mit einer indianischen Medizinfrau habe ich gelernt, als »Affirmation« und neues »Programm« folgenden Satz zu verwenden: »Ich kann das auch anders sehen.« Das ist oft wie ein Schlüssel heraus aus Depression, Engherzigkeit, Kleinmütigkeit und Verzweiflung. »Ich kann das auch anders sehen.« Kann ich wirklich?

Wir spüren weiter dem Gestorbensein der Sinne und Organe einer Leiche nach: Das Gehör ist weg. Ich kann keine ermutigende Botschaft mehr hören, keine Musik mehr, keine froh machenden Worte, keine Kommunikation. Oder wenn das Sprechorgan weg ist: Es ist Ihnen sicher schon einmal passiert, dass Ihnen die Worte im Mund erstorben sind und Sie nichts mehr über die Lippen bekommen haben. Vielleicht Autoritätspersonen gegenüber, oder aber den Eltern, Kindern, dem Partner, der Partnerin gegenüber? Wo wir nicht in der Lage sind, das in Worte zu fassen, was uns innerlich bewegt, belebt, beglückt – oder aber bedrückt. Oder wenn Sie nur noch weinen können, statt es in Worte zu fassen – oder erstarren. Kennen Sie solche Zustände? Starr vor Schreck, verkrampft vor Angst, Panik, wie benommen und benebelt, starr wie im Schock: Das ist der Zustand einer Leiche: Erstarrt sein, starr werden. Ich möchte Sie nur anregen, die verschiedenen Sinne zu untersuchen, was sie uns über unser Leben erzählen. Denn das ist dann alles vorbei, bei einer Leiche, das ist alles weg.

Die Hände sind leblos, wenn sie tot sind. Dann gibt es kein »Handeln« mehr, kein »Handanlegen« oder gar mein Leben in die Hand nehmen. Keine Handhabung von Projekten oder Problemen, keine gute – oder auch schlechte – Be-handlung anderer oder meiner selbst, keine Fähigkeit, die Probleme zu handhaben und mein Leben zu »managen«, die Familie, einen Betrieb oder eine Arbeit zu managen. Dieses Wort kommt aus dem Lateinischen und heißt eigentlich »Hand anlegen«. Sie erinnern sich an die Geschichte von der Heilung der gelähmten

Hand? Bei der Leiche ist das Managen vorbei. Ich kann dann weder handgreiflich werden noch sonst etwas. Auch niemandem mehr die Hand reichen.

Aber auch die Füße sind tot bei einer Leiche. Und alles, was im übertragenen Sinne mit ihnen zusammenhängt, geht dann nicht mehr: Einstehen für mich, für meine Interessen eintreten, selbstbewusst und sicher auftreten – vielleicht auch jemandem, wenn nötig, auf die Füße treten und sagen: »Du trittst mir zu nah!« Wenn die Füße tot sind, ist alle Selbst-ständigkeit vorbei, auch das Durchstehvermögen, die Standfestigkeit, es gibt dann kein Widerstehen mehr, keine Eigenständigkeit, kein »meinen Weg finden« – das alles geht nicht, wenn man Leiche ist im Grab der Not, der Probleme, der Ausweglosigkeit. Sie beginnen zu merken, wie nah uns das »Grab« und dieser »Leichenzustand« im täglichen Leben sind?

Und auch das ist vorbei: Dass das Herz pocht und – auch im positiven Sinn – dieses Herzklopfen. Man sagt oft, dass einem vor Aufregung oder vor Schreck »das Herz stehen bleibt«. Aber vor Freude kann das Herz ja auch hüpfen und springen. Oder es kann jagen, stolpern oder schwer sein, bluten oder gar zerbrechen. Wenn wir »tot« sind, auch im richtigen Leben, dann ist das alles weg – auch die »Schmetterlinge im Bauch«, dann ist da nichts mehr, was dann zittert, pocht und pulst.

Impuls Wann haben Sie diese Lebensregungen verloren? Wann ist bei Ihnen der Lebensstrom versiegt? Vielleicht war es ein langsames Kälterwerden? In Ihrem Herzen, in Ihrer Seele, so über die Jahre hinweg in der Beziehung zu anderen, in der Familie, im Beruf? So langsam ging das Feuer aus, die Beziehung zum Partner, zu den Kindern oder zu Gott ist erkaltet. – Wie kam es zu diesem langsamen Sterben mitten im Leben?

Alle Lebensvollzüge können Sie so symbolisch betrachten und in der gleichen Weise befragen: Wenn ich nicht mehr atmen kann beispielsweise. Der erste Atemzug ist der Beginn des Lebens außerhalb der Mutter. Mit diesem ersten Atemzug, der dann im Ausatmen zu einem Schrei wird, begrüßen wir sozusagen die Welt. Irgendwann gibt es dann auch einen letzten Atemzug, wenn wir »unser Leben aushauchen« ... Aber dazwischen gibt es vieles, wo uns vielleicht »die Luft wegbleibt« vor Schreck oder Freude. Vieles, was uns »den Atem nimmt«. Das sind sehr lebensnahe und vertraute Situationen, nicht wahr? Oder ich werde kurzatmig. Es ist alles zu schnell. Die Uhren treiben uns an, Termine oder jemand, der uns in die Enge treibt. Und dann hört das Atmen auf, das freie Aufatmen.

Verdrängung nach »damals« und »oben«?

Vielleicht haben Sie jetzt angefangen zu spüren: Diese Leiche Lazarus, das Grab, in dem er lag, das war nicht nur dort und damals, diese Geschichte ist nicht nur historisch zu betrachten, als etwas Vergangenes. Denn nur zu betonen, was damals war, erscheint mir oft im Grunde wie ein »Verdrängungsprozess«, weg vom Hier und Heute nach »damals« oder weg von uns nach »oben«. Dann sind es heilige und unantastbare Geschichten. Dann berühren sie uns aber nicht wirklich, nicht im buchstäblichen Sinne tief in der Seele und im Leben heute. Dann geht es mich plötzlich nicht mehr wirklich an. Das gilt dann zwar womöglich als sehr bibelgläubig, fromm und traditionsgemäß. Vielen Kirchenmitgliedern ist es wichtig zu betonen, dass jedes Bibelwort und jeder Satz der Heiligen Schrift »eingegeben« und gleichsam vom Heiligen Geist diktiert seien (2. Timotheus 3,16; 2. Petrus 1,21). Aber wenn wir nur ständig auf dem Gewesenen beharren, auf dem, was in der Vergangenheit (und zwar »ganz sicher«) geschehen sei, dann erreicht und berührt es uns womöglich hier heute nicht mehr wirklich. Daher diese vielen Fragen: Wo bin ich so eine Leiche wie diese? Wo kenne ich das Grab in meinem Leben?

Impuls Begeben Sie sich bitte weiter auf die Suche und auf den Entdeckungsweg dieser symbolischen Betrachtungsweise von Körperfunktionen, Sinneswahrnehmungen und Körperteilen. Sprechen Sie auch mit anderen darüber. Dies ist ein Schlüssel zum Verstehen vieler anderer Heilungsgeschichten, überhaupt vieler religiöser Traditionen, weisheitlicher Geschichten, ebenso wie auch von Träumen, Mythen und Märchen.[41]

Es bleibt uns nur die Hoffnung, dass wir vielleicht die Fähigkeit wieder »erwecken« können, unsere innere Achtsamkeit und Aufmerksamkeit auf die *Möglichkeit* zu richten, dass das Leben wieder strömt, dass die Liebe wieder fließt, dass Lebendigkeit wieder um sich greift. Dass wir es wagen, ungelebtes Leben zu leben! Dazu muss man zuerst wagen, sensibel dafür zu werden, zu fühlen, zu lauschen: Was ist da in mir, was nach Verwirklichung drängt? Was pocht und pulst und möchte leben, ausgedrückt werden? Welche Züge an mir, welche Seiten verstecke ich, welche Lebensimpulse bekämpfe ich, vielleicht seit Jahren und Jahrzehnten, schiebe ich auf, verschiebe sie – ja, auf wann denn?! Welche Fantasien, Sehnsüchte, Wünsche und Hoffnungen trage ich in mir, vorsichtigerweise womöglich auch vor mir selber verborgen, vielleicht verneint, abgelehnt?

Wäre es nicht besser, mich all meinen Facetten, jenem vielfältigen Potenzial zu stellen, das in mir keimt, spricht und sich regt, das vielleicht manchmal auch droht, aus mir herauszubrechen, mich zu überwältigen, sich der Kontrolle zu entziehen? Denn unterdrücken oder überspielen und kaschieren, bekämpfen oder rationalisieren – alles kostet seinen Preis, gesundheitlich und seelisch/geistig, an Lebenskraft und Lebensfreude ...

Bitte suchen Sie selbst, was da in Ihnen steckt und drängt und zur Welt und zum Leben kommen möchte. Das ist ein Aspekt, der im Grunde »Totenauferweckung« oder »Auferstehung hier, heute« genannt zu werden verdient. Ich habe das vor Jahren einmal lyrisch in Worte zu fassen versucht:

Ungelebtes Leben leben

> Ich lebe mein Leben
> und meine Lebendigkeit.
> Und vieles, was in mir ist,
> lebe ich nicht:
> mein Ungelebtes.
> Wann wird es lebendig
> werden dürfen?
> Wann,
> wenn nicht jetzt?!
> Nicht erst warten
> auf danach – nach was?!
> Ich glaube an das Leben
> vor dem Tod.
> Viele glauben
> an das Leben nach dem Tod
> und warten
> und hoffen – auf danach! –
> und trösten sich damit
> hinweg.
> Ich möchte Leben,
> ich möchte leben
> hier, jetzt, heute –
> ganz präsent, total.

> Das Drängende, Pochende
> spüren, Ungelebtes ahnen,
> hören, empfangen.
> Wann denn,
> wenn nicht jetzt?
> Worauf noch warten?
> Auf danach?
> Nach wann – nach was?
> Die Ewigkeit ist jetzt!

Es gilt also aufzustehen aus dem oft unmerklichen, schleichenden Tod, aus den vielen kleinen Toden mitten im Leben, aus dem Gruft- und Leichenzustand, der uns oft umfängt, aus der Starrheit, der Unlebendigkeit.

Das Leben ruft

Nachdem wir nun gesehen haben, wie uns das selbst betrifft, was in dieser Lazarus-Geschichte erzählt wird, geht es jetzt darum, ganz genau hinzuschauen: Wie geht denn das, da herauszukommen, aus diesem Loch, aus dieser Kälte, aus dieser Gruft? Im Text heißt es (Vers 39–40): »Es war eine Höhle, und ein Stein lag davor. Jesus sprach: Hebt den Stein weg! Martha, die Schwester des Gestorbenen, entgegnet ihm: Herr, er stinkt schon, denn er liegt seit vier Tagen schon im Grab.« Das heißt so viel wie: Weißt du, für ihn ist es zu spät. Für mich ist es zu spät. Da geht nichts mehr – dieses Gefühl, das Sie und ich, wir alle manchmal recht gut kennen. In Vers 41 und 43 aber folgt: »Da hoben sie den Stein weg und Jesus betet und dann ruft er mit lauter Stimme: Lazarus, komm heraus!«

Ich habe dieser Geschichte als Motto und Thema die Überschrift gegeben: »Dem Ruf des Lebens folgen.« Dieser Ruf wird hier laut. Draußen vor dem Grab steht das Leben, *das personi-*

fizierte Leben in der Gestalt Jesu, und ruft. So nennt sich Jesus: Ich bin die Auferstehung, ich bin das Leben, an anderen Stellen: Ich bin das Licht, ich bin das Brot, ich bin der Weinstock – alles Bilder der Lebendigkeit (vgl. Johannes 11,25; 14,6; 8,12; 6,35; 15,1). Der Ruf dieser Lebendigkeit also dringt hinab, hinein in die Gruft.

Impulse 1. Horchen Sie in sich hinein und fragen Sie sich: Wann habe ich diesen Ruf gehört – den Ruf des Lebens? Wo, wann, wie habe ich den Ruf des Lebens gehört – oder vielleicht das letzte Mal gehört. Vielleicht fallen Ihnen viele Male ein, wo Ihre Lebendigkeit geklopft hat, wo das Leben Sie gerufen, gelockt, herausgefordert hat. Lassen Sie diese Erinnerungen wieder lebendig werden, gegenwärtig, jetzt! Fühlen Sie, was dabei in Ihnen geschieht!

2. Nehmen Sie sich einmal Zeit und Ruhe und überlegen sich: Wann war das – wann habe ich einmal so richtig gelebt? Und wie war das? Vielleicht fallen Ihnen Bilder ein, so wie Dias, und Sie schauen sich diese Diasammlung an. Was steigt da auf an Erinnerungen, an Eindrücken, Ideen, Gefühlen? Und was hat dazugehört? Welche Umstände? Was hat mir geholfen, dem Ruf des Lebens zu folgen? Es hat mich gerufen. Vielleicht gestern, vielleicht auch heute. Vielleicht geschieht gerade jetzt dieser Ruf: »Komm heraus, komm heraus aus deinem Loch, aus deiner Grube, deiner Gruft, aus deiner Null-Bock-Situation, der Verzweiflung, aus deiner Aussichtslosigkeit, Atemlosigkeit, aus dieser Erstarrung.« (So wie die Ermutigung »Steh auf!« bei der Heilung des Gelähmten und der Tochter des Jairus!)

»Löst ihm die Binden!«

Ich finde diese Geschichte deshalb so faszinierend, weil das, was dann berichtet wird, genau das ist, wie es sich in unserem Leben auch zuträgt: »Der Verstorbene kam heraus, gebunden mit Grabtüchern an Füßen und Händen und sein Gesicht war verhüllt mit einem Schweißtuch« (Vers 44). Und jetzt hören Sie bitte genau hin: Jetzt spricht Jesus zu *ihnen*, zu den anderen, zu den dabei stehenden Menschen, und sagt: »Löst ihm die Binden und lasst ihn gehen!«

Es sind also *zwei Etappen* nötig, zwei ganz genau voneinander unterschiedene Schritte, um vom inneren Tode auferstehen und wieder lebendig werden zu können. Einmal geht es darum, dass ich den Ruf des Lebens, der Lebendigkeit vernehme, dass ich höre: Das Leben ruft mich, wirkliches Leben ruft mich. Es geht darum wahrzunehmen: Ist das, was ich da jetzt habe, in meiner Eingesperrtheit, in meiner Gebundenheit – ist es das schon? Ist es womöglich noch nicht zu spät? Obwohl mir doch alles »stinkt«. Ich »stinke«. – Den Ruf vernehmen. Mich innerlich aufmachen. Ich mache mich auf, stehe auf. Und ich mache mich auf, öffne mich: Beiden Bedeutungen des Wortes »aufmachen« folgend, folge ich dem Ruf des Lebens.

Aber lebendig werden kann ich nicht allein. Der zweite Satz Jesu richtet sich an die anderen: »Löst ihm die Binden/Bindung!« Wir müssen das sehr ernst nehmen. Viele Leute beispielsweise beten und beten und beten. Und übersehen dabei, dass der zweite Schritt die Menschen um uns herum einbezieht, ja einbeziehen muss, dass wir Menschen brauchen, die da etwas mit uns tun, die uns beim »Lösen« helfen, die uns diesen Dienst tun.

Das Eine ist diese Dimension: Den Ruf hören, den Ruf der Quelle des Lebens. Und das andere ist: Wie kann diese Auferstehung geschehen? Sehr oft brauchen wir dabei genauso, wie es diese Geschichte erzählt, Menschen, die uns die Binden lösen. Unser Freund Lazarus war mit Grabtüchern an Füßen und Händen gebunden und sein Gesicht war verhüllt. So wird hier gleichsam die Symbolik all der verschiedenen Heilungsgeschichten dieses Buches, wie wir sie betrachtet haben, noch einmal zusammenfassend angesprochen: das Sehen, die Hände und die Füße. Am besten stehen Sie jetzt einmal auf, damit Sie sich das wirklich genau vorstellen können, damit Sie erspüren können, wie das ist, wenn das Gesicht verhüllt ist bzw. wenn es enthüllt wird.

Impuls Bitte stellen Sie sich aufrecht hin. Betrachten und erspüren Sie mit Bewusstheit Ihre Vorderseite. Wenden Sie Ihre Aufmerksamkeit auf Ihre Körperöffnungen und entdecken Sie: Wir haben Öffnungen – an unserer Rückseite nur eine! Eine dort, wo wir das entlassen, was wir gerne los werden möchten – den ganzen »Mist«, wie wir umgangssprachlich sagen. Eine Öffnung also nach hinten. Und es ist wichtig zu sehen, dass es nur eine ist und dass es nach vorne viel mehr sind. Unser Körperbau betont die *Offenheit nach vorne*: Da sind zwei Höhlen: die Augen; da sind zwei weitere Höhlen: die Nase; da sind noch zwei Höhlen: die Ohren, die durch die Ohrmuscheln auch nach vorne ausgerichtet sind. Da ist eine große Höhle: Der Mund zum Hereinlassen und Aufnehmen und zum Hinaussenden und Ausdrücken. Und da ist eine Öffnung für die Lust und für die Liebe und für das Genießen ganz besonderer Art.

Und da sind unsere Hände, Werkzeuge, ebenfalls nach vorne ausgerichtet. Und da sind unsere Füße, die auch immer nach vorne ausgerichtet sind. Also lauter *Kommunikationsorgane*, lauter Verbindungsorgane: Mit den Händen können wir Kontakt herstellen. Mit den Füßen können wir auf jemanden zugehen, mit den Augen Eindrücke aufnehmen und Blicke senden. Mit der Nase schnuppern, ob es mir hier gefällt, mit dem Mund sprechen, Kontakt aufnehmen, dazu kommen Zärtlichkeit und die Sprache der Liebe. Auch durch die Hände und durch den Schoß – alles dieses also ist verbunden mit unserem Gesicht, mit den Händen und mit den Füßen.

Die Frage heißt nun: »Was bindet mich? Was hält mich? Wie können meine Binden, Bindungen und Bänder gelöst werden, sich lösen? Wo sind Menschen, die mir diesen Liebesdienst tun? Die mir auch die Decke vom Gesicht nehmen. Meine Hände, mein Handeln, meine Füße und meine Gehfähigkeit und Festigkeit ›erlösen‹. Die mir mein Gesicht wieder geben.«

Befreite Augen

Viele Beispiele werden Ihnen – über das in den einzelnen Kapiteln bereits Erarbeitete hinaus – dazu einfallen, wie das geschehen kann, wie man wieder sehen lernen, das Gesicht wieder finden kann.

Eine Frau mittleren Alters in einem helfenden Beruf erzählt mir, dass sie immer so große Schwierigkeiten hat, bei den Gesprächen ein Ende zu finden und fertig zu werden. Die Gespräche werden immer zu lang, ufern aus. Sie übernimmt so viel – und übernimmt sich dabei so leicht. Wir haben das Problem gemeinsam angesehen und genau hingeschaut: Was spielt da alles mit? Welche inneren Normen, welche Antreiber, welche Peitschen, die uns sagen: Es ist immer noch nicht genug. Wir haben auch die ganz bodenständige, konkrete Realität angeschaut: Was tust du ganz praktisch dafür, dass du das Abschließen schaffst? Wir haben Möglichkeiten gesucht, Strategien entwickelt, dabei jedoch auf einmal festgestellt: Sie hat nicht einmal eine Uhr im Blick. Wie soll ich mich orientieren, wenn ich keine Uhr im Blick habe? Dann kann ich den Raum und die Zeit nicht strukturieren, sortieren, ordnen, mich orientieren. Ich muss bestimmte Dinge auch sehen können, im Blick haben – und kann *dann* mein Leben anders leben als bisher. Anders als in diesem Ausbluten, diesem »Mich-verausgaben-bis-zur-Erschöpfung«, bis zum »Geht-nicht-mehr«. Aber ich muss es erst »sehen« lernen, ich muss andere »Gesichtspunkte« mit einbauen können. Ich brauche jemanden, der mir sozusagen die Binde von den Augen nimmt.

Oder ich denke an die Kollegin, mit der ich viele Kurse zusammen gestaltet habe und die für ihren eigenen Zustand nicht den nötigen, liebevoll-fürsorglichen Blick hatte. Sie hatte schwere Herzbeschwerden, sagte aber immer: »Das ist nicht so schlimm, das habe ich manchmal.« Auf alle anderen hat sie gut geachtet, nur nicht auf sich selbst. Wir haben im Gespräch miteinander diese Binde von ihren Augen gelöst, haben miteinander hingeschaut: Wie kommt es eigentlich, dass du dich selbst so leicht übersiehst. Wie ist es mit deinem Blick für dich selbst? Und wie wäre es, vielleicht doch einmal zum Arzt zu gehen, weil die Schmerzen immer größer wurden und auch heilende Hände nicht mehr helfen konnten. Sie ging dann zum Arzt und hatte das Glück, dass eine sinnvolle Behandlung eingeleitet wurde und sie binnen weniger Tage gestärkt und geheilt war. Aber der Blick hin zu sich selbst blieb für sie ein Problem. Denn dann stellten sich andere Beschwerden ein, die sie wiederum sehr leicht übersah. Die Aufgabe lautet: Sehen lernen, sehend werden und bleiben, ganz freundlich nach sich selbst schauen!

Oder eine Führungskraft, ein Manager in den mittleren Jahren, sehr erfolgreich in allem, was er tut: Er hat Dinge *innen* sehen gelernt. Er hat von Träumen erzählt, die ihm immer wieder geschehen. In diesen Träumen erlebt er immer neu, dass er ein bestimmtes Ziel hat, das er im Grunde erreichen will, von dem er sich aber im Verlauf des Traumes ablenken lässt. Irgendwo bleibt er unterwegs »hängen«. Da tritt etwas anderes auf oder in den Weg, er wird abgelenkt und verliert das Ziel »aus den Augen«. Gemeinsam wurde uns bewusst: Die Träume wollen ihm etwas zeigen, sie wollen ihn warnen, ihm helfen, ihm raten: Lass dich nicht beirren, nicht beeinflussen, nicht so sehr von außen bestimmen und regieren, bleib dir selbst treu, verfolge deine Ziele! Wie groß diese Gefahr in seinem Berufs- und Alltagsleben war, war ihm bis dahin noch gar nicht recht bewusst. Da hatte er seinen »blinden Flecken«, da hatte er sozusagen »ein Brett vorm Kopf«. Erst durch die Wiederholungsträume öffneten sich ihm die Augen, wurde ihm – um die Worte aus der Lazarus-Geschichte aufzunehmen – »die Binde von den Augen gelöst«. Aber dann waren noch viele Schritte nötig, ihm auch die Binden von den Händen und den Füßen zu lösen, damit er die Erkenntnisse auch in konkretes Verhalten, in seine Hand-lungen, seine Taten und seine konkreten »Schritte« hinein umsetzen konnte.

Wir brauchen Menschen

Für all solche Veränderungen, Wachstumsschritte und Klärungen brauchen wir immer auch die anderen, das Gegenüber, den »Spiegel«. So sind diese Menschen, wie auch die Geschichte von Lazarus erzählt, an unserem Neuwerden und unserer Lebendigmachung beteiligt! Als Freunde, Berater oder als Therapeuten, als Seelsorger und andere helfende »gute Mächte« und Begleiter ...

Der oben erwähnte Manager bekam durch seine Träume sozusagen einen Spiegel vorgehalten: So leicht bist du ablenkbar, durch andere scheinbar wichtige Dinge lässt du dich von deinen Zielen abbringen und verlierst dabei das Wesentliche aus dem Blick. Durch die Wiederholung dieser Träume wurde er immer wieder darauf hingewiesen und konnte dann in Gesprächen ein Muster entdecken. Es ging ihm damals beispielsweise so, dass er durch viele wichtige Verpflichtungen einfach nicht dazukam, eine Begründung für einen Antrag für eine Gehaltserhöhung zu schreiben, einen Antrag zu stellen für einen lukrativen Nebenerwerb, seine Weiterbildung sorgfältig zu dokumentieren und nachzuweisen, sodass er ein sicheres zweites Standbein hätte gewinnen können für Zeiten wirtschaftlicher Unsicherheit. Alles für ihn lebens- ja im Grunde überlebensnotwendige Planungen und Schritte, von denen er jedoch durch das Alltagsgeschäft immer wieder abkam, weil zu vieles ihn zu sehr ablenkte.

Geöffnete Ohren, gelöste Zunge

Durch Träume sehen lernen – das ist nur ein Beispiel von vielen möglichen. Aber Lazarus wurde ein Tuch vom ganzen Gesicht genommen; es hatte auch seine Ohren und seinen Mund bedeckt. In gewisser Weise müssen wir oft ganz neu sprechen lernen: Sagen, was ich wirklich will, klar deutlich machen, was ich nicht will, für meine Interessen eintreten, meinem Schmerz Ausdruck verleihen lernen ebenso wie der Freude.

Sagen können: »Das möchte ich gern so!«, und auch: »So nicht!«, aber auch: »Ich brauche dich«, »bitte« oder »Du bedeutest mir sehr viel und ich freue mich, dass du da bist!« ...Wie vieles bleibt uns oft im Hals stecken, weil wir es nicht über die Lippen bringen, weil wir nicht gewohnt sind, über Gefühle, schon gar nicht über als sehr negativ empfundene oder auch als sehr positiv und beglückend erlebte zu reden. Auch hier können Freunde, Mitmenschen uns zu Helfern werden, kann spirituelle oder therapeutische Begleitung das »Band unserer Zunge lösen«.

Hören lernen heißt nicht nur, dass wir oft lernen müssen, erst genau hinzuhören, bevor wir aufbrausen, uns ärgern, antworten oder uns an jemand wenden. Vielleicht auch auf die Zwischentöne hören. Vielleicht öfter mal die Frage stellen: »Was hat dich denn bewogen, so zu handeln?«, »Wie kommt es denn, dass du ...?«, um genau hinzuhorchen, um dem anderen die Chance zu geben sich zu öffnen, sich zu erklären und Hintergründe deutlich und einsichtig zu machen. So gewinnen wir ein gemeinsames, verbindendes, tieferes Verstehen. Und lernen Hören nicht nur auf das Gesagte, sondern auch (oder besonders) auf das nicht Gesagte: Damit wir nicht in den anderen etwas hineinhören, was er oder sie gar nicht sagen will ...

Befreite Hände und Füße

Hände und Füße sollen die Mitmenschen dem Lazarus ebenfalls lösen. Ein Paar sitzt vor mir und klagt. Sie: »Ich traue mich ihn ja gar nicht (mehr) anzufassen, schon gar nicht zärtlich zu sein mit ihm, weil ich immer schon gleich Angst habe, er würde dann wieder aufs Ganze gehen ...« Und er: »Ich trau mich schon gar nicht mehr sie anzufassen, weil sie gleich zusammenzuckt in dem Moment, wo ich auch nur die Hand ausstrecke, und dann bin ich wie gelähmt.« Und sie verschränkt die Arme und macht sich sichtlich körperlich zu. Und er setzt sich zurück und ballt die Fäuste. In einer solchen Situation müssen wir erst mühsam miteinander wieder lernen, die Hände zu gebrauchen, es zu wagen, dem anderen die Hand hinzustrecken, eine Brücke zu bauen, den anderen zu berühren und sich berühren zu lassen, ohne Forderung, in Freude und Freiheit genießend, gebend und nehmend.

Aber wir sind oft so verfangen im Gewesenen, Hände und Arme sind so erstarrt und müssen erst aufgeweckt werden zu neuem Leben und neuer Lebendigkeit und Tatkraft. Bis die Hände wieder frei werden, um den Stift zu nehmen und einen lang anstehenden Brief zu schreiben, den Telefonhörer zu ergreifen und ein versöhnliches Telefonat zu wagen, ein Geschenk einzupacken und dem Nachbarn zu bringen, mit dem man schon so lang zerstritten ist, ihm die Hand hinzustrecken und zu sagen: »Vergessen wir's doch, was gewesen ist und fangen wir neu an!« Bis sie wieder helfend zupacken können, der alten Nachbarin zweimal in der Woche einkaufen helfen, jemanden im Rollstuhl umherschieben, der sonst aus dem Pflegeheim fast nie heraus kommt – oder was immer an »Hand-lung« sich einstellt, wenn Ihre Hände lebendig werden ...

Auch dafür, dass die Füße gehen lernen, brauchen wir die Hilfe der anderen. Wissen Sie noch, wie lang der Weg zum Laufenlernen eines Kindes ist, wie lang vielleicht Ihr eigener war? Und übertragen: Wie viel liebevolle Zuwendung und Geduld habe ich selbst erlebt von meinem Therapeuten, der mich jahrelang bei meinen Schritten und Wegen begleitet hat, mir aufhalf, wenn ich wieder über dieselben Steine gestolpert bin, in dieselben Löcher gefallen oder in derselben Sackgasse gelandet bin. In gründlichen Analysen dem nachzugehen, was da an alten ungelebten Gefühlen, an Wünschen oder Verletzungen mit hineinspielt, was ich da auf meinem Weg vielleicht auch an Signalen übersehe, an Gefühlen überhöre, an Warnungen missachte, oder wie ich vorausschauender und mir meiner selbst bewusster planen und leben, achtsamer und sorgsamer mit mir und meinem Energieniveau umgehen kann und den Mut finde, deutlicher zu zeigen, wer ich bin, wie ich bin und auch wie ich nicht bin. Das brauchte Begleitung Schritt für Schritt.

Ein anderes Beispiel: Eine Frau in den Vierzigern fragt: »Soll ich in dieser demütigenden Situation in meiner Arbeitsstelle bleiben, soll ich mir das alles weiterhin gefallen lassen – oder weggehen? Oder gleich ganz weggehen – aus der Ehe, aus der Familie, aus der Arbeit, aus diesem Ort – und wo anders ein ganz neues Leben anfangen ...?« Oder dieser Pfarrer in den besten Jahren, der mir anvertraut: »Ich habe in meiner Ehe immer geschluckt. Habe immer versucht meine Frau aufzufangen, aufzumuntern, alles zu ertragen und mit allem zurechtzukommen. Aber nun geht es nicht mehr weiter. Was ist mein Weg? Wo sind die Grenzen meiner Verantwortlichkeit für die anderen, wo der Beginn meiner Verantwortung für mich und mein eigenes Leben? Wie komme ich da bloß raus?«

Dies jedenfalls waren Jesu erste Worte, als Lazarus sich aus dem Dunkel, aus der Kälte, aus der Erstarrung löste und heraustastete – nicht an ihn selbst gerichtete Worte, sondern an die anderen: »Bindet ihn los!«

Impulse 1. Haben Sie das schon erlebt, genießen dürfen, dass Menschen Ihnen geholfen haben, dass Ihnen die Augen aufgehen, die Ohren und der Mund sich öffnen, durchlässig werden nach außen und nach innen, dass Ihre Hände und Füße befreit werden? Was könnte Ihnen dazu helfen? Was fehlt? Gibt es Menschen, die Sie einbeziehen können in diesen Prozess, die Ihnen diesen Hilfs- und Liebesdienst tun könnten? Wie können diese Menschen erfahren, dass Sie sie brauchen?

2. Wer oder was fällt Ihnen ein, wo Sie selbst vielleicht ein/e Helfer/in werden könnten für jemanden, um ihn oder sie »loszubinden«?

»Lasst ihn gehen!« – Lass dich gehen ...

Unmittelbar nach dem »Löst ihm die Binden!« sagt Jesus noch etwas: »Lasst ihn gehen!« Was könnte das wohl heißen? Lasst ihn gehen, lasst ihn los, lasst ihn laufen, überlasst ihn sich selbst? Wenn jemand so langsam wieder zum Leben erwacht, ist es wichtig, dass man ihn in Ruhe lässt, dass man ihn nicht gleich überfällt mit eigenen Ansichten oder Bedürfnissen Er oder sie braucht zunächst einen großen Freiraum. Wie auch in der vorherigen Geschichte die Tochter des Jairus schon ...

»Lasst ihn gehen« könnte aber auch an Sie selbst gerichtet sein, nämlich im Sinne von: »Lass dich gehen, lass dich doch wirklich einmal gehen. Reiße dich nicht immer nur zusammen, streng dich nicht dauernd an, fordere nicht dauernd etwas von dir, überfordere dich nicht, sondern lass dich getrost mal gehen ...!«

Impuls Haben Sie das schon einmal zu sich gesagt: Lass dich gehen? Wie war das? Können Sie sich Etappen schaffen, wo Sie sich das erlauben? (Denn ständig geht das natürlich nicht ...)

In einem meiner Seminare haben wir mit dieser Lazarus-Geschichte ganz tief greifende Erfahrungen gemacht. Zuerst haben wir uns in einer intensiven Übung bewusst nach innen begeben, uns zurückgezogen und Kontakt aufgenommen mit dem Erstorbenen, Starren, Leblosen und Ungelebten in uns, mit dem, was da vielleicht wimmert und schreit, aber bisher in unserem Leben nicht heraus darf. Mit dem was – vielleicht über Jahre, über Jahrzehnte hin – langsam erstorben und kalt geworden ist. Wir hatten uns innerlich all dem gestellt, Kontakt damit aufgenommen und versucht es anzuschauen, anzuhören und anzunehmen. Und dann wagte ich es, die Stimme des Lebens, den Ruf der Lebendigkeit zu verkörpern, indem ich jede und jeden der Teilnehmenden herausrief aus der Verborgenheit unter einer Decke oder aus den tiefen eigenen Gedanken und Gefühlen oder Verstrickungen, indem ich genau so rief wie Jesus damals: »Lazarus, komm heraus!« »Ruth, komm raus«, »Dorothea, komm«, »Peter«, »Madelaine, komm – heraus!«, »Heike, komm raus«. So habe ich alle einzeln beim Namen gerufen. Und so kamen sie heraus, berichteten, was alles ihnen in der inneren Versenkung, in Kälte, Grab und Abgestorbenheit begegnet ist, wie das war und was es in ihnen ausgelöst und bewirkt hat. Eine blieb stehen, mit der Decke über dem Kopf, bis ich sagte (wie Jesus damals auch): »Erlöst sie von der Decke.« Im Gespräch danach war sie noch gar nicht richtig ansprechbar und erzählte mir später: »Ich war noch so in meinem Prozess, ich wollte noch gar nicht angesprochen werden. Mir war das alles viel zu viel, auch die Zuwendung, auch die Aufmerksamkeit der anderen. Ich war doch gerade erst so ein bisschen zum Leben erwacht – das war mir alles viel zu viel.« Ich könnte mir denken, dass Jesus das gemeint hat, als er sagte: »Lasst ihn gehen.« Man sollte ihn zunächst in Ruhe lassen. Nicht über ihn herfallen mit all den Fragen: Was hast du erlebt? Wie war das denn? Einer, der wirklich anfängt, aus der Erstarrung sich zu lösen, wo die Kälte langsam weicht und das Eis schmilzt, der ist noch gar nicht ansprechbar, der kann noch nicht antworten, der muss doch erst mal selbst fühlen, staunen, verkraften. So habe ich das empfunden.

Ruheraum für das Neue

Dem Leben einen Raum geben, der gerade sprießenden und keimenden Lebendigkeit einen Schutzraum gewähren. Damit nicht gleich seine Schwestern kommen, Maria und Martha, und ihn mit ihrer Liebe überschütten. Damit sie ihn lassen, loslassen und in die Welt gehen lassen. Zu seinen Abenteuern, zu seinen neuen Bekanntschaften, seine eigenen, ganz anderen Wege – unabhängig und vielleicht weit weg vom Familienverband und vom großen Clan.

Auch darin liegt eine ganz große Weisheit des Therapeuten Jesus, dass er Lazarus diesen »Raum« gibt und das Bedürfnis nach Distanz, das Ruhebedürfnis, die Notwendigkeit des Schweigens, Staunens erkennt, wo vielleicht nur Staunen geht, benommenes Dasitzen oder Tanzen! Wir haben damals miteinander getanzt, einen schwungvollen meditativen Tanz zu unserer Lebendigwerdung, Auferweckung, Auferstehung. Und da konnte die ganze Freude fließen, Spannung sich lösen, in Bewegung umgesetzt und frei werden. Aber man muss sehr sorgfältig nach innen hören, hinspüren, was es jetzt in diesem Moment ganz genau braucht. Vielleicht eben gar nichts. Vielleicht einfach dieses »gehen gelassen« zu werden. Kennen Sie diesen umgangssprachlichen Ausdruck? »Lass mich doch endlich gehen« im Sinne von »Lass mich doch endlich in Ruhe, lass mich sein, lass mich!«

Impulse 1. Haben Sie das schon mal gewagt, jemand gegenüber zu sagen: »Bitte, lass mich!«, »Lass mich bitte los! Lass mich bitte gehen« oder »Lass mir im Moment bitte meine Ruhe!« Wie war das? Ermutigend, befreiend, erfolgreich? Oder stießen Sie auf Unverständnis, beleidigte Mienen, Eingeschnapptsein? Wann, wie und wo könnten Sie das wieder brauchen und wieder wagen?!

2. Für welche Zustände, in welchen Situationen brauchen Sie die Fähigkeit zum Selbstschutz? Was tut Ihnen dann gut? Wie können Sie Ihr Inneres, Ihr vielleicht neu entstehendes Selbstbewusstsein, aufkeimende Hoffnungen, zarte Knospen neuer Gefühlsregungen oder dämmernde Erkenntnisse schützen vor der Ein- und Zudringlichkeit anderer?

3. Meditieren Sie einmal die folgenden Worte von Werner Sprenger aus dem Buch »Ungelebtes Leben leben«![42]

Die ungeweinten Tränen weinen.
Die verpassten Möglichkeiten passend machen.
Den runtergeschluckten Ärger aussprechen.
Die ungesagten Liebesworte sagen.
Das Unerträgliche nicht mehr tragen.
Den Nächsten lieben, der du bist.
Das Leben ist kostbarer als Gold.
Über das Lächerliche lachen.
Ernst nicht nur auf Begräbnissen sein.
Jeder neue Tag ist ein neues Leben.
Alte Fehler nicht erneuern.
Guten Tag sagen und – meinen.
Menschen nicht zum Teufel wünschen.
Katzen streicheln.
Mit Hunden sprechen.
Mit Vögeln um die Wette singen.
Wanderwege nicht mit dem Auto fahren.
Aus dem Leben ein Fest machen.
Das Birkengrün im März bewundern.
Hin und wieder Straßenbahn fahren.
Mehr Liebesbriefe schreiben.
Gute Vorsätze sind besser als schlechte.

Der Weg jedes Menschen ist anders

Jeder Weg ist anders: Das ist ein Schlüssel zum Verstehen all dieser Geschichten, mit denen wir uns hier befasst haben.

Impuls Ich möchte Sie jetzt vor dem Weiterlesen erst einladen, sich einige Augenblicke ganz gemütlich hinzusetzen, dass Sie sich einfach Gelegenheit geben, sich ein paar Atemzüge lang zu freuen. Es ist eine Heilungsübung: Ich freue mich daran, dass ... Innerlich suchen wie es das Lied empfiehlt: »Geh aus mein Herz und suche Freud«. Deswegen fangen wir so an, dass Sie sich so bequem und gemütlich wie möglich hinsetzen, die Füße bewusst mit dem Boden Kontakt aufnehmen lassen. Das ist der Boden der Tatsachen, auf dem wir immer stehen müssen. Nicht abheben, festgegründet stehen. Und da stehen die Füße, auch wenn Sie jetzt sitzen und Ihr Gewicht dem Stuhl überlassen. Und vielleicht genießen Sie dieses Bewusstsein, Rückenstärkung zu bekommen. Spüren Sie mal hin, Sie bekommen den Rücken gestärkt! Und vielleicht löst das ein kleines Schmunzeln aus oder ein Lächeln und vielleicht ist es auch schön, dass Ihre Hände jetzt ruhen dürfen. Hände in den Schoß legen und loslassen und ein paar Atemzüge mit der Aufgabe verbringen: Ich suche etwas, was mich freut. Was war heute schön? Wo hat mich der Geist des Lebens berührt? Wo hat mich die Freude berührt? Gibt es noch einen Grund sich zu freuen? Und falls Sie spüren sollten, dass sich dabei auch Ihre Schultern lösen und Ihre Gesichtszüge auch beinahe ein wenig aufhellen bei dieser Vorstellung: »Das hat mich heute gefreut, das hat mir gut getan«, dann lassen Sie es ruhig zu. Dann würden sich einfach Ihre Gesichtsmuskeln lösen und entspannen und Sie können bei Ihrer Freude sein. So können Sie zu Ihrer eigenen Freude gehen. Jetzt mit dieser »Dame« Kontakt aufnehmen – in der Vorstellung – dass wir Gefühle durchaus personifizieren können – und Sie nehmen Kontakt auf mit der Freude. Und zugleich können Sie herumschauen in Ihrem Inneren, wer da noch alles da ist. Vielleicht ist gleichzeitig die Trauer da. Vielleicht ist gleichzeitig der Schmerz da und gleichzeitig der Mut. Oder wer ist jetzt da bei Ihnen, an Ihrem inneren »runden Tisch«? Heißen Sie sie alle willkommen! Es geht darum, dass wir ganz werden. Und dazu gehört eben alles, was da in uns ist. Und jetzt wünsche ich uns, dass wir uns aufmachen können, für die Weisheit und für die Lebenskraft, für das Licht und die Wahrheit. Licht für mein Denken. Licht für mein Reden. Licht für mein Tun. Licht für mein Herz. So sei es!

Wir schauen zurück auf all die verschiedenen Heilungswege und entdecken: Jeder Weg ist anders! Von den Menschen in Indien habe ich gelernt: Sie haben ein Sprichwort oder eine Grundweisheit, die heißt: »*Die Menschen sind alle verschieden.*« Das ist eine Grundklarheit und Wahrheit für die Menschen dort. Bei uns, im so genannten Abendland, hat es sich eingebürgert, seit ungefähr zweihundert Jahren – das ist eigentlich eher neu – zu sagen: »*Die Menschen sind alle gleich.*« Man hat es in Verfassungen hineingeschrieben: Die Menschen sind vor dem Gesetz alle gleich an Würde, gleich an Rechten, gleich an Pflichten. Das ist ein Konzept in unserer neueren Welt. Es ist auch in die amerikanische Verfassung aufgenommen worden und beherrscht so seit zweihundert Jahren das Denken in Europa und in Amerika. Und ich denke: *Beides* ist wichtig und beides ist richtig. Die Menschen sind alle gleich, das erfahren wir ja auch durch die Grundaussage, dass wir alle Geschöpfe Gottes sind, dass wir alle zur Familie Gottes gehören, er hat uns alle als sein Gegenüber geschaffen. Das macht uns tatsächlich alle gleich.

Und doch finde ich die andere Weisheit auch sehr wichtig: Die Menschen sind alle verschieden. Und die Wege der Menschen sind alle verschieden. Darum habe ich formuliert: Jeder Weg ist anders. Weil ich dieses beobachte bei den Heilungsgeschichten Jesu wie überall im Leben.

Nicht einfach eine Methode

Wir haben ja verschiedene Geschichten einzeln betrachtet. Zusammenfassend wollen wir nun auf verschiedene Heilungsgeschichten schauen und daran studieren: Wie ist das eigentlich? Gibt es da eine Methode? Und wir werden merken: Es ist in jeder Heilungsgeschichte *immer wieder anders*. Eine ganz wichtige Grundaussage! Weil Jesus die Menschen kennt und weiß: Jede/r ist anders, jede/n muss ich deswegen anders behandeln. Er schaut auf die Hintergründe. Er schaut auf den Seelenzustand dieses Menschen, er schaut auch auf seine Belastbarkeit und all solche Faktoren, und das hat zur Folge, dass er jede/n anders, jede/n sorgsam für sich betrachtet und behandelt. Mein Therapeut, dem ich sehr viel verdanke, hat immer wieder betont: »Das muss man doch ganz personal sehen.« Das heißt, nicht alles über einen Leisten scheren, nicht nach einem Schema, einer festen Lehr- oder Schulmeinung, sondern: Was für den einen gut und richtig ist, das kann für den anderen vielleicht ganz anders sein. Vielleicht sogar schlecht und falsch. »Das muss man ganz personal sehen«, ganz zugeschnitten auf dich und deine Person. Auf dich und deine Geschichte. Auf dich und deinen Werdegang. Auch die Lasten, die du trägst. Jeder, der Jesus nachfolgt – so hat er gesagt – soll sein Kreuz auf sich nehmen. Und da gibt es ein gewaltiges Missverständnis, das ich bei vielen Leuten entdeckt habe. Manche meinen, man solle

Jesu Kreuz auf sich nehmen. Aber das stimmt nicht. Sondern Jesus sagt: »Wer mir nachfolgen will, der ... nehme sein eigenes Kreuz auf sich« (Matthäus 16, 24; vgl. 10,38), seine Schwierigkeiten, die Nöte, mit denen er sich rumschlägt. Wer mir nachfolgen will – Jesus sagt nicht, »der nehme mein Kreuz auf sich«, sondern – »der nehme sein eigenes Kreuz auf sich«. Heißt auch: nicht vergleichen. Wenn ich sage, »jeder Weg ist anders«, dann heißt das auch: Schauen Sie nicht herum und vergleichen Sie sich und Ihr Schicksal und Ihren Weg nicht mit dem anderer Menschen. »Vergleichen macht entweder hochmütig oder verzagt«, haben sehr weise Menschen schon gesagt. Vergleichen macht vielleicht ein bisschen übermütig, wenn ich meine, das ist bei mir ja alles ganz anders. Und vielleicht sogar besser. Oder es macht kleinlaut und vielleicht auch hoffnungslos, wenn ich vergleiche. Keine Vergleiche ziehen! Sonst schade ich mir selbst.

Nicht vergleichen: Das war auch eine Lektion, die Petrus – einer aus dieser Jüngerschar – von Jesus gelernt hat, bevor der endgültig wegging. Jesus hat vor seinem Abschied zu ihm gesagt: »Wenn du alt wirst, wird man dich eines Tages führen, wohin du nicht willst« (Johannes 21,18). Und Petrus, engagiert und vorlaut, wie er oft ist, sagt: »Aha Herr, ja, aber was ist denn mit Johannes, was ist denn mit dem anderen da?« Er will sein Schicksal mit dem des anderen vergleichen und es mit ihm in Zusammenhang bringen. Das ist eine mir sehr kostbare Stelle, weil Jesus ihn jetzt nämlich korrigiert und sagt: »Und wenn ich zu ihm sagen würde: Du wirst bleiben bis ans Ende der Tage, was geht's dich an?« (Vers 21f). Sehen Sie, da staune ich auch, wie barsch und streng Jesus gelegentlich sein kann, hier um deutlich zu machen: Jede/r hat einen ganz eigenen, einzigartigen und unverwechselbaren Weg, ganz individuell. Und den gilt es zu gehen.

Und die Nüchternheit gebietet Jesus, zu Petrus gleich zu sagen: »Hör mal, du möchtest hier gleich wieder irgendwelche

Verbindungslinien ziehen. Wenn es dir so gehen soll, dass du am Ende deiner Tage gefesselt davongeführt wirst, dann möchtest du wissen, ob es andere besser oder schlechter haben – willst vergleichen.« Und deswegen sagt er sofort: »Weißt du, geh du *deinen* Weg und lass dem anderen *seinen* Weg. Und wenn sein Weg sein sollte, dass er bis zum Schluss bleibt, dann geht's dich nichts an.« Eine sehr heilsame Geschichte über Wege – Lebenswege. Auch Leidenswege.

Immer verschieden, immer wieder anders

Jeder Weg ist anders. Das ist bei all den Heilungsgeschichten ganz auffallend. Da ist es zum Beispiel so, dass Jesus 10 Aussätzige heilt. Da spricht er nur, die berührt er nicht. Man könnte jetzt auf die Idee kommen: Aha, einen Aussätzigen berührt er besser nicht. Es gibt aber eine andere Geschichte, wo er einen Aussätzigen heilt, und *den* berührt er (vgl. Markus 1,40–45 mit Lukas 17, 11–19!). Es gibt eine Blindenheilung in Matthäus 9,27–31, wo zwei Blinde geheilt werden, oder eine Geschichte in Markus 8,22–26 und auch in Johannes 9, wo ein Blinder geheilt wird. Beide Male geschieht die Heilung in Verbindung wieder mit einer liebevollen, zärtlichen Berührung. In der Geschichte des blinden Bartimäus von Jericho (Markus 10,46–52), der da ruft und von ihm geheilt wird, geschieht das Wunder jedoch ohne jede Berührung. Es zeigen sich noch mehr Unterschiede zwischen den Erzählungen von Markus 10 und Markus 8, der eine schreit und kommt – den anderen bringen sie herbei: Sie bitten Jesus – nicht er selbst. Er trennt ihn *von* der Menge – jenen heilt er *vor* der Menge. Hier tut er Speichel auf die Augen, legt die Hände auf, dort spricht er »nur«. Den schickt er heim, jener geht mit ihm und folgt ihm nach. Der schon blind Geborene bekommt eine ganz andere Behandlung als der im Lauf des Lebens blind Gewordene. So verschieden! Der Heiler Jesus nimmt jeden anders.

Wenn man diese Geschichten genau anschaut, kann man manchmal wohl darauf kommen, was vielleicht die Ursache für das eine oder das andere Verhalten Jesu sein könnte. Den Gelähmten von Johannes 5 hat Jesus gefragt: »Willst du gesund werden?« Einen anderen Gelähmten (Markus 2) haben vier Freunde gebracht, durchs Dach heruntergelassen. Den fragt Jesus nicht nach dem Warum. Vielleicht war es augenscheinlich. Wir können mutmaßen und man kann sich hineinfühlen in diese Geschichten. Warum fragt er da, und warum fragt er woanders nicht? Wir haben ja in Johannes 5 genau hingeschaut, haben festgestellt, bei dem, der da 38 Jahre lang krank war, da ist die Frage vielleicht wichtig: Willst du denn *wirklich* die Mühe auf dich nehmen, wenn du geheilt wirst, dass du dann – in unserer Sprache – »selbstständig« wirst? Dass du dann »Standfestigkeit« im Leben brauchst. Wirst du es wollen, dass du »deinen Weg gehst«? Wirst du es schaffen, »Schritte« zu gehen, auch im übertragenen Sinn? Willst du das wirklich? Den fragt er, den anderen fragt er nicht. Bartimäus fragt er: »Was willst du, dass ich dir tun soll?« Die Aussätzigen rufen von sich aus, die braucht er nicht mehr zu fragen. Es ist in jedem Fall anders. Manche werden zu Jesus gebracht. Da ist ein Vater, der seinen epileptischen Sohn bringt, da ist ein Taubstummer, der gebracht wird. Bei dem Hauptmann von Kapernaum kommt der Vater und bittet für seinen Sohn. Und je nach Situation verhält sich Jesus anders. Hier der Vater bittet für seinen Sohn und Jesus sagt ihm seine Hilfe zu. Eine Mutter kommt und bittet für ihre Tochter, und dabei entsteht ein Streitgespräch! Und Jesus weigert sich. Es ist wert, über diese Unterschiede viel nachzudenken: manchmal im Setting, in der »Methode« und Vorgehensweise (Berührung oder nicht, Fragen oder nicht, Initiative von wem ausgehend?).

Es ist immer anders. Bei Jairus' Tochter wird er geholt zu einer Sterbenden, im Fall eines jungen Mannes bei Nain ergreift *er* die Initiative, da geht *er* auf ihn zu. Er sieht einen Leichenzug und er greift ein, von sich aus, ungerufen (Markus 5 und Lukas 7). Wer wird aktiv, wer handelt zuerst? Immer anders!

Verschieden ist oft auch der Schluss der Geschichten. Der Gelähmte von Johannes 5 bekommt gesagt: »Geh hin.« Jesus lässt ihm alles offen, er entlässt ihn ins Offene, in seine eigene Freiheit, auf seinen eigenen Weg. Geh hin – ohne Richtungsangabe.

Der Gelähmte von Markus 2, den die Freunde bringen, der bekommt gesagt: »Geh heim!« Aber das könnte ja auch gut verständlich sein. Der hat ja offenbar gute Freunde, der hat ja einen Kreis, wo er eingebunden und eingeflochten ist. Also hat er Menschen, wo er hingehen kann und zu Hause ist, wo er geschützt, geborgen ist.

Der andere, der 38 Jahre lang dalag und nie Hilfe finden konnte, hat ja auch nichts, wo er hingehen könnte, vielleicht. Oder der Besessene bittet ihn, mitgehen zu dürfen. Erstaunlich, da will jemand in die Nachfolge und Jesus lässt ihn nicht (Markus 5, 1–20). Das ist jedenfalls kein Jesus von den Missionsmethoden, wie sie im 16. bis 20. Jahrhundert manchmal praktiziert wurden, wo Menschen wirklich mit viel – auch psychologisch-gruppendynamischem – Geschick gerufen werden in die Nachfolge. Jesus unterscheidet! Hier rät er einem, nicht mit ihm zu gehen, sondern er sagt: »Geh heim zu den Deinen und verkündige.« Vielleicht nutzt er das Potenzial dieses Menschen – in diesem Menschen steckten ja ungeheure Kräfte. Wenn der jetzt geheilt ist, kann er vielleicht verkündigen, wie sonst selten einer ... Ein Blinder, Bartimäus, wird geheilt und folgt ihm. – Drei verschiedene Verhaltensweisen am Schluss, drei unterschiedliche Gehrichtungen!

Und dann – damit Sie die Verwirrung über die Vielschichtigkeit auch deutlich spüren – noch dieser Hinweis: Manche bekommen verboten, es weiterzusagen, was ihnen geschehen ist. Zwei Blinde z.B. bekommen gesagt: »Sagt es nicht weiter.« Ein anderer – auch ein Blinder (in Markus 8) – bekommt kein Verbot. Also immer unterschiedlich, immer anders. Jeder Weg ist anders. Jesus erspürt die Lage jedes Einzelnen, er überfordert keinen, er schaut ganz genau hin und spürt: Was brauchst du, hier, jetzt, heute? Und danach richtet er sich.

Impulse 1. Ich lade Sie ein, sich während des Lesens zwischendurch einmal zurückzusetzen und dieses ein bisschen auf sich wirken zu lassen und in sich eindringen zu lassen, dieses Bewusstsein: *Du bist einzigartig*. Das zeigt Jesus uns doch mit all diesen verschiedenen Verhaltensweisen. »Du bist einzigartig, du bist eigen-artig. Du bist ganz eigen in deiner Art. Und das ist richtig so, und das ist wichtig so. Du bist wichtig, so wie du bist. Du bist unverwechselbar und du bist wertvoll.« Vielleicht probieren Sie es, diese Sätze in Ihrem Inneren still zu sich selber zu sagen. Diese Übung müssen Sie gar nicht auf heute beschränken, sondern das könnten Sie in Zukunft öfter tun.

2. Das ist auch eine geistlich-spirituelle Übung: Sich hinsetzen und sich zusprechen und sich diese *Perspektive Gottes* klarmachen: Du bist einzigartig, ich bin einzigartig. Ich bin wertvoll. Ich bin geliebt, weil das Jesus zu jedem Menschen sagt, weil es Gott zu jedem sagt, der von seinem Geist und seiner Liebe erfüllt und durchdrungen sein will und dem Weg und der Sache Jesu folgt, genau so wie zu Jesus: »Du bist mein geliebter Sohn, du bist meine geliebte Tochter. Ich habe Freude und Wohlgefallen an dir« (Markus 1,11, vgl. Römer 8,15–17). Ich bin geliebt. Ich bin wichtig. Ich bin unendlich wertvoll. Und ich bin unverlierbar. Weil Jesus sagt: »Niemand soll sie, meine Nachfolger/innen, aus meiner Hand reißen und niemand soll sie aus meines Vaters Hand reißen« (Johannes 10,28f). Da sind zwei Hände, in die ich mich hinein berge. Und du kannst dich darauf berufen: Ich bin geborgen. Ich bin unverlierbar und sicher in Jesu Händen, in Gottes Händen. Ich bin einzigartig und eigen-artig. Und das ist gut so. Machen Sie es öfter: sich hinsetzen, in die Stille begeben und sich diese Sätze und Grundwahrheiten zusprechen.

3. Können Sie durch all die vorangegangenen Erkenntnisse und Überlegungen vielleicht sich selber und Ihren bisherigen Weg ein wenig besser verstehen? Manches Ihnen Widerfahrene anders einordnen oder auch manche Entwicklungen anders bewerten? Vielleicht gar annehmen und akzeptieren? Frieden schließen mit Ihrem Schicksal? Was wäre (noch) nötig, um ein gereiftes, durcharbeitetes, tiefes Ja zu finden zu Ihrem ganz speziellen, ureigenen Weg? Ihn zu empfangen und zu bejahen: »Mir geschehe.«

Was ist mit den Krankgebliebenen?

Wir haben jetzt angeschaut, wie Jesus Menschen geheilt hat. Und wie verschieden das ist. Und wie jeder Weg anders ist. Aber zur Wahrheit dieser Geschichten gehört auch dieses, dass es damals und heute trotzdem Menschen gegeben hat, die nicht geheilt wurden. Die krank geblieben sind, die krank leben mussten und leben müssen. Ich denke zu unserem Thema gehört das ganz wichtig mit dazu. Die Frage: Und wenn man krank bleibt? Und wenn jemand keine Heilung findet? Wie ist das dann? Paulus z.B. spricht von sich, dass er ein großes Problem hat. Was es ist, sagt er nicht näher. Aber etwas, was ihn quält und sehr bedrängt. Und wo er sich oft fast wie gefoltert fühlt, so beschreibt er das (2. Korinther 12,7–9). Und er schreibt, dass er damit leben muss. Es wurde ihm nicht genommen.

Es gibt Dinge und Schwierigkeiten und offenbar auch Leiden, die uns auch nicht genommen werden. Mit denen wir vielleicht leben lernen müssen. Zunächst ist vielleicht wichtig, sich klar zu machen: Wir sind zweitausend Jahre entfernt von der Zeit, in der Jesus gewirkt hat. Aber er will auch heute noch weiter wirken. Wenn ich krank bin, gibt es die Möglichkeit des Gebetes und dann gibt es die Möglichkeit, Brüder und Schwestern zu rufen, die für mich oder mit mir beten und mich berühren: So hat Jesus das geboten und so steht es auch im Jakobusbrief

(5,14ff), dass wir beauftragt sind – glaubende Menschen untereinander können das handhaben – einander die Hände aufzulegen »und das Gebet des Glaubens wird dem Kranken helfen«. Hier muss man sehr genau hinsehen. Es wird ihn vielleicht nicht unbedingt heilen, aber es wird dem Kranken helfen, ihn aufrichten – wie auch immer. Wie interessant. Wie wichtig vielleicht der Unterschied.

Aber Jesus sandte seine Jünger nicht nur aus, um etwas zu verkündigen, sondern auch, um zu heilen, Abergeister/Dämonen auszutreiben, Menschen von den Toten aufzuerwecken. Und das kann alles auch symbolisch verstanden werden. Das ist der Auftrag in Matthäus 10 an seine Zwölf, in Lukas 10 an die 70 und in Markus 16 an seine Jünger. Er hat in Johannes 20,21 auch ausdrücklich gesagt: »So wie mich der Vater gesandt hat, so sende ich euch.« Oder auch in Lukas 10,16: »Wer euch hört, der hört mich.«[43] Er hat sozusagen *uns* eingeladen, seine *Stellvertreter* zu werden. Das muss man ernst nehmen, wenn man will. Wir sind aufgefordert, an seiner Stelle das zu tun. Das ist weithin auch in Vergessenheit geraten. Es ist eine Ermächtigung. Dieser Aspekt ist wichtig. Wir haben da einen Auftrag, auch füreinander und miteinander. Und trotzdem bleiben viele krank. Oder trotzdem werden viele krank.

Sinn finden: Eine ganz persönliche Aufgabe

Und deswegen möchte ich zum Abschluss dieses Kapitels noch ein wenig in die Richtung hintasten: Kann es sein, dass oft Krankheit auch einen *Sinn* hat? Es ist eine gefährliche Fragestellung. Weil sie so furchtbar viel missbraucht wurde. Es hat immer wieder Menschen gegeben, die für andere einen Sinn definiert haben. Es hat sogar (so genannte) Seelsorge gegeben, gibt es immer noch sehr oft, wo Menschen zu anderen sagen: »Ich glaube, dir möchte Gott dadurch zeigen ... oder ich glaube, es ist aus dem Grund weil ...« Das gab es bei Hiob schon. Bei

Hiob aber haben die Freunde schließlich beigebracht bekommen von Gott, wie falsch sie dran sind, mit all ihren gut gemeinten und ganz frommen Ratschlägen. Sie bekamen sozusagen »auf die Finger geklopft«. Sie sind am Schluss ja alle still geworden – zum Glück. Also dann lieber still sein, als anderen einen Sinn ins Leiden hineinzuinterpretieren. Dieses nicht! Das ist Missbrauch. Das hat es oft genug gegeben, das muss beklagt werden. Aber das wollen wir nicht weiterführen!

Jedoch *selber* fragen. Ich denke, Sinn zu finden ist eine ganz persönliche Aufgabe. Da können andere vielleicht bestenfalls helfen. Vielleicht durch Vorbildwirkung. Da braucht man nicht reden und dem anderen sagen: Du musst es so machen. Sondern selber so leben. Sein Leiden annehmen und es vielleicht verwandeln, falls das geht. Jedenfalls: Sinn ist nicht für den anderen definierbar, aber Sinn kann Krankheit möglicherweise haben oder bekommen für Menschen. Manche kommen durch Krankheits- und Leiderfahrungen in eine Neuorientierung hinein. Vielleicht in ein Haltmachen und ein Bedenken des Lebens. Das alte Wort Buße wird oft falsch übersetzt. Zugrunde liegt ein hebräisches Wort, das soviel heißt wie eine Rückkehr und Umkehr, eine Wende, eine »Umdrehung« machen, also eine Kehre um sich selbst. Und das ist eine ganz heilsame Praxis. Wenn ich auf einem Weg unterwegs bin – das wird vorausgesetzt, wenn das Wort Buße diese Umdrehung meint –, wenn ich auf einem Weg unterwegs bin, dann werde ich irgendwann Halt machen, stehen bleiben und jetzt eine Wendung machen, Umschau halten, um alle Möglichkeiten in Augenschein zu nehmen. Wo bin ich denn da hingeraten in meinem Leben? Wie bin ich denn daher gekommen? Und welches könnte die neue Richtung sein für mich? Und da gibt es Dreihundertsechzig-Grad-Möglichkeiten. Dreihundertsechzig Grad vom Denken des Kreises her und dem einer »Umkehrung«. In diesem Sinne ist Buße eine Neuorientierung. So etwas kann für viele durch Krankheit ausgelöst werden. Dann wäre sie sozusagen

»gewandelt« und würde einen Sinn bekommen. Vielleicht kann ich so selbst Krankheit oder Leiden oder Beschwerden einen Sinn geben.⁴⁴ Wie kann ich das tun?

Impuls Das wäre eine Suchaufgabe für Sie: Schauen Sie in Ihrem Leben zurück auf schwere, notvolle Zeiten, auf Zeiten der Krankheit: Waren diese immer nur schlecht und schlimm? Hatten diese oder bekamen Sie auch etwas Gutes? Konnte daraus positive Veränderung entstehen – oder Sie selbst anders, erneuert oder gestärkt daraus hervorgehen? Oder forschen Sie bei anderen, lesen, studieren Sie Biografien, Schicksalsberichte, Filme daraufhin, unter diesem Aspekt: (Wie) konnte sogar Leid womöglich gelegentlich fruchtbar werden?

Der Erzvater Jakob ringt zum Beispiel mit einer tödlichen Bedrohung. In Genesis/1. Mose 32 wird erzählt von seinem Ringen mit einer dunklen Figur, wo es um Leben und Tod geht. Dieser Geschichte müsste man keinen Heiligenschein geben, sondern es wird sehr deutlich, dass Jakob das Gefühl bekam: Jetzt verliere ich, beinahe ist es so, dass ich besiegt werde. So wird dieser Kampf beschrieben. Es geht wirklich um eine tödliche Bedrohung. Und dann kippt da etwas in der Geschichte und am Schluss heißt es, Jakob habe »mit Gott gerungen«. Deswegen bekommt er den neuen Namen »Israel«: Gottesstreiter (Vers 29: »Du hast mit Gott und mit Menschen gekämpft und gesiegt.«). Auch wichtig: mit Gott ringen. Nicht immer bloß dienen. Und etwa bei allem, was nach »Gott« klingt, Ja sagen. Ja, ja, ja ... Sondern gute gesunde, starke, jüdische Tradition ist es, dass diese Glaubensväter wussten: Man kann mit Gott ringen, ja man *muss* auch mit Gott ringen.⁴⁵

Jesus hat in Gethsemane mit Gott und mit seinem Schicksal gerungen. So gerungen, dass es heißt, dass sein Schweiß wie Blutstropfen auf die Erde fiel (Lukas 22,41–44). So haben noch wenige gerungen. Abraham hat in Genesis/1 Mose 19 mit Gott verhandelt, das ist diese Spur. Und Jakob hat mit Gott gerungen und es heißt dann, er habe gesiegt. Mein Gott. In dieser Umklammerung sagt er zu dieser Figur, mit der er gerungen hat: »Ich lasse dich nicht, du segnest mich denn. Ich lasse dich nicht los, bevor du mich nicht gesegnet hast.« Ich flehe: Um alles in der Welt aus dieser Kampfessituation hervorgehen *als ein Gesegneter* und nicht anders! So ringen, mit Krankheit, mit Todesbedrohung, mit Schwierigkeiten. Das wäre ein Modell!

... *heute erlebt*

Ich biete Ihnen noch einige Geschichten als Beispiele an, um Sie anzuregen, sie dann für Ihr eigenes Leben fruchtbar zu machen: Eine 75-jährige Frau, krebskrank, Diagnose: Es ist diese Art von Krebs, die in einem halben Jahr zum Tod führt. Sie berichtet: »Dann habe ich begonnen, richtig zu leben. Und dann habe ich jeden Tag bewusst gelebt und mich möglichst an allem gefreut. Das hat mein Leben intensiv gemacht. Ich bin dankbar geworden. Jetzt lebe ich erst richtig und jetzt lebe ich erst achtsam, wach und wirklich!« Sie durfte dann länger leben als ein halbes Jahr. Aber das hat ihr Leben verwandelt und sie hat entdeckt: Ich habe jetzt in diesen paar Monaten mehr gelebt an Qualität und Intensität als in meinen siebeneinhalb Jahrzehnten vorher. »Ich lasse dich nicht, du segnest mich denn ...«

Hans-Martin B., 40-jähriger Manager, erfolgreich im Beruf, bekam Herzrhythmusstörungen und eine Herzmuskelentzündung, entstanden durch den Stress und die Hetze seines Lebens. Er hat diese Erkrankung für sich fruchtbar machen können: Sie hat ihn zum Langsamwerden gezwungen. Sie hat ihm Einhalt geboten, hat ihn zur Ruhe gebracht, zum Nachdenken und Reflektieren. Ist das das Leben, das sich lohnt? Will ich das so? Er hat sein Leben umgestellt und lebte danach anders. Er hat angefangen, sich Zeit für sich zu nehmen. Sich Zeit für seine Seele zu nehmen, nicht nur für seine Termine und seine Kunden. Sich Zeit zu nehmen für Muse, Kreativität, künstlerische Betätigung und für Beziehung, für die Liebe. Diese Erkrankung hat sein Leben verändert.

Anna Q., eine 35-jährige Frau, bekommt immer wieder furchtbar schmerzhafte Blasenentzündungen, verbunden mit sehr depressiven Gefühlen, wie das bei Blasenentzündungen sehr oft so ist. Außerdem immer wieder außerhalb der Regel Blutungen. Zu lange. Bis sie den Mut bekommt, genauer hinzuschauen: Welche Körperregion ist das, wo meine Beschwerde ist? Es ist der Bauchraum. Es ist der Bereich der Sexualorgane. Und sie fand den Mut, ihre Partnerschaft anzuschauen. Und hatte den Mut, sich endlich einzugestehen, dass es nicht so gut und nicht so schön ist, wie sie immer glauben mochte, dass es sei. Sie hatte sich im intimen Zusammensein inzwischen zu vielem gezwungen, was sie eigentlich nicht mehr mit Lust, Freude und mit Liebe tun konnte. Und sie hat daraufhin angefangen, zu diesen Schwierigkeiten zu stehen, die sie sah, nun ehrlicher wahr- und ernst nahm und die sie erlebt hat. Sie hat gewagt, Abstand für sich zu fordern, ins Gespräch mit ihrem Partner einzutreten und zu sagen: Da ist vieles nicht so, dass es noch gut ist für mich. Und dieses Schaffen von Distanz für einen Zeitraum samt der Klärung durch viele Gespräche hatte zur Folge, dass sie keine Blasenentzündung mehr »gebraucht« hat und keine Zwischenblutungen mehr nötig waren als »Symptomsprache der Seele«.[46] Seit diesem Schritt war sie gesund!

Kann eine Krankheit einen Sinn haben? Ein 32-jähriger Therapeut, sehr engagiert, sehr verantwortungsbewusst tätig. Immer voll von Enthusiasmus und für seine Klienten da, stürzt vom Pferd und bricht sich dabei einen Seitenteil von einem Wirbel, muss etliche Wochen liegen. Und dieses wurde für ihn zu einer heilsamen Unterbrechung seines vollen hektischen Helferlebens. Er hat gelernt, sich sich selber wieder zu gönnen. Ganz nach dem Motto, wie es Marianne Kawohl formulierte: »Ich gestatte mir zu leben.«[47] Er hat gelernt, Pausen zu machen. Sein Arzt hat ihm gesagt: »Vielleicht lernst du jetzt, dir in Zukunft Ruhe zu gönnen, auch ohne Sturz vom Pferd. Dich guten Gewissens ins Bett zu legen, auch wenn du keinen angebrochenen Wirbel hast.«

Als ich für einige Zeit in Colorado/USA studierte, erlebte ich dort in den ersten Wochen etwas für mich sehr Wichtiges. Ich hatte damals eine schwere Angina, Grippe und Rachenentzündung bekommen. Dann bin ich dort zu einem Arzt gegangen und habe ihm geklagt, dass das sehr schlimm sei für mich, denn »ich bin Austauschstudent, ich bin jetzt neu hier, ich bin jetzt frisch an der Uni und das Semester hat begonnen und ich habe doch so viel zu lernen und habe doch so viel zu studieren und es ist doch so wichtig, dass ich schnell wieder auf die Beine komme.« Dieser freundliche Arzt, Chuck Steinberg, schaut mich an, mit warmen dunklen Augen und nickt so weise. Und ich sage zu ihm: »Können sie mir nicht Tabletten geben, Tropfen geben, irgendetwas Hochwirksames, damit es ganz schnell wieder vorbei geht?« Und er schaut noch ruhiger und sagt zu mir: »Hans Gerhard, jetzt musst du lernen, dich *um dich selbst* zu kümmern.« Ich hatte ihm gesagt, ich muss doch so viel »lernen«. Und er nimmt mein Wort »lernen« auf und sagt: »Du musst jetzt nichts lernen für die Seminare und für die Vorlesungen, jetzt musst du lernen, dich um dich selbst zu kümmern.« »How to take care of yourself.« Das ist ein englischer Ausdruck. Wir haben im Deutschen auffallenderweise gar keinen guten Ausdruck dafür. »Wie man um sich selber Sorge trägt.« Das fehlt in unserer Sprache. Wie man um sich selber Sorge trägt, das gab es zu lernen ...

Zwei weitere Beispiele: Ein Pfarrer in den Fünfzigern. Er leidet Seelenqualen, tiefe Verzweiflung, Depression und fast Selbstmordgedanken wegen dem Verlust seiner Partnerin – einer Trennung in seinem Leben. Eine ganz tief greifende Verletzung für ihn, dieser Verlust. Und bei dem Durcharbeiten dieser

Situation mit einem Psychotherapeuten – er hatte das Glück, jemanden zu haben – kann sich diese Geschichte »wandeln«. Und es bricht in ihm vieles auf. Alte Wunden, die er in sich trägt, können heilen, vieles, wo er immer ganz stark, egozentrisch, nur sich selbst im Blick hatte, konnte aufgesprengt werden und er konnte lernen, den anderen zu sehen, außer sich selbst. Die Situation des anderen *auch* mit sehen zu lernen. Es gingen ihm die Augen auf und er wurde durch das tief schmerzhafte Bearbeiten und Besprechen dieser leidvollen Situation beziehungsfähiger. Und eines Tages hat sein Therapeut zu ihm gesagt: »Dass deine Partnerin dich verlassen hat, das war im Grunde dein Glück.«

Und noch eine Geschichte aus dem seelischen Bereich. Eine junge, erfolgreiche Dozentin hat Schreckliches erlitten, in einem fast psychotischen Schub von Ängsten, in Angstneurosen, furchtbaren Depressionen, verbunden mit Schlaflosigkeit und Herzbeschwerden. Sie konnte zunächst nur durch schwere Medikamente behandelt werden, hat auch Psychotherapie für sich gesucht und hat, als diese Phase nach langer Zeit vorbei war, sagen können: »Mein Leben hat neu begonnen. Ich lebe jetzt anders. Ich gönne mich mir. Ich treffe klarere Entscheidungen. Ich sehe vieles klarer und deutlicher und handle entsprechend. Und ich habe gelernt, wieder gelernt und neu gelernt, zu genießen: Natur, Sinnlichkeit, Zärtlichkeit – oder einen Tee.« Das ist Wandlung. Ein Wandlungsprozess!

Heilung ein Segen – Krankheit ein Segen?

Und jetzt frage ich Sie nach diesen Geschichten: Ist die Heilung der Segen? Wenn wir geheilt werden von Krankheit? Oder ist gar in manchen dieser Geschichten vielleicht die Krankheit ein Segen? Ein Segen *geworden* ... Das ist wunderbar, wenn es möglich wird im Leben eines Menschen, dass Krankheit so sich wandelt. Und dass es dann vielleicht offen bleibt: Wie wichtig ist die Heilung? Es geht darum, dass ich annehme, was mir jetzt zugemutet wird. »Mein Kreuz«, dass ich mein Kreuz auf mich nehme und in die Richtung mich aufmache. Dass daraus ein Segen wird für mein Leben. Jeder Weg ist anders. Und keiner kann es für den anderen sagen. Aber ich wünsche Ihnen, ich wünsche mir, dass Sie und ich, wenn wir auf unseren Weg zurückschauen, sagen lernen: Dieses und jenes geschah in meinem Leben und es wurde mir zum Segen. Das wäre Goldgräberarbeit. Das wäre diese Geschichte des Jakob, der sagt: »Ich lass dich nicht los, bevor du mich nicht gesegnet hast.« Und mit dem Segen dieses guten, gütigen, gnädigen Gottes möchte ich diese Ausführungen abschließen:

> Gottes guter Segen sei mit euch:
> Um euch zu schützen, um euch zu stützen
> auf allen Wegen.
>
> Gottes guter Segen sei vor euch:
> Mut, um zu wagen, nicht zu verzagen
> auf allen Wegen.
>
> Gottes guter Segen über euch:
> Liebe und Treue, immer auf's neue
> auf allen Wegen.
>
> Gottes guter Segen sei um euch:
> heute und morgen, seid ihr geborgen
> auf allen Wegen.
>
> Gottes guter Segen sei in euch:
> sucht mit dem Herzen! Leuchtet wie Kerzen
> auf allen Wegen ...
>
> (Rolf Krenzer)

Impuls Sie können diesen Segen auch auf sich selbst hin umformulieren als Bitte und Zuspruch:

Gottes guter Segen sei mit mir, um mich ... sei vor mir ... über mir ...um mich und in mir.

Und es gibt eine Melodie dazu, sodass Sie ihn auch singen können, auch mit anderen zusammen.[48] Das macht große Freude!

Und wenn das Wunder nicht geschieht ...?!

Hat denn jede Krankheit einen Sinn?

Obwohl wir soeben sehr viele Gedanken und Erkenntnisse zusammengetragen haben, inwiefern man bei genauerem Hinsehen auch oftmals eine Botschaft erkennen kann, die eine Krankheit uns geben kann oder will – ganz nach dem Motto »Herz, was sagst du mir?«[49] – so bleibt doch oft die schwer zu beantwortende und quälende Frage: Warum geschieht mir das? Was soll das bedeuten? Wieso habe ich so schwer zu leiden? Ist das nicht einseitig und übertrieben, was wir im vorhergehenden Kapitel bedacht und an Beispielen zusammengetragen haben? Und das muss man auch fragen! Denn bei allem in diesem Buch Gesagten gilt – das sagte ich schon im Einleitungskapitel –, dass es nie letztgültig zu sein beansprucht und dass man alles immer auch noch anders sehen kann. Mein weiser, erfahrener Meditationsmeister und Freund, Michael Frickel, verwendete in seinen Seminaren und auch in Gesprächen immer wieder bei allem Gesagten den Zusatz: »... – oder auch nicht!« Immer gilt: Oder auch nicht ... Manchmal geschieht das Wunder, manchmal gelingt es, manchmal können Menschen nach langer Zeit im Rückblick auch in Leiderfahrungen Sinn entdecken – oder auch nicht. Und dann leidet man an der Sinnlosigkeit. Denn erfahrungsgemäß ist es ja manchmal so, dass wir auch lange Zeit, vielleicht jahre- oder jahrzehntelang keinen Sinn in einer Störung oder Erkrankung entdecken können – manchmal tatsächlich auch nie.

Das mag daran liegen, dass wir oft feste Bilder im Kopf haben, Vorstellungen, in die diese Störung oder dieses Leid nicht passen. Vielleicht sind da auch Widerstände oder das Sträuben unseres Ichs, den Körper als Freund abzulauschen, zu verstehen und auf ihn zu hören. Manchmal aber widerfahren uns Dinge und Gebrechen, wo wir auch nach langer Zeit und nach Jahren nicht zu verstehen in der Lage sind, wozu sie gut sein sollten. Hermann Hesse formulierte so treffend in seinem Buch »Siddhartha«: »Von jeder Wahrheit ist das Gegenteil *auch* wahr.«[50] Das gilt – wie für so viele Dinge im Leben, Überzeugungen und Standpunkte – eben auch für den Satz: »Jede Krankheit hat Sinn«.

Und doch kann uns z.B. der Blick auf die Bedeutung von Kinderkrankheiten helfen, in der Frage nach dem Sinn einer Erkrankung – insbesondere dem Sinn, den ich einer Krankheit *geben* kann. Die Erfahrung lehrt, dass Kinderkrankheiten für die Entwicklung des Menschen eine ganz entscheidende Bedeutung haben. Es sind oft große innere Wandlungen, Entwicklungsschübe, Zeiten enormen Wachstums der Persönlichkeit, wenn Kinder krank sind. Aus diesem entwicklungspsychologischen wie auch zugleich immunologischen Gesichtspunkt heraus ist die weithin immer noch gängige Impfpraxis sehr fraglich, dass man versucht, alle der so genannten »normalen« Kinderkrankheiten durch Vorsorgeimpfungen zu verhüten. Denn dann können sich Entwicklungen verzögern, die gerade durch solche Phasen naturgemäß beschleunigt werden. Heraus kommt oft aus solchen Krankheitsperioden, die scheinbar »keinen Sinn« haben, außer dass es dem Kind, den Geschwistern und natürlich auch den Eltern dabei schlecht geht, ein »neuer Mensch«. Ich kann mich erinnern, wie mich vor Jahren auch eine befreundete Ärztin fragte, als ich wieder einmal einen länger dauernden Infekt hatte: »Bist du wohl wieder ein bisschen am Wachsen?« Das half mir, diese Krankheitszeit »umzudeuten«, ihr einen anderen Sinn zu geben, sie daraufhin abzuklopfen und zu befragen, inwiefern sie für mich gut, wichtig und wesentlich sein könnte. Und dann erklärte sie mir, wie sie das immer wieder in ihrer Praxis beobachte, dass Kinder, Jugendliche und auch Erwachsene nach Krankheitsperioden gestärkt, verändert, positiv verwandelt wieder neu aufleben. Dieses Modell machte mir dann meine eigene Krankheitszeit erträglicher – und ich konnte sogar die Bestätigung selbst erleben.

Wie gesagt: Manchen Sinn erfahren wir vielleicht erst nach Jahren – oder auch nie. Dann bleibt nur die Frage: Wie kann ich dieses Leiden bewusst erleben in der Weise, dass ich möglichst unbeschadet hindurchkomme, vielleicht doch irgendeinen Gewinn dabei finden kann, etwas, was es mir einbringt, Positives bringt, was ich da zu erleiden habe. Viktor Frankl hat in der von ihm entwickelten Logotherapie, die in seiner Lebenserfahrung auch durch die bewältigten Leiden seines KZ-Aufenthaltes mitbedingt und beeinflusst war, herausarbeiten können, wie entlastend, erleichternd und buchstäblich Leben schaffend es ist, wenn wir Leiden nicht nur stumm, starr und ergeben hinnehmen, sondern versuchen, darin liegenden verdeckten Sinn, verborgene Bedeutung zu ent-decken, und so dem Leiden etwas abzugewinnen, ja etwas abzuringen, was wir sonst im bloß passiven Dahinvegetieren nicht als Stärkungs- und Reifungsmöglichkeit für die eigene Seelenentwicklung erkennen könnten.[51]

Impulse 1. Sprechen Sie einmal mit Ihren Kindern oder/und Eltern, auch mit anderen Bekannten darüber, ob sie ähnliche Entwicklungsschübe durch Krankheitszeiten kennen! Was sagt Ihr Arzt, wenn Sie ihn auf die Bedeutung von Kinderkrankheiten ansprechen? Versuchen Sie weitere Informationen über die Bedeutung auch für das Immunsystem zu bekommen!

2. Nehmen Sie sich ein bis drei konkrete Krankheitsphasen Ihres Lebens vor. Probieren Sie einmal diese neue Perspektive: Was brachte mir diese Phase Gutes ein? Was ermöglichte mir die Krankheit? Wovon befreite mich diese Phase? Was blieb mir dabei erspart? Wovor wurde ich verschont? Was »fehlte« mir damals im Tiefsten? Wie konnte ich das bekommen? Oder mir selbst geben?

Wir fragen ja oftmals bei einem Krankenbesuch: »Na, was fehlt dir/Ihnen denn?« Auch dieses setzt im Grunde genommen bereits diese sinngebende, positive Betrachtungsweise voraus: Wir unterstellen, dass jemandem, der krank geworden ist, etwas fehle, dass da also ein zu behebender Mangel sei, dass es also ein Ausdruck des Inneren ist, wo jemand etwas vermisst – was dann womöglich auch nicht einfach nur durch Medikamente zu beheben und zu »geben« ist. In diesem Sinne gilt es zu lernen, auch Krankheit als Lernaufgabe und Ratgeber zu verstehen, wie auch sonst Schwierigkeiten, Träume und andere Erfahrungen ...

Krankheit als Ratgeber und Freund

In vielen neutestamentlichen Heilungsgeschichten be-»wundern« wir – und wir haben in den vergangenen Kapiteln mitgestaunt –, wie Jesus Menschen heilte und so ihr Leben verwandelte. Manchmal heißt es: »Er heilte viele«. Nie heißt es: »Er heilte alle« – Menschen und Krankheiten der damaligen Zeit und des Landes. Wie ist das also, wenn wir *mit Krankheit leben* müssen? Werden alle Krankheiten geheilt?

In einem Gespräch sagte eine Frau zu mir: »Man kann ja krank sein, ohne zu leiden.« Das schlug ein bei mir. Geht das: Krank sein, Schmerzen haben, matt darniederliegen – ohne zu leiden? Woher kommt das Leiden denn? Wenn ich Schmerzen habe, bewegungsunfähig bin – oder was immer meine Krankheit ausmacht –, dann ist das ja schon Leid und Not genug. Es ist in sich schwer zu ertragen, mühsam auszuhalten. Aber je mehr ich dem nachspüre, desto deutlicher merke ich: Da kann noch etwas dazu kommen. Da sind vielleicht bestimmte Vorstellungen, Pläne, Absichten, die mir jetzt durchkreuzt sind. Dadurch entsteht dann aus dem Ungemach und aus der Not ein Leiden. Oder vielleicht sind da bestimmte Forderungen, innere oder äußere Normen, ich müsse immer spritzig, fit, tatkräftig, optimistisch und aktiv sein – denen werde ich jetzt nicht gerecht und daraus wird die Not für mich ein Leiden ...

Als ich vor vielen Jahren mit einer Erkältung kämpfte und sie mir so gar nicht »in den Kram passte«, ermutigte mich ein weiser Freund und sagte: »Erlaube es dir doch einfach mal, dass es dir jetzt schlecht geht! Dann bist du eben jetzt nicht der große Macher, sondern es geht dir halt mal schlecht. Das ist so. Nimm es an und lass es doch so sein.«

Krankheit geschehen lassen, Krankheit annehmen – eine neue Spur. Und noch ein Schritt weiter: Krankheit als einen weisen Ratgeber oder Freund erkennen. Wie oben bereits erwähnt, lernte ich von einer indianischen Medizinfrau: Krankheiten können uns Helfer, Wegweiser und Ratgeber sein. Oder sie können es werden, wenn wir nach der Botschaft zu fragen bereit sind, die sie uns geben wollen. Wenn wir fragen lernen: »Was bedeutet es, dass mir dieses Organ Schwierigkeiten macht? Welche Aussage macht dieses Organ? Welche Sprache spricht mein Symptom? Was möchte mein Körper dadurch erreichen oder dadurch verhindern, dass ich dieses jetzt habe?« Hinter solchem Fragen steht die Erkenntnis oder die Offenheit anzunehmen, dass Krankheit nicht etwas Böses, sondern etwas Helfendes, Heilendes, mein Leben Veränderndes sein kann. Dass sie sich wandeln kann in etwas Gutes für mein Leben – dass sie vielleicht sogar zum Segen für mich werden kann. Heilung ist ja immer ein Wandlungsprozess und so könnte diese

Wandlung sogar eintreten, wenn ich nicht geheilt werde, wenn die Krankheit nicht vergeht – ich sie aber Gewinn bringend nutzen kann, sie mir zur Erweiterung oder Vertiefung meines Lebens dient, und mir so zum Segen wird.

Impuls Kennen Sie solche Erfahrungen? Wo schlechte Zeiten in Ihrem Leben Teil einer wertvollen und wichtigen Veränderung waren? Eines unerlässlichen Wandlungsprozesses?

Natürlich werden Sie fragen: Gilt das denn für *alle* Krankheiten? Ich will daraus nun wahrlich kein Dogma machen! Vielleicht ist es erheblich anders, wenn jemand durch einen Unfall verunstaltet oder behindert wird, ohne eigene Beteiligung und eigenes Zutun von einer Krankheit befallen und beschädigt wird. Aber vielleicht lohnt dennoch diese Denk- und Erkundungsspur: Sagen wie Jakob: »Ich lasse dich nicht, du segnest mich denn« (Genesis/1. Mose 32,27) – auch zu einer Krankheit, auch zu einem Schicksalsschlag oder einem schmerzlichen Verlust.

Impuls Etliche Fragen zum Aufschlüsseln solcher Situationen: Was kann ich dadurch jetzt, was mir sonst nicht möglich war? Was kann ich jetzt nicht mehr? Wo ist der Verlust, wo ist darin auch Gewinn? Was fällt jetzt aus in meinen Leben – und wofür entsteht Raum? Welche Möglichkeiten eröffnen sich mir anstelle anderer, die sich mir verschlossen haben? Vielleicht hilft mir die Krankheit, in bestimmten Situationen leichter Nein sagen zu können, mich zu distanzieren, oder Freiraum für mich zu gewinnen. Vielleicht zwingt sie mich, mich bisher unentwickelten Seiten meines Wesens und meiner Person zu stellen, konfrontiert mich auch mit meinen schwachen Aspekten, meiner Bedürftigkeit und Angewiesenheit ... und wie könnte auch das Gewinn werden für mein Leben?

Mit Beschwerden leben lernen ...

Es gibt eine Heilung und einen inneren Frieden jenseits der äußeren oder körperlichen Verhältnisse. Eine Schwerstbehinderte im Rollstuhl hat mir das vor Jahren vorgelebt: Ich besuchte sie oft, die schwerverkrüppelte Anna, die von Spasmen geschüttelt wurde, sich kaum regen, aber immer groß und breit lächeln konnte. Wenn ich sie fragte: »Wie geht es dir?«, antwortete sie immer fröhlich: »Gut, sehr gut« und strahlte. Wie macht man das? So fragte ich mich und sie oft. Es ist wohl die Kunst der Freude an den kleinen Dingen, auch die Kunst, innere Erwartungen so zu verarbeiten oder auch zu verabschieden, dass die Seele dabei nicht Schaden nimmt, sondern Frieden und innere Freiheit gewinnt. Es ist vielleicht auch eine Mitgift und Gabe in der Persönlichkeitsstruktur und vieles andere mehr. Aber sie wurde mir zum Vorbild, zum Wegweiser für einen Frieden, der *jenseits* von äußerer körperlicher Unbeschadetheit oder Heilung lebbar ist und Menschen erfüllen kann.

Dabei ist es sicher wichtig, trotz aller Behinderung und Reduzierung, sich auf das Mögliche, das noch Machbare, das Gelingende zu konzentrieren – erinnern Sie sich an Paul Gerhardts Aufforderung » ... und suche Freud'!« vom Ende der Gelähmtenheilung? Diese Denkrichtung ist vielleicht – gerade in Zeiten großer äußerer Begrenztheit – ein besonders wichtiger Schlüssel zu trotzdem möglicher Erfüllung, Zufriedenheit und kleinem Glück.

Besonders tief bewegte mich das am Beispiel meines Freundes H., eines älteren Mannes, der mir das so sagte: »Weißt du, Hans Gerhard, im Alter schwach, behindert und gebrechlich zu werden, nicht mehr reisen und nicht einmal mehr gehen zu können, ist schwer. Aber« – sagte er mir ganz zufrieden – »wie gut, dass ich schon in guten Zeiten immer den Blick nach Innen und in die reichen Tiefen der Seelenbilder geübt habe. Nun schaue ich noch viel intensiver die Bilder der Erinnerungen, schöner Erfahrungen, guter Tage an, schaue besonders gern auch Tier- und Naturfilme im Fernsehen, aber mit besonderem Gewinn die vielgestaltige Welt meiner Träume mit ihren unermesslichen Horizonten und Dimensionen, allnächtlich und immer neu. Und fühle mich dabei der Schöpferkraft Gottes ganz nah, erfüllt und reich.« So würde er hoffen seine äußere Situation für sich zum Besten hin zu wandeln ...

Genau aus diesem Grund heißt es wohl bei Paulus (Römer 8,29): »Denen die Gott lieben, müssen *alle* Dinge zum Besten dienen.« Das heißt nicht: Bei denen geht alles positiv. Das heißt nicht: Die haben immer Glück, Erfolg, Gesundheit und werden immer schnell geheilt. Nein – aber alles *dient* ihnen. Alles hilft ihnen weiter, alles nützt ihnen – zum Besten!

Aus dieser Haltung heraus konnte der von schwerem familiärem und gesellschaftlichem Leid geplagte Liederdichter Paul Gerhardt singen: »In dir ist Freude in allem Leide.« Und Dietrich Bonhoeffer schrieb in der Einzelhaft: »Es gibt erfülltes Leben trotz vieler unerfüllter Wünsche.« Arthur Schopenhauer formulierte: »Wenn wir zwar viele Situationen nicht verändern können, so können wir doch unsere Einstellung zu den Situationen ändern.«

So ahnen wir, dass es einen inneren Frieden gibt, wo sich für mich die Situation gewandelt hat, wo vielleicht äußerlich alles schwierig und schwer erscheint und doch kann ich innerlich anders damit umgehen. Ja, da ist vielleicht Verzweiflung, aber – um mit Martin Luthers Formulierung zu sprechen – »getroste Verzweiflung«. Ja, da ist Leid, tiefes Leid – aber vielleicht »Freude in allem Leiden«. Das wäre eine Heilung der Seele, eine Heilung der inneren Bedürftigkeit, die vielleicht noch wirkungsvoller und noch »folgenschwerer« ist als äußere Wiederherstellung eines bestimmten Gesundheitszustandes. Denn es ist die Befreiung vom äußeren Zustand hinein in den inneren Freiraum und in innere Souveränität.

Wie kann das geschehen? Manchmal geschieht diese Hilfe durchs Verstehen: Ein verstandenes Problem ist leichter zu ertragen. Wenn ich die Ursachen und Gründe und den Entwicklungsweg durchschauen kann, einsehen kann, dass es nicht anders kommen konnte und so kommen musste, dann wird manches leichter zu ertragen. Verstandenes Leiden wandelt sich oftmals dadurch.

Oder die Wandlung geschieht durch liebevolle Zuwendung – zunächst von außen, von Menschen, die mich annehmen, verstehen, sich mir liebevoll zuneigen. Und dadurch kann ich vielleicht lernen, dieses innerlich selber zu mir zu tun, zu all meinen Scharten, Behinderungen und Verkrüppelungen, seien sie nun körperlich oder seelisch. Liebe verwandelt Menschen, Beziehungen, auch die Beziehung zu mir selbst. Und vielleicht verwandelt auch das Bewusstsein liebevoller, mütterlicher/väterlicher Zuwendung ganz in der Tiefe, ganz von unten oder von oben oder von – wie Sie wollen und es verstehen – Gott.

Sodass Heilung für den ganzen Menschen nicht unbedingt in jedem Fall die Wiederherstellung körperlicher Unversehrtheit, Fitness, Leistungsfähigkeit und Vitalität bedeutet, aber eine Aussöhnung mit dem eigenen Schicksal, mit den eigenen Verletzungen, Verwundungen und Verkrampfungen in der Seele und im Körper mit sich bringen kann, sodass in uns die Kraft entsteht, das Leben vor uns anders, erneuert, versöhnt und zuversichtlich anzugehen.

Impuls Ist dann das das Wunder, mit all dem, *mit* Krankheit, Beeinträchtigungen, Behinderungen (auch seelischen) oder dem Verlust lieber Menschen oder von Vitalität und Lebenskraft *leben* zu lernen? Was denken Sie? Oder Menschen in Ihrer Nähe, die Erfahrung damit haben? Werden Sie wagen, die danach zu fragen?

Heilung und Wunder sind möglich

Im Gespräch mit einer Journalistin erfahre ich zu meinem Erschrecken Folgendes: Sie nahm an einer Fortbildung teil, um auf dem neuesten Stand zu sein und lernte dabei: Erwünscht sind heute nur noch Drei-Wort-Sätze (Subjekt und Prädikat, kaum Objekt): Der Wind weht, das Wasser plätschert, meine Stimme tönt, die Aktien sinken. Oder: Kind verliert Spielzeug, Unternehmer besiegt Konkurrenz, Klub gewinnt Pokal. Unerwünscht ist der Konjunktiv und sind Argumente. Alles würde viel zu ausführlich, wenn man Begründungen einführen würde, Argumente anführen, was für die eine Position spricht, was dagegen, warum 1., 2., 3., so argumentiert werden muss und nicht anders. Konjunktiv ist die Möglichkeitsform. Wir sollen uns nicht in der Möglichkeitsform artikulieren, sondern ausdrücken, was ist.

Ich erschrecke tief über diese Vereinfachung der Sprache, diese Verarmung des Denkens, die sich meines Erachtens darin ausdrückt. Keine *Möglichkeitsform* mehr gebrauchen? Dann gilt nur noch das Faktische?

Wir würden das Träumen verlieren, das Denken von Möglichkeiten, die Freiheit vom Zwang, von der Diktatur der Tat-Sachen, welch ein Wort ohnehin – als ob Taten einfach Sachen wären!

Ich fange zu staunen an über das, was im Kontrast dazu beispielsweise die Botschaft von Ostern ausdrückt: Möglichkeit von Leben angesichts von Grab und Tod. Das, was normalerweise das Ende ist, ist – so sagt der Glaube – der Anfang von etwas Neuem. Der »Gott, der Tote auferweckt« ist der Gott der Möglichkeiten! Glaube und Religion erscheinen damit als die Räume, wo *Möglichkeit eine Kategorie der Wirklichkeit* ist. Wo das Für-möglich-Halten des Unmöglichen eine Kategorie des Denkens darstellt. Welche Freiheit, welcher Freiraum drückt sich darin aus! Nicht mich gefangen nehmen lassen vom

Augenscheinlichen, im Gegenteil: Dem Diktat des Augenscheinlichen mich entziehen, dem Zwang des Faktischen entkommen, mich nicht von den so genannten »Tatsachen« hypnotisieren lassen, sondern jetzt anfangen. Einen neuen Raum betreten. Jetzt beginnt die Welt der Möglichkeit.

Viele der Bibelgeschichten, besonders die Heilungswunder, sind Illustrationen dieses Mutes, dieser Denk-, Lebens- und Vertrauensqualität: Den so genannten Fakten und Sachzwängen ihre Letztgültigkeit streitig machen, zweifeln an der Unmöglichkeit des Unmöglichen.

Die Auferstehungsgeschichte ist eine Illustration dafür: Mutlos kommen Frauen, um dem Toten den letzten Dienst zu tun. Sie glauben nicht an Zukunft, sie wollen nur das Abschiedsritual vervollständigen. Und stehen plötzlich vor einem offenen Grab; buchstäblich ist hier etwas aufgebrochen, unsere vernagelte, begrenzte Wirklichkeit ist aufgebrochen, ist geöffnet für die Dimension des Möglichen – die symbolische Rede von der Jungfrauengeburt ist ein Bild für dasselbe. Wir sagen »unmöglich«, der Bote sagt zu Maria: »Bei Gott ist kein Ding unmöglich« (Lukas 1,37). – Alle Wunderberichte und Heilungsgeschichten erzählen uns vom Eintreten des Unmöglichen, des Unerwarteten, des Ersehnten, aber wohl schon fast nicht mehr Geglaubten, aber (Markus 9,23): »Alle Dinge sind möglich für den, der glaubt/vertraut.« – Jesus übt mit uns diese Sichtweise, wenn er uns das Weizenkorn meditieren lehrt: In diesem einen Korn »verborgen« liegen viele, in diesem kleinen Korn enthalten ist schon der ganze Entwicklungsprozess, der Halm, die vielfältige Frucht von 30 oder 60 oder 100 Körnern! – Er lehrt uns im »Gleichnis« das kleine Senfkorn anschauen und schon den riesigen Baum sehen, unter dessen Zweigen die Vögel des Himmels von weit her Platz haben und sich einnisten. Einübung des Sehens des Unwahrscheinlichen oder des unmöglich Scheinenden im Unscheinbaren, im Kleinen, im Unauffälligen.

Wie können wir das üben – in Möglichkeiten zu denken, statt uns vom Faktischen erschrecken oder gar ersticken zu lassen? Es ist sozusagen eine antidepressive Übung, das Wagnis, in Widerspruch zu treten zu dem, wie alle denken, wo alle aufgeben, wo keiner mehr Auswege sieht. »Der Wolken, Luft und Winden gibt Wege, Lauf und Bahn, der wird auch Wege finden, wo dein Fuß gehen kann« – so drückte Paul Gerhardt in den Wirren des 30-jährigen Krieges diese Vertrauenshaltung aus.

Und heute? Die zwei, die in einer Ehekrise den Satz wagen: Lass es uns miteinander nur versuchen, lass uns ehrlicher sein zu uns selbst und zueinander, lass uns konkrete Schritte tun, wie wir achtsamer, liebevoller, klarer und offener miteinander umgehen. – Der Chef, der seinen Untergebenen noch eine Chance gibt, nach ihren Stärken und guten Seiten sucht, ihre Möglichkeiten fördert und sie nicht auf vergangene Fehlleistungen festnagelt. – Der Sozialarbeiter, der im Resozialisierungsprogramm Strafentlassenen neues Vertrauen entgegenbringt, eine Aufgabe überträgt und zutraut, dass sie die schaffen und so wieder Selbstvertrauen und auch das Vertrauen anderer gewinnen. – Der Mann, der seine Frau zwar nicht versteht, aber zu ihr sagt: Was du mir von dem Chaos in dir selbst erzählst, von deinen Schwankungen der Gefühle, das verstehe ich zwar schwer, aber ich will üben, dich ernst zu nehmen und gelten zu lassen, deine Gefühle zu achten und vielleicht sogar von dir zu lernen, welch vielfältige und widersprüchliche Seiten zum Menschen gehören, ob ich es wahrhaben will oder nicht. Ich bin lernfähig auch für Beziehungen und bin bereit zu üben, auf dich zu hören, auch auf die Stimme meines Inneren und meiner Intuition.

Und dann? Wunder können geschehen! Der Anfang von Wundern geschieht immer in einer Vision, im Denken einer Möglichkeit. Als die weisen Magier (Matthäus 2) einen Stern sahen, eine Vision hatten, brachen sie aus dem Status quo aus und machten sich auf den Weg. Denn »nur wer einen Stern sieht, rüstet eine Karawane aus«, betone ich immer. Das gilt für die weisen Magier ebenso wie – mit Bezug auf das »Erscheinungsfest« – im Hinblick auf Zielformulierung im Management von Firmen oder des persönlichen Lebens. – Christoph Kolumbus hatte eine Vision: Die Erde ist nicht Scheibe, wie sie alle sagen. Und dieser Vision folgend rüstete er eine Flotte aus, in der Überzeugung: Wenn ich nach Westen fahre, komme ich ebenso nach Indien wie wenn ich nach Osten fahre. Er hatte Recht, die Vision siegte, 1492 entdeckte er Amerika! – Thomas Alpha Edison soll fünfzig- bis siebzigtausend Versuche gemacht haben, bis er Erfolg mit dem glühenden Glimmfaden hatte und die Glühbirne erfand. Hätte ich zehntausend Versuche durchgehalten? Hätten Sie es bis zu fünfzigtausend geschafft? Wie stark muss die Vision sein, wie stark der Glaube an das Unmögliche, bis man siebzigtausend Experimente durchhält, die Investition von Zeit und Geld, die Rückschläge erträgt und nicht aufgibt! – Den Mond zu betreten, musste erst *gedacht* werden, das Unmögliche für möglich erachtet werden. Den Mond als nicht mehr unerreichbar definieren – das ist der erste Schritt für die Verwirklichung eines Weltraumprogrammes. Anders hätten die Forscher nie mit Sonden den Mars erreicht. Und was mag uns noch alles bevorstehen?

Wie arm wären Welt, Gesellschaft und unser eigenes Leben ohne diesen »Raum der Möglichkeiten«.

Impulse 1. Jedes Tor, das wir durchschreiten, jede Türschwelle, die wir übertreten, ist eine kleine Gelegenheit zum Innehalten und zum Meditieren: Mir öffnet sich ein neuer Raum. Hier ist Neues möglich. Nichts ist unmöglich. Ich verlasse die Vergangenheit, den Raum des bisher Gewesenen und Erfahrenen und betrete unbekannte Zukunft. Jetzt ist alles offen.

2. Was machen Sie mit Ihren Fantasien, Ihren Sehnsüchten, Ihren Tagträumen? Lassen Sie sie zu oder verbieten Sie sie sich? Verscheuchen Sie sie mit der Begründung: Das geht ja eh nicht, das ist unmöglich. Das schaffe ich nie. Oder halten Sie einen Raum in sich frei, den »Möglichkeitsraum« für Veränderung, für Neues, Unerwartetes, bisher nie Dagewesenes? Mit welchem Beispiel fangen Sie an? Wählen Sie bitte jetzt eins aus und üben Sie daran.

3. Nehmen Sie bitte einen Samen in die Hand, sei es eine Eichel, eine Kastanie oder ein Sonnenblumen- oder Kürbiskern. Setzen Sie sich in einer ruhigen Lage entspannt hin, halten diesen Samen in der Hand und versuchen Sie, ihn mit dem inneren Auge zu schauen, während Sie ihn mit den äußeren Augen aufmerksam ansehen. Und versuchen Sie durch die »äußere Schale« des faktisch Vorfindlichen in Ihrer Hand hindurch zu schauen und das zu sehen, was in diesem Samen steckt, was jetzt unsichtbar schon Wirklichkeit ist: Den wundervollen großen neuen Kürbis, den riesigen Kastanienbaum in voller Blüte oder in herbstlicher Farborgienpracht, die groß gewachsene starke Eiche oder die strahlende Sonnenblume in ihrer leuchtendgelben Farbigkeit und mit der wunderbaren Fähigkeit, sich immer der Sonne zuzuwenden (auf spanisch heißt die Sonnenblume »girasol«; »girar« bedeutet sich umdrehen, kreisen). Die Sonnenblume lehrt uns damit: Wende dich immer dem Licht zu.

4. In einer geistlichen Übung könnten Sie auf sich selbst und auf ihr eigenes Leben schauen, aus der Perspektive Gottes, der alles zusammen zu sehen vermag: Unsere Fehlbarkeit, Unvollkommenheit und Brüchigkeit und zugleich unsere Heiligkeit, Vollkommenheit und Wunderbarkeit. Nach biblischem Zeugnis werden alle Glaubenden Heilige, König/innen und Priester/innen genannt (Römer 1,7; 1. Korinther 1,2; Philipper 1,1; Offenbarung/Apokalypse 1,6; 5,10 usw.). Die Möglichkeit des Unmöglichen, mich mit den Augen Gottes, des Schöpfers und Liebhabers meines Lebens zu sehen und dann erkennen: Ich bin – wie das die Reformatoren formulierten – sündig und gerecht zugleich (simul iustus et peccator).

Sicher haben Sie es beim Lesen gemerkt: Mit der Eröffnung oder dem Verschließen des Raumes der Möglichkeiten wird für unsere Welt und für unser Leben etwas ganz Entscheidendes gewonnen oder verspielt. Und mir graut vor einer Welt, die für das Mögliche keine Sätze mehr verwenden will, die nur noch in Indikativen und Fakten zu reden verlangt, wo unser Denken, Fühlen und Handeln beherrscht wird von Drei-Wort-Sätzen. Wehe uns, wenn dafür kein Platz mehr ist im Leben, für das Träumen, Erfinden, für Ideen und Fantasien, für das Spielerische und Kreative, das Kreative, zu dessen Wesen es ja gehört, dass es aus Nichts etwas schafft, dass es Neues, bisher nie Dagewesenes bewirkt. Wehe uns, wenn die großen alten Bilder und Symbole der Geburt und des Kindes an Weihnachten, des leeren Grabes nach dem leeren Kreuz, des Weizenkornes, des »Himmelreiches/Reiches Gottes«, das »kommen« soll, des »neuen Menschen«, »neuen Himmels und einer neuen Erde«, auch das Bild vom »Neugeborenwerden« und der Taufe als Beginn eines neuen Lebens keine Bedeutung mehr haben, keine aktivierende Wirkung mehr ausüben können auf unser Leben, Hoffen und Handeln. Durch solche Symbole, durch solche mutmachenden Bilder wird ja der Horizont aufgerissen, wird unser Bewusstsein erweitert, unser Denkhorizont geweitet auf Entwicklung hin, Veränderung und Verwandlung. Was dann, wenn es kein »Prinzip Hoffnung« mehr gibt, das uns in Bewegung setzt, das uns aktiv werden lässt, in Richtung einer Vision, einer Utopie, die bisher zwar noch »keinen Raum« und noch »keinen Ort« hat (was das Wort Utopie ja im griechischen Ursprung bedeutet), aber uns als Traum und Vision in Bewegung erhält, uns ermutigt und nicht der Resignation anheim fallen lässt?

Wir brauchen eine Bewusstseinserweiterung in dieser Richtung – ohne Drogen! Diesen steten revolutionären Zweifel am Gegebenen, an der Gültigkeit der Dogmen, alles müsse so bleiben wie immer, am Zwang zur Normalität, unter dem wir

Menschen und Natur ausbeuten und plündern, an der Behauptung, dass wirtschaftliche, gesellschaftliche und partnerschaftliche Verhältnisse so bleiben müssen, wie sie immer waren: Dass die Stärkeren siegen, dass das so genannte männliche, rationale Denken das Bessere sei, dass Profit immer gut und Stillstand immer Rückgang sei. Unser eigenes Leben, unsere Partnerschaften und Beziehungen wie unsere Gesellschaft, Ökonomie und Weltgemeinschaft werden nur erneuert durch das Glauben an Wunder, das Einrechnen von Überraschungen, das Einbeziehen des Unmöglichen. Dann wären Weihnachten, Ostern und Pfingsten auf einmal, dann ist – wie Jesus das nannte – »das Himmelreich herbei gekommen, angebrochen« und wirksam gegenwärtig »inwendig in uns«.[52] Dann geschehen in unserem Leben immer wieder Wunder, dann erfahren wir Veränderung, Heilung und Versöhnung heute, jetzt, hier bei uns.

Impuls Lesen Sie sich in einer passenden Ruhestunde das folgende Gedicht aus Zimbabwe laut vor und lassen Sie es auf sich wirken:[53]

Nichts ist unmöglich

Wenn die Lage schwierig ist,
beunruhigend und bedrückend,
dann ist sie genau so;
aber das ist nicht das Ende der Welt,
geh immer voran.

Wenn die Menschen hart sind,
hasserfüllt und herzlos,
dann sind sie genau so;
und sie sind ein Teil unseres Lebens,
kämpf dich immer vorwärts.

Wenn du dich wie tot fühlst,
niedergeschlagen und entmutigt,
das ist überhaupt nichts Neues;
wir alle fühlen uns oft so,
stoß immer weiter vor.

Wenn die Zukunft dunkel ist,
trostlos und trübe,
dann ist sie genau so;
das kann nicht immer unverändert bleiben,
nichts ist unmöglich.

Durch Danken Wunder erleben

Zum Abschluss dieses Kapitels und dieses Buches möchte ich Sie noch einführen in die Übung der Dankbarkeit. Es handelt sich dabei um einen Schlüssel zur Verwandlung auch scheinbar aussichtsloser Situationen: Trotz aller Krankheiten, aller Probleme, aller Not, trotz allem Kleinigkeiten zu suchen, für die man dankbar sein kann und diesen Dank laut formulieren.

Mir ist aufgefallen, dass auch umgangssprachlich viele Menschen inzwischen schon aus dem Vokabular der Psychoanalyse sich das Wort »Trauerarbeit« zu Eigen gemacht haben. Und das ist ja wichtig, zur Bewältigung leidvoller Erfahrungen, dass wir sie durcharbeiten. Wo aber bleibt ein Wort für das Gegenüber? Wo spricht jemand von »Freudearbeit«, oder von »Dank-Fähigkeit« im Gegenüber zu »Leidensfähigkeit«?

Müssten wir das vielleicht regelrecht trainieren, um dem unerlässlichen Betrauern von schwierigen Erfahrungen als Ausgleich das Notwendige Be-freuen im Leben gegenüberzustellen?! Denn meiner Erfahrung nach handelt es sich beim Dank um einen für die Seele und den ganzen Menschen sehr heilenden Vorgang. Auch Ärzte, Forscher und Therapeuten aus dem Bereich der »Gesundheits-Psychologie« sind zu diesem Ergebnis gekommen.[54]

Daher nenne ich mittlerweile den Dank »ein natürliches Antidepressivum« – hochwirksam und garantiert nebenwirkungsfrei! Seit vielen Jahren verwirkliche ich mit großem Gewinn die Idee eines Danke-Büchleins, ein ganz besonders schönes, kleines Büchlein, eigens dafür gekauft: Da hinein schreibe ich z.B. auch ganz kleine unscheinbare Dinge, wo ich Anlass hatte, mich zu freuen, dankbar zu sein, wo ich über etwas – vielleicht ganz Geringes – überrascht, erfreut und glücklich war. Damit es nicht wieder in Vergessenheit gerät. Damit es nicht im Strudel von Stress und Hektik, Sorgen und Ängsten ganz schnell verschwindet aus meinem Bewusstsein, damit ich es nicht so schnell wieder verliere, sondern mich daran laben kann, meine Seele stärken und nähren, ganz nach dem Motto des Kirchenvaters Augustin: »Die Seele nährt sich von dem, woran sie sich freut.« Zu meiner Freude fand ich in einem Weihnachtsbrief eines Freundes weitere Anregungen dieser Art. Ich habe gestaunt, wie minimal oft die Anlässe dessen waren, wofür er zu danken übte. Deswegen gebe ich Ihnen hier zum Abschluss einige Beispiele wieder aus diesem Brief und meinem Danke-Büchlein:

Danke, dass heute wieder die Sonne durchbrach.

Ich freue mich, dass Kollege ... wieder da ist.

Danke, dass bei der Untersuchung beim Arzt gute Werte herausgekommen sind.

Mir gefällt es, dass ... so nett zu mir ist und mich mag.

Danke, dass ich letzte Nacht ganz durchschlafen konnte ohne Tabletten.

Ich freue mich, dass ich eine sichere Arbeitsstelle habe.

Danke, dass ich heute diese Genehmigung bekam.

Mir gefällt es, dass meine Schwester anrief und wir so ein gutes, aufbauendes Gespräch hatten.

Danke: Ein Parkplatz um kurz vor 8 Uhr beim Hautarzt direkt vor der Praxis.

Bei der Wanderung zwei neue Quellen entdeckt – und dieses schöne Lächeln der Kellnerin beim Einkehren ...

Danke für die Amsel, die auf dem Baum vor dem Haus so singt, als wollte sie mir eine Tafelmusik liefern.

Danke für die etwa 100.000 Teilnehmer beim Taizé-Treffen.

Wegen ... ehrliches und klärendes Gespräch mit mir selbst und Gott.

Blutdruck normal bei so viel Stress – danke!

Dieser ermutigende Artikel im Sonntagsblatt.

So einen tollen Song gehört im Radio beim Autofahren – hat mich belebt und beglückt.

Danke, dass H.-J. Hufeisen im Gottesdienst um die Gemeinde herumlief und auf seiner Flöte »Breit aus die Flügel beide ...« blies.

Danke für die 80 Mitarbeiter/innen in der Telefonseelsorge B.

Danke, dass die Schneeflocken so schön sind (6.000 verschiedene Kristallformen!) und dass sie auch so nützlich sind, weil sie Umweltschadstoffe binden und die Luft von Autoabgasen reinigen.

Danke, dass das Leid über das tödlich verunglückte Kind dazu führte, dass ein Vater die Notrufsäulen anlegte, von denen es inzwischen 14.000 an unseren Autobahnen gibt.

»Yehudi Menuhins Geige war auch ein Instrument des Friedens und der Brüderlichkeit.« Wie schön: So ein Satz in unserer Zeitung!

Danke, dass Hans Jürgen meinen kaputten Autoreifen entdeckte und der Nachbar mir beim Wechseln half.

Danke für den Satz in M.'s Brief: »Vielleicht ist Wachsen in die Tiefe angesagt, wo Weite und Breite verwehrt scheinen.«

Danke für die Bewahrung auf der Straße. Es waren nur Millimeter.

Danke für diesen Sonnenuntergang am See: Das Leben ist schön!

Impuls Legen Sie sich doch auch ein DANKE-BÜCHLEIN an! Es lohnt sich! Sie werden dadurch viele Wunder entdecken und dabei viele Wunder erleben. Und so wird Ihr Leben immer neu geheilt werden ...

Anmerkungen

Die Anmerkungen beinhalten sowohl Nachweise über verwendete als auch Hinweise auf empfehlens- und lesenswerte Literatur und sind so zugleich Verzeichnis vertiefender und weiterführender Literatur.

Die Übersetzungen der biblischen Texte sind teils der Jerusalemer Bibel (alte Fassung), teils der revidierten Lutherausgabe entnommen.

1 Sehr umfassend und empfehlenswert: Eugen Drewermann: Tiefenpsychologie und Exegese, Band 1 und 2, Olten, 5. Aufl. 1997/8; Eugen Drewermann: Das Markusevangelium, 1. und 2. Teil, Olten, 9. Aufl. 2000; Helmut Hark: Jesus, der Heiler, Olten/Freiburg 1988; Anselm Grün: Bilder von Seelsorge. Biblische Modelle einer therapeutischen Pastoral, Mainz, 2. Aufl. 1991; Hanna Wolff: Neuer Wein – alte Schläuche. Das Identitätsproblem des Christentums im Lichte der Tiefenpsychologie, Stuttgart, 3. Aufl. 1985; Ingrid Riedel: Seelenruhe und Geistesgegenwart. Was uns Tatkraft gibt. Biblische Texte und Themen für heute, Zürich/Düsseldorf 1999.
2 Hans Gerhard Behringer: Die Heilkraft der Feste. Der Jahreskreis als Lebenshilfe, München, 4. Aufl. 2002
3 Rückmeldungen bitte an den Kösel-Verlag z.Hd. Hans Gerhard Behringer, Flüggenstraße 2, 80639 München.
4 vgl. Helmut Hark: Jesus der Heiler, a.a.O., S. 243, 250–53; Gerhard Wehr: C.G. Jung und das Christentum, Olten 1975, S. 207ff.
5 Vortrag über Markus 8, die Heilung eines Blinden, gehalten am 29. August 1989 auf Burg Rothenfels, mit vielen für mich wertvollen Anregungen zu diesem Thema.

6 Eugen Drewermann: Tiefenpsychologie und Exegese Band 1, a.a.O., S. 226 ff.
7 Vgl. Wolfgang Schmidbauer: Die hilflosen Helfer, Hamburg 1992.
8 Eugen Drewermann: Das Markusevangelium Band 2, a.a.O., S. 160.
9 Vgl. Ingrid Riedel: Seelenruhe und Geistesgegenwart, a.a.O., S. 135 (in anderem Zusammenhang).
10 Helmut Hark: Der Traum als Gottes vergessene Sprache, Olten, 6. Aufl. 1992; Helmut Hark: Die Heilkraft der Träume, München 2000; vgl. auch Ann Faraday: Die positive Kraft der Träume, München, Neuaufl. 1992; Eugene T. Gendlin: Dein Körper – Dein Traumdeuter, Salzburg 1987; Ernst Aeppli: Der Traum und seine Deutung, München 2000.
11 Hans Gerhard Behringer: Sommer-Sonnen-Wende. Meditative Texte und Gedichte, Hof 1987, S. 16.
12 Vgl. Pinchas Lapide: Jesus – ein gekreuzigter Pharisäer?, Gütersloh, 2. Aufl. 1991, S. 13.
13 Siehe Abraham H. Maslow: Motivation und Persönlichkeit, Hamburg 1996.
14 Vgl. auch Stellen wie z.B. Matthäus 13,44; Johannes 15,11; 16,20.22.24; Römer 14,17; 2. Korinther 1,24; 1. Petrus 4,13. Aufschlussreich ist auch ein Nachschlagen in einer biblischen Wort-Konkordanz unter den Stichworten »freuen« und »fröhlich«.
15 Vgl. zu diesem Themenkomplex: Marianne Kawohl: Ich gestatte mir zu leben. Über den Egoismus, der keiner ist., Gießen, 7. Aufl. 1997; Nina Larisch-Heider: Von der Kunst, sich selbst zu lieben. München 1993; Anselm Grün: Gut mit sich selbst umgehen, Mainz, 8. Aufl. 1998.
16 Zur eingehenden Beschäftigung damit empfehle ich u.a.: Helmut Hark: Die Heilkraft der Träume, München 2000; Ann Faraday: Die positive Kraft der Träume, München, Neuaufl. 1992; Eugene T. Gendlin: Dein Körper – Dein Traumdeuter, Salzburg 1987.
17 Genaueres bei Helmut Hark: Der Traum als Gottes vergessene Sprache, Olten, 6. Aufl. 1992.
18 1. Petrus 2, 21; 1. Thessalonicher 1,6 u.a., vgl. auch meine Ausführungen »Wir seine »Stellvertreter«?!« im Himmelfahrtskapitel meines Buches von der »Heilkraft der Feste«, a.a.O., S. 239.
19 Hans Gerhard Behringer: Wachsen – Wandeln – Wagen. Meditative Texte und Gedichte, Hof 1994, S. 92.

20 Über die Wirkung der Heilungsengel und ihre Bedeutung schreibt ausführlich und mit wertvollen Hinweisen auf Heilung durch Engel beispielsweise bei Hagar, Jakob, Daniel und Tobias: Helmut Hark: Mit den Engeln gehen. München, 3. Aufl. 1999.
21 Vgl. das Kapitel: »Wirf deine Krücken weg« in: Peter Müller: Leben spüren. Mein spiritueller Fastenbegleiter, München 1999, S. 62–64.
22 Hans Gerhard Behringer: Die Heilkraft der Feste, a.a.O., S. 172–181, bes. 177ff.
23 Hans Gerhard Behringer: Sommer-Sonnen-Wende, a.a.O., S. 19: »Meine Spuren im Sand«.
24 Markus 16,7; Johannes 20,17; Matthäus 28,19: Immer werden die Angeredeten in eine Bewegung gebracht, zum Gehen gebracht, weg vom Gewesenen, weg vom Betrauerten und Beklagten, weg vom Grab – hin ins Offene, ins Leben, in neue Zukunft hinein.
25 Frederick H. Kanfer/Hans Reinecker/Dieter Schmelzer: Selbst-Management-Therapie. Ein Lehrbuch für die klinische Praxis, Berlin u.a. 1991.
26 Ganz ausführlich zu allen mit dem Gehen verbundenen Themen, gestaltet mit Übungen, Meditationen und Umsetzungsimpulsen: Hans Gerhard Behringer: Nimm mich mit. Ein meditativer Wanderbegleiter, Nürnberg 2002. (Nur über den Verfasser direkt erhältlich.)
27 Ulrich Luz: Das Evangelium nach Matthäus 18,1–25,46 (= Evangelisch-Katholischer Kommentar zum Neuen Testament I/3), Neukirchen-Vluyn 1997, S. 477.
28 In der Auslegungsgeschichte wird manchmal diskutiert, ob es sich um Öllampen oder Fackeln handle. Der Kirchenvater Augustin und Thomas von Aquin sprachen von Lampen, an Stellen wie Judith 10, 22, Apostelgeschichte 20,8, in der griechischen Übersetzung von Daniel 5,5 und in den Papyri wird eindeutig von Lampen mit Ölbehältern und Docht gesprochen. Vielleicht handelt es sich auch um eine an einer Stange befestigte Kupferschale, jedenfalls kontextgemäß eindeutig um Öllampen, bei denen man Öl nachfüllen konnte und musste. Vgl. zur Stelle: Eduard Schweizer: Das Evangelium nach Matthäus (= Das Neue Testament Deutsch, Band II), Göttingen 1981; Ulrich Lutz: Das Evangelium nach Matthäus, a.a.O.
29 Vgl. die tiefenpsychologische Auslegung von Helmut Hark: Der Gevatter Tod. Ein Pate fürs Leben, Stuttgart 1986.

30 Vgl. ausführlich dazu meinen Aufsatz »Auftanken – Kraft schöpfen – Neu werden« in: Katechetische Blätter 125 (2000), Heft 5, S. 348–352.
31 Sehr empfehlenswert zu diesem Thema: Herbert Fensterheim/Jean Bear: Sag nicht ja, wenn du Nein sagen willst, München 1993; Peter Schellenbaum: Das Nein in der Liebe. Abgrenzung und Hingabe in der erotischen Beziehung, München, 16. Aufl. 2000.
32 Ausführlich dazu die hochinteressanten Beschreibungen bei Abraham M. Rihbany: Morgenländische Sitten im Leben Jesu. Ein Beitrag zum Verständnis der Bibel, Basel 1927, speziell das Kapitel »Geist und Buchstabe«, S. 54–63, bes. S. 58ff.
33 Beispielsweise in: »Auf und macht die Herzen weit«. Liederheft für die Gemeinde; hrsg. im Auftrag des Landeskirchenrats der Evang.-Luth. Kirche in Bayern, München 1982, S. 745.
34 Zur Symbolik dieser Verschachtelung vgl. genauer Eugen Drewermann: Tiefenpsychologie und Exegese, Band 2, a.a.O, S. 279ff mit einer ganz eigenen Interpretation.
35 Khalil Gibran: Der Prophet, Olten 1973, S. 16f.
36 Hans Gerhard Behringer: Die Heilkraft der Feste, a.a.O., S. 146–196.
37 Vgl. ebd., S. 56–62 zum Thema des »inneren Kindes«.
38 Hans Gerhard Behringer: Wachsen – Wandeln – Wagen, a.a.O., S. 11f.
39 Zu den diesbezüglichen Positionen William Wredes und Albert Schweitzers Genaueres bei Werner Georg Kümmel: Das Neue Testament. Geschichte der Erforschung seiner Probleme (= Orbis Academicus III, 3), Freiburg/München 1958, S. 298ff, S. 362ff.
40 Gerhard Schöne: Ich muss singen. Liederbuch, Baiersdorf 1995, Lied Nr. 25.
41 Vergleichen Sie dazu auch meine Ausführung zu Jesu Grablegung, seiner Situation im Grab, in: »Die Heilkraft der Feste«, a.a.O., S. 189–193.
42 Werner Sprenger: Ungelebtes Leben leben (Die Auswahlreihe, zusammengestellt von Joschi Wolfrum), Konstanz, 9. Aufl. 1991, S. 5f.
43 Eine ähnliche Identifikation Jesu mit uns auch in Lukas 9,48; Matthäus 10,40; Markus 9,37; Johannes 13,20; 17,18ff. Johannes 14,12 geht sogar noch darüber hinaus: Die Glaubenden werden »größere Werke tun« als Jesus!
44 Mich beeindruckt in diesem Zusammenhang immer wieder neu

der Lebensbericht von Viktor E. Frankl: ... trotzdem Ja zum Leben sagen. Ein Psychologe erlebt das Konzentrationslager, München, 20. Aufl. 2000, und der Ansatz der von Frankl begründeten Logotherapie.
45 Ausführlicher zu dieser wichtigen Thematik in meinem Buch »Die Heilkraft der Feste«, a.a.O., S. 127–137.
46 Vgl. Rüdiger Dahlke: Krankheit als Sprache der Seele. Be-Deutung und Chance der Krankheitsbilder, München, 11. Aufl. 1992; Thorwald Dethlefsen/Rüdiger Dahlke: Krankheit als Weg. Deutung und Be-Deutung der Krankheitsbilder, München, 31. Aufl. 1995: Wertvoll, wenn man das dort Beschriebene nicht dogmatisch und als absolut gültig versteht, sondern als Anregungen.
47 Marianne Kawohl: Ich gestatte mir zu leben. Über den Egoismus, der keiner ist, Gießen, 9. Aufl. 1997.
48 Text: Rolf Krenzer, Musik: Siegfried Fietz, auf MC: Siegfried Fietz: Spuren im Sand – Lieder der Geborgenheit, ABAKUS MC.
49 Klaus Lange: Herz, was sagst du mir? Selbstvertrauen durch innere Erfahrungen, Stuttgart 1991.
50 Hermann Hesse: Siddhartha, Frankfurt 1982, S. 113f.
51 Viktor E. Frankl: ... trotzdem Ja zum Leben sagen – Ein Psychologe erlebt das Konzentrationslager, München, 20. Aufl. 2000; Elisabeth Lukas: Spannendes Leben. Ein Logotherapiebuch, München, 2. Aufl 1993.
52 So der Urtext Lukas 17,21; siehe auch Markus 1,15; Römer 14,17.
53 Verfasser Saul Ndlovu aus Zimbabwe, Quelle unbekannt.
54 Das »salutogenetische« Modell mit Schwerpunktsetzung auf »Gesundheitsfaktoren« statt auf »Risikofaktoren« stammt von Aaron Antonovsky, dargestellt in: Aaron Antonovsky: Salutogenese. Zur Entmystifizierung der Gesundheit, hrsg. v. Alexa Franke, Tübingen 1997. Sehr hilfreich auch: Dietmar Ohm: Lachen, lieben – länger leben. Genießen lernen, Lebenssinn finden, Freude und Glück erleben, Selbstheilungskräfte aktiveren. Gesundheitspsychologie im Alltag, Stuttgart 1997.

Der Jahreskreis als Lebenshilfe

HANS GERHARD BEHRINGER

Die Heilkraft der Feste
Der Jahreskreis als Lebenshilfe

KÖSEL · CLAUDIUS

368 Seiten. Gebunden
ISBN 3-466-36476-0 (Kösel)
ISBN 3-532-62213-0 (Claudius)

Nahezu jedes persönliche Lebensthema wird im Kreis der Feste eines Jahres aufgegriffen. Das Erleben der Feste und Jahreszeiten führt zu einer intensiveren Erkenntnis der Licht- und Schattenseiten unserer Existenz. Denn die Feste des Kirchenjahres spiegeln den Zyklus allen Lebens. Das Buch ist ein praktischer Begleiter für Menschen, die dem Jahreskreis bisher wenig abgewinnen konnten; es richtet sich aber auch an all die, die das Kirchenjahr bewusster und authentischer gestalten wollen. Die Feste und Festzeiten werden in ihrer Bedeutung für unsere Ganzwerdung durchsichtig gemacht und mit anregenden Impulsen für Gespräch und individuelle Meditation aufbereitet.

KÖSEL

Einfach lebendig.
PSYCHOLOGIE & LEBENSHILFE

Kösel-Verlag, München, e-mail: info@koesel.de
Besuchen Sie uns im Internet: www.koesel.de

Spirituelle Heilungswege

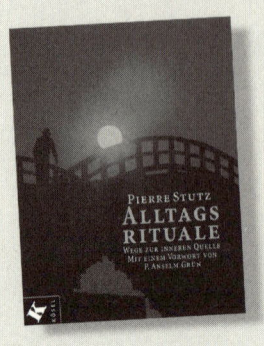

158 Seiten. Kartoniert
ISBN 3-466-36494-9

»Dass wir Menschen uns all-täglich zum Guten verwandeln lassen können, bleibt die große Menschheitshoffnung. Das Erahnen und Ertasten dieser Sehnsucht möchte ich in zwölf Grundhaltungen entfalten. Biblische und mystische Motive haben mich dazu inspiriert.«
Pierre Stutz

»Die Kraft des Heilens wird erfahrbar in vielen unscheinbaren Gegebenheiten, im Mut, mehr aus der Mitte, aus Gott heraus das Leben zu gestalten. In dieser Grundhaltung sind die Rituale, Gebete und Gebärden dieses Buches entstanden.«
Pierre Stutz

158 Seiten. Kartoniert
ISBN 3-466-36557-0

Einfach lebendig.
PSYCHOLOGIE & LEBENSHILFE

Kösel-Verlag, München, e-mail: info@koesel.de
Besuchen Sie uns im Internet: www.koesel.de